TOMA EL CONTROL DE TU VIDA

Otros libros de Brian Tracy

El plan fénix

Si lo crees, lo creas

Conecta con el dinero

Conecta con los demás

Conecta con la motivación

Multiplica tu dinero

Las leyes de la suerte

Autor bestseller de *The New York Times*

BRIAN TRACY

TOMA EL CONTROL DE TU VIDA

Aprende las 12 habilidades
esenciales para obtener el éxito

AGUILAR

El papel utilizado para la impresión de este libro ha sido fabricado a partir de madera procedente de bosques y plantaciones gestionadas con los más altos estándares ambientales, garantizando una explotación de los recursos sostenible con el medio ambiente y beneficiosa para las personas.

Toma el control de tu vida
Aprende las 12 habilidades esenciales para obtener el éxito

Título original: *Take Chargue of Your Life. The 12 Master Skills for Success*

Primera edición: noviembre, 2024

D. R. © 2024, Brian Tracy

D. R. © 2024, derechos de edición mundiales en lengua castellana:
Penguin Random House Grupo Editorial, S. A. de C. V.
Blvd. Miguel de Cervantes Saavedra núm. 301, 1er piso,
colonia Granada, alcaldía Miguel Hidalgo, C. P. 11520,
Ciudad de México

penguinlibros.com

D. R. © 2024, Alejandra Ramos, por la traducción

Penguin Random House Grupo Editorial apoya la protección del *copyright*. El *copyright* estimula la creatividad, defiende la diversidad en el ámbito de las ideas y el conocimiento, promueve la libre expresión y favorece una cultura viva. Gracias por comprar una edición autorizada de este libro y por respetar las leyes del Derecho de Autor y *copyright*. Al hacerlo está respaldando a los autores y permitiendo que PRHGE continúe publicando libros para todos los lectores.

Queda prohibido bajo las sanciones establecidas por las leyes escanear, reproducir total o parcialmente esta obra por cualquier medio o procedimiento así como la distribución de ejemplares mediante alquiler o préstamo público sin previa autorización.
Si necesita fotocopiar o escanear algún fragmento de esta obra diríjase a CemPro (Centro Mexicano de Protección y Fomento de los Derechos de Autor, https://cempro.com.mx).

ISBN: 978-607-385-141-1

Impreso en México – *Printed in Mexico*

Índice

Las 12 habilidades esenciales para el éxito 9

Introducción 11

Capítulo 1. Maximiza tu potencial 15

Capítulo 2. Las leyes mentales del universo 53

Capítulo 3. Pensamiento estratégico 97

Capítulo 4. Las ventajas de fijarse metas 125

Capítulo 5. El proceso de los 12 pasos 141

Capítulo 6. La supraconciencia: el secreto de las eras 165

Capítulo 7. La administración del tiempo 189

Capítulo 8. Optimiza tu vida 221

Capítulo 9. Aumenta tu habilidad de ganar dinero 249

Capítulo 10. Obtén el empleo que deseas 267

Capítulo 11. El poder del apalancamiento 287

Capítulo 12. Logra la independencia financiera 311

Epílogo 329

Las 12 habilidades esenciales para el éxito

1. Maximiza tu potencial.
2. Comprende las leyes mentales del universo.
3. Utiliza el pensamiento estratégico.
4. Establece metas significativas y poderosas.
5. Usa el proceso de los 12 pasos para revolucionar tu vida.
6. Aprovecha el poder de la mente supraconsciente.
7. Domina la administración de tu tiempo.
8. Optimiza tu vida.
9. Aumenta tu habilidad de ganar dinero.
10. Encuentra una carrera que en verdad te guste.
11. Usa el poder del apalancamiento.
12. Logra la independencia financiera.

Introducción

Este es, quizás, el libro más importante que leerás en tu vida. Reunir las ideas que estás a punto de conocer me ha tomado 25 años de lectura y experiencia, pero ahora, a ti te podrían ahorrar los años de trabajo arduo y los miles de dólares que necesitarías para lograr las cosas que deseas tener en la vida.

Empezaré con un comentario personal: yo empecé mi vida siendo pobre. Mi familia parecía nunca tener dinero suficiente para nada. Tuve malos resultados en la primaria y reprobé en la preparatoria. Cuando tuve que ganarme la vida por mí mismo, el único empleo que conseguí fue lavando platos en la cocina de un pequeño hotel. Durante varios años pasé de un trabajo a otro y de una ciudad a otra. Más adelante también viajé de un país a otro aceptando cualquier empleo que encontrara y, al final, terminé siendo trabajador agrícola.

A los 23 años, sin embargo, me sucedió algo que me cambió para siempre: me di cuenta de que, si quería que mi vida fuera distinta, yo tenía que cambiar. Si quería que mi vida mejorara, yo tendría que mejorar en lo personal. Me di cuenta de que esta vida no era un ensayo para otra por venir, que nadie vendría a rescatarme.

Empecé a buscar la respuesta a una pregunta: ¿por qué algunas personas tienen más éxito que otras? ¿Por qué algunos hacen más dinero, usan ropa de mejor calidad, viven en casas más hermosas y conducen mejores automóviles? Comencé a pedir consejos, leer libros, escuchar audios y asistir a cursos. Me inicié en ventas y estudié el proceso del comercio al mismo tiempo, y esto me permitió ser el mejor vendedor de todas las organizaciones en las que trabajé.

Luego me involucré en la administración y empecé a estudiar de nuevo. Me inscribí en una escuela nocturna, en un programa de Maestría en administración de empresas y, tiempo después, obtuve un título. Aprendí sobre mercadotecnia, estrategia y negociación en el contexto del desarrollo de negocios. Estudié psicología, filosofía e historia. Aprendí sobre el potencial humano y sobre cómo obtener más de mí mismo más que nunca.

Con el paso del tiempo, mi situación mejoró. Pasé de dormir en mi automóvil a tener casa propia, luego tuve una casa más grande y, ahora, poseo una de aun mayores dimensiones. En algún momento pasé de pobre a rico gracias a que puse en práctica las ideas que compartiré contigo en este libro y que he enseñado en seminarios desde 1981. Desde la primera persona que las aprendió, todos han dicho que estas nociones han sido una especie de "nueva oportunidad" en la vida, como un cheque en blanco para el futuro. En algún momento expandí el curso y diseñé otros seminarios, y más adelante empecé a ponerlos a disposición del público en audio y video.

Este libro reúne el curso más abarcador que he creado sobre el éxito a lo largo de la vida, y que, te prometo, cambiará la tuya.

Asegúrate de leerlo más de una vez y, conforme lo vayas haciendo, detente y reflexiona sobre las ideas básicas que estés aprendiendo. Las enseñanzas están en las palabras, pero el aprendizaje se encuentra en el silencio.

Ahora, acompáñame en este viaje a las fronteras de tu mente y de tus posibilidades infinitas. Aprende conmigo a alcanzar la plenitud de tu potencial y a llegar a ser todo aquello de lo que eres capaz.

En toda la historia de la raza humana, nunca ha habido otra persona igual a ti. Tú tienes el potencial para hacer algo extraordinario con tu vida, algo que nadie más puede hacer. La única pregunta que debes hacerte es: "¿Lo haré?".

Aunque algunas personas nacen con dones extraordinarios, casi todos comenzamos con talentos y habilidades más o menos promedio. La mayoría de los hombres y las mujeres que logran un gran éxito lo hacen desarrollando a un nivel muy elevado sus habilidades y talentos naturales en un área específica. Si deseas llegar a ese punto en el que podrás obtener algo grande de ti mismo, es necesario que nutras, trabajes y desarrolles tu potencial.

Capítulo 1

Maximiza tu potencial

Para lograr el éxito que deseas, tienes que desarrollar y utilizar tu máximo potencial.

En esta ecuación encontrarás una de las definiciones de potencial individual: AI + AA x A = DHI

Las primeras dos letras, AI, significan *atributos innatos*. Son aquellos dones con los que naces, tus tendencias naturales, tu temperamento y tu habilidad mental. Las siguientes dos letras, AA, significan a*tributos adquiridos*, es decir, el conocimiento, el talento, la experiencia y las habilidades que has obtenido o desarrollado a lo largo de tu vida. La tercera letra, A, significa *actitud*, y se refiere al tipo de energía mental que usas para controlar la combinación de todos tus atributos, los innatos y los adquiridos. Por último, DHI quiere decir *desempeño humano individual*. Así pues, la fórmula es: tus atributos innatos más tus atributos adquiridos, multiplicados por tu actitud, dan como resultado tu desempeño humano individual. Como la calidad y la cantidad de la actitud pueden incrementarse casi de manera ilimitada, aunque una persona solo cuente con atributos innatos promedio y atributos adquiridos promedio, de todas formas, puede tener un desempeño de alto nivel si su actitud mental es muy positiva.

ACTITUD Y EXPECTATIVAS

Tu actitud, en la misma medida que tus aptitudes o, incluso en mayor medida, es lo que determina tu desempeño. Es por esto que el fallecido orador motivacional Earl Nightingale decía que *actitud* era la palabra más importante en la lengua inglesa.

> *Actitud* es la palabra más importante.

Sabemos que deberíamos tener una actitud mental positiva, pero ¿a qué nos referimos con eso en realidad? Yo definiría *actitud* como *la manera en que se responde ante la adversidad y las dificultades*. La única manera en que puedes saber qué tipo de actitud tienes en verdad es observando cómo reaccionas cuando las cosas salen mal.

Por otra parte, a tu actitud la determinan tus expectativas. Si esperas que las cosas salgan bien, lo más común será que tengas una actitud positiva. Si crees que te va a pasar algo maravilloso hoy, tendrás una actitud positiva y optimista, te comportarás con entusiasmo y estarás preparado para el éxito.

Lo que determina tus expectativas son las creencias que tienes respecto a ti mismo y al mundo. Si tienes una visión positiva, si crees que el mundo es un lugar bastante agradable y que eres una persona buena, tenderás a esperar lo mejor de ti mismo, de otros y de las situaciones con que te encuentres. Estas expectativas se expresan bajo la forma de una actitud mental positiva que irradiarás hacia los demás y que la gente te reflejará de vuelta.

Tus valores y creencias determinan en gran medida la calidad de tu personalidad, pero ¿de dónde provienen? Esta pregunta nos lleva a lo que fue, quizá, el descubrimiento más importante de la psicología en el siglo xx: el concepto de uno mismo.

EL CONCEPTO DE TI MISMO O AUTOCONCEPTO

El concepto de ti mismo o autoconcepto, como le llamaremos de aquí en adelante, es una serie de creencias sobre ti y sobre todo lo que constituye tu vida y tu mundo. Es, digamos, el programa maestro de tu computadora mental. Como siempre vemos el mundo a través de una pantalla de concepciones previas y prejuicios definidos por tus creencias, estas creencias son lo que determina tu realidad. Es por ello que tu concepto de ti mismo o estructura de creencias antecede y predice tu nivel de desempeño y de eficacia en todas las áreas de tu vida. Siempre actúas de manera consistente con tu autoconcepto, con una serie de creencias que has adquirido desde la infancia. Hay una relación directa entre tu nivel de eficacia y tu autoconcepto y, por lo mismo, en ningún área podrás tener un nivel de desempeño mayor o mejor que el concepto que tengas de tu capacidad para desempeñarte.

> El concepto de ti mismo es el programa maestro
> de tu computadora mental.

Tu autoconcepto es algo muy subjetivo, no se basa en hechos, sino en impresiones e información que has absorbido respecto a ti mismo y aceptado como cierta. En la mayoría de los casos en que el autoconcepto es en particular bajo en cierta área, el problema se debe a información errónea, es decir, creencias autolimitantes o información falsa que en algún momento aceptaste como verdadera.

Por otra parte, no solo tienes un concepto general de ti mismo, también hay una serie de muchos otros autoconceptos que controlan tu desempeño y comportamiento en cada área de tu existencia. Tienes, por ejemplo, un autoconcepto respecto a cuánto pesas, cuánto comes, cuánto ejercicio realizas, en qué tan buena condición física te encuentras, cómo te vistes y cómo apareces frente a otros. Tienes un autoconcepto como padre o madre de tus hijos, pero también como hijo o hija de tus padres.

También posees un autoconcepto respecto a cuán popular eres en tus círculos sociales, sobre cuán bien juegas uno u otro deporte, e incluso respecto a qué tan bien juegas cada parte de un deporte. Te daré un ejemplo. Un golfista podría tener un excelente autoconcepto en cuanto a su tiro *driver*, pero un pésimo autoconcepto respecto a su tiro *putter*. Si te desempeñas en el área de ventas, tendrás un autoconcepto sobre cuán bueno eres como vendedor de manera general, y también tendrás otros autoconceptos respecto a cuán bueno eres para la prospección, para responder a objeciones y para cerrar tratos. También tienes un autoconcepto respecto a la manera en que administras tu tiempo, en cómo te organizas y cuán eficiente eres en tu vida personal y laboral. Tu desempeño siempre será consistente con estos autoconceptos.

EL AUTOCONCEPTO Y EL DINERO

Asimismo, también tienes un autoconcepto sobre cuánto dinero eres capaz de ganar, lo que quiere decir que nunca podrás ganar ni mucho más ni mucho menos de lo que establezca tu autoconcepto de nivel de ingresos. Cuando empiezas a ganar más de 10% por encima o por debajo de lo que crees que vales, de inmediato se desencadenan ciertos comportamientos compensatorios. Si ganas 10% de más, empezarás a gastar el dinero, a prestarlo o invertirlo en cosas sobre las que no sabes nada, o incluso lo regalarás o perderás. Estos comportamientos de derroche se presentan en cualquier persona que de pronto descubre que tiene más dinero del que podría permitirse de acuerdo con su autoconcepto.

Hay una cantidad asombrosa de hombres y mujeres que han ganado enormes sumas de dinero en distintas loterías y, en la mayoría de los casos, si tenían empleos de bajo nivel cuando ganaron, dos o tres años después se encontraban trabajando de nuevo en el mismo lugar, sin dinero y sin idea de adónde se fue.

Por otra parte, si ganas 10% por debajo de lo que indica tu autoconcepto de nivel de ingreso, empezarás a batallar, a pensar de manera más creativa para trabajar durante más tiempo y con más ahínco. Empezarás a considerar las oportunidades para obtener un segundo ingreso o a pensar en cambiar de empleo para volver a colocar tus ingresos en el rango al que estás acostumbrado o acostumbrada.

A tu autoconcepto sobre el nivel de ingreso también le puedes llamar *zona de confort*. De acuerdo con un estudio, esta zona se encuentra alrededor de 40% por debajo de lo que la persona promedio siente que en verdad necesitaría y desearía ganar. A la gente le cuesta trabajo estar en su zona de confort respecto al dinero y, una vez que llega ahí, hace todo lo posible por evitar cualquier situación que la obligue a moverse. Esta tendencia natural a quedarse estancado en una zona de confort se llama *homeostasis*: el esfuerzo por ser constante y consistente.

Tu zona de confort es el mayor enemigo de tu potencial individual. Los seres humanos suelen resistirse a cualquier cambio que los obligue a salir de su zona de confort, incluso si es positivo. Tu zona de confort se convierte en un hábito y, más adelante, los hábitos se vuelven rutinas. Luego, en lugar de utilizar tu inteligencia y creatividad para salir de las rutinas, usas la mayor parte de tu habilidad mental para justificar y razonar tu situación, y hacer que las rutinas sean más cómodas.

> Tu zona de confort es el mayor enemigo
> de tu potencial individual.

Por suerte, puedes incrementar tus ingresos si modificas tu autoconcepto. Más adelante hablaremos de cómo lograr esto y, una vez que aprendas a hacerlo, podrás aumentar tus ingresos entre 25 y 50% al año, durante todo el tiempo que desees.

EL YO IDEAL

Tu autoconcepto consiste en tres partes. La primera es tu *yo ideal*, la visión o descripción de la persona que más te gustaría ser en todos los aspectos. Este ideal o visión de tu posible futuro ejerce una influencia en tu comportamiento y en lo que piensas respecto a ti mismo. El yo ideal es una combinación de todas las cualidades y atributos que admiras de ti mismo y otras personas, vivas o fallecidas.

Los hombres y mujeres de alto desempeño tienen un yo ideal muy claro y siempre están tratando de llegar ahí, entre más preciso eres respecto a la persona en que quieres convertirte, más probable es que evoluciones y te transformes en ella, día con día. Te elevarás a las alturas, a lo que más admiras, a tus aspiraciones más elevadas.

En cambio, los hombres y mujeres que no son felices ni tienen éxito, solo cuentan con un yo ideal muy vago o, en la mayoría de los casos, ni siquiera tienen uno. Casi no piensan o simplemente no se preocupan por imaginar el tipo de persona que desearían ser o las cualidades que les gustaría desarrollar. Debido a esto, llega un momento en el que su crecimiento y evolución se desaceleran y detienen. Estas personas se estancan en la rutina y ahí se quedan, no cambian ni mejoran.

LA AUTOIMAGEN

La segunda parte de tu autoconcepto es tu *autoimagen*. Se trata de la manera en que te ves a ti mismo o a ti misma desde tu perspectiva mental, y de lo que piensas de ti minuto a minuto, mientras desarrollas tus actividades cotidianas. A menudo decimos que la autoimagen es un "espejo interior" en el que miras para ver cómo se supone que debes actuar en una situación en particular. En el exterior, siempre nos comportamos de manera consistente con la imagen que tenemos de nosotros mismos en el interior.

Por suerte, es posible mejorar tu desempeño de forma dramática, basta con cambiar de manera sistemática las imágenes que tienes de ti mismo.

LA AUTOESTIMA

La tercera parte de tu autoconcepto es la *autoestima*, es decir, cómo te sientes respecto a ti mismo. Este es el componente emocional de tu personalidad, es la cualidad esencial del desempeño de alto nivel, la felicidad y la eficacia personal. Es como el reactor principal de una planta de energía nuclear. Es la fuente de energía, entusiasmo, vitalidad y optimismo que le inyectan poder a tu personalidad y te convierten en un hombre o mujer de alto desempeño.

A tu nivel de autoestima lo definen dos cosas: por un lado, cuán valioso y merecedor te sientas y, por el otro, cuán competente y capaz te creas. Estas nociones son complementarias porque cuando te sientes bien respecto a ti mismo, te desempeñas bien, y cuando te desempeñas bien, te sientes bien respecto a ti mismo. La mejor definición de autoestima es: cuánto te agradas.

Entre más te agrades o simpatices, mejor llevarás a cabo las cosas que te propongas. Entre más te agrades, más confianza tendrás en ti mismo. Entre más positiva sea tu actitud, más sano, feliz y lleno de energía te sentirás en general. Los hombres y mujeres con autoestima elevada suelen tener un desempeño muy elevado y lograr mucho en su trabajo y sus relaciones personales.

Una manera de aumentar tu autoestima consiste en repetir con entusiasmo y convicción esta frase: *"Me agrado, me agrado, me agrado"*. Si haces esto, tu autoestima aumentará de la misma manera que lo harán tu capacidad de desempeñarte y tu nivel de eficacia en todas las áreas de tu vida.

A algunas personas les han enseñado a creer que agradarse a sí mismas es lo mismo que ser engreídas o arrogantes, dominantes o detestables, pero en realidad sucede lo contrario. Los comportamientos que acabo de mencionar son una manifestación de baja autoestima, de no agradarse mucho o no agradarse nada a sí mismo.

Ahora te daré dos reglas respecto a la autoestima y a agradarse a uno mismo: (1) Nunca podrás amar a nadie más de lo que te amas a ti mismo, nadie podrá agradarte tanto porque no puedes dar algo que no tienes. (2) No puedes esperar agradarle a alguien o que alguien te ame más de lo que tú te agradas, amas o respetas a ti mismo.

El nivel al que te agradas a ti mismo y el nivel de tu autoestima son la válvula de control de la calidad de tus relaciones humanas, son el problema o la solución de cada situación. Todo lo que hagas para construir y aumentar tu autoestima mejorará e incrementará tu nivel de satisfacción, eficacia y felicidad.

ORÍGENES DEL AUTOCONCEPTO

¿De dónde viene el autoconcepto? Sabemos que todos lo tenemos, pero ¿dónde se originó?

Nadie nace con un autoconcepto, todo lo que sabes y crees respecto a ti en este momento lo has aprendido, es resultado de lo que te ha sucedido desde que eras pequeño. Todo niño llega al mundo con un potencial puro, con un temperamento particular y ciertos atributos innatos, pero carece de autoconcepto. Todas las actitudes, los comportamientos, los valores, las opiniones, las creencias y los miedos que tenemos son aprendidos. Por eso, si en tu autoconcepto hay elementos que no sirven a tus propósitos, puedes detectarlos y desaprenderlos como te explicaré más adelante.

En una anécdota reciente sobre una mujer de 32 años que tuvo un accidente automovilístico se presenta un ejemplo de la habilidad de desaprender un autoconcepto viejo y aprender uno nuevo. La mujer se golpeó la cabeza y esto le provocó amnesia total. En el momento del accidente estaba casada y tenía dos niños, uno de ocho y otro de 10 años. Era una mujer muy tímida, tartamudeaba y, cuando estaba rodeada de otras personas, se ponía muy nerviosa. Tenía un autoconcepto deplorable de sí misma, un nivel muy bajo de autoestima y, para colmo, no trabajaba y su círculo social era bastante limitado.

Como su amnesia fue total, cuando se despertó en el hospital no recordaba nada sobre su vida pasada. No recordaba a sus padres, a su esposo ni a sus hijos, su mente estaba en blanco. Esta situación es tan inusual que se convocó a varios especialistas para que la examinaran, su caso era tan extraordinario que se volvió bastante conocida.

Cuando la mujer recobró la salud física, la entrevistaron en radio y televisión. Empezó a analizar su situación y, poco después, escribió algunos artículos y un libro en los que describió su experiencia. Luego empezó a viajar y dar conferencias a grupos médicos y profesionales de la salud. Al final, la empezaron a reconocer como una autoridad en el tema de la amnesia.

Como no tenía recuerdos sobre su historia previa de refuerzo, su infancia o su crianza, y como se convirtió en el centro de atención y la empezaron a tratar como alguien importante, la mujer desarrolló una personalidad totalmente nueva. Se volvió positiva y extrovertida, su confianza en sí misma aumentó. Se volvió sociable y muy amigable, y también desarrolló un tremendo sentido del humor. Se volvió popular y se integró a un círculo social nuevo. De hecho, desarrolló un autoconcepto nuevo que resultaba consistente con la noción de un alto desempeño, felicidad y satisfacción en la vida.

Tú también puedes lograrlo. Una vez que entiendas cómo se formó tu autoconcepto actual, podrás efectuar cambios que te transformarán en el tipo de persona que admiras y quieres ser, el tipo de persona que puede lograr las metas y sueños que son importantes para ella.

Como lo mencioné, los niños nacen sin autoconcepto, aprenden quiénes son y cuán importantes son a partir de la manera en que los tratan durante su infancia y en adelante. La base de la personalidad adulta se cimenta entre los primeros tres y cinco años, y la salud de la personalidad en desarrollo del niño la determinarán en gran medida la calidad y la cantidad de amor y afecto incondicionales que reciba de sus padres en ese tiempo.

Los niños tienen una necesidad enorme de amor y afecto físico. De hecho, es imposible darles demasiado amor y afecto en sus años formativos. Los niños necesitan el amor casi tanto como necesitan alimento, agua y refugio. Un niño que es criado con amor, calidez, afecto y motivación tenderá a desarrollar una personalidad positiva y estable desde las primeras etapas de su vida. En cambio, un niño que es criado con base en críticas y castigos crecerá con miedos, sospechas y desconfianza, y con un importante potencial de problemas de la personalidad que podrían manifestarse más adelante como una baja autoestima o una actitud mental negativa.

Los niños nacen con dos cualidades notables. En primer lugar, nacen en gran medida sin miedo, sus únicos dos temores físicos son a los ruidos fuertes y a caer. Todos los otros miedos los aprenden a través de la repetición y el refuerzo a medida que crecen. Cualquier persona que haya intentado criar a un niño de cinco o seis años sabe que no le temen a nada, suben por las escaleras, salen corriendo en medio del tráfico, toman instrumentos filosos y hacen otras cosas que a un adulto le parecerían acciones suicidas. Esto se debe a que no tienen miedos en absoluto, al menos, no antes de que sus padres y otras personas se los inculquen.

La segunda cualidad notable de los niños es que carecen de inhibiciones. Ríen, lloran, se hacen pipí, hacen y dicen justo lo que sienten sin que les preocupe en absoluto la opinión de los demás. Son espontáneos y se expresan de manera natural, fácil, sin restricciones. ¿Alguna vez has visto a un bebé sentirse incómodo porque cobra conciencia de sí mismo?

Este es el estado natural de todos, así es como llegamos al mundo, sin miedos, sin inhibiciones, temerarios y capaces de expresarnos con facilidad en todas las situaciones. Tal vez ya hayas notado que, ahora que eres adulto, a veces vuelves a ese estado de temeridad y espontaneidad, cuando te sientes seguro y rodeado de gente en la que confías. Te sientes relajado, tranquilo. Libre de ser tú mismo. También reconoces que estos momentos son de los mejores de tu vida, que son experiencias únicas.

APRENDIZAJE POSITIVO Y NEGATIVO

Durante sus años de formación, los niños aprenden de dos maneras.

Primero aprenden por imitación de uno o ambos padres. Muchos de los hábitos que tenemos como adultos, incluyendo nuestros valores, actitudes, creencias y comportamientos se formaron mientras crecíamos y observábamos a nuestros padres. Frases como "De tal palo, tal astilla" son ciertas. A menudo el niño o niña se identificará profundamente con uno de sus padres y se sentirá más influido por él o ella.

La segunda manera en que aprenden los niños es alejándose de la incomodidad para acercarse a la comodidad, o alejándose del dolor para acercarse al placer. Sigmund Freud le llamaba a esto *principio del placer* y decía que era la motivación esencial de todo comportamiento humano. El comportamiento de los niños, desde su entrenamiento para ir al sanitario hasta sus hábitos para comer, cobra forma a través de este movimiento continuo para alejarse del dolor o la incomodidad y gravitar hacia la comodidad y el placer.

De todos los tipos de incomodidad que pueden afectar el comportamiento de un niño, el más traumático es el de la privación del amor y la aprobación de su padre o madre. Los niños tienen una intensa y continua necesidad de contar con el amor, apoyo y motivación de sus padres. Cuando el padre o madre le retira su amor a un niño o niña para tratar de disciplinarlo o controlarlo, el pequeño se siente incómodo en extremo e incluso asustado. Su percepción lo es todo. En cuanto los niños perciben que los han privado del amor, cambian su comportamiento de inmediato para volver a obtener el cariño y la aprobación del padre o madre. Si no hay un flujo ininterrumpido de amor incondicional, la seguridad del niño se ve frustrada, y su temeridad y espontaneidad se pierden.

Un psicólogo dijo que todos los problemas de personalidad son resultado de la privación del amor. Tal vez todo lo que hacemos en la vida desde que somos niños sea tratar de obtener amor o compensar la falta del mismo. La mayoría de nuestros recuerdos tristes de la infancia se relacionan con la percepción de una falta de amor por parte de nuestros padres.

> Todos los problemas de personalidad son resultado de la privación del amor.

Como resultado de los errores que los padres cometen al criar a sus hijos, en especial cuando les hacen críticas destructivas y aplican castigos físicos, los niños empiezan, desde una edad muy temprana, a perder su temeridad y espontaneidad naturales, y a desarrollar patrones de hábitos negativos. Un hábito, ya sea positivo o negativo, es una respuesta condicionada a estímulos, la cual se aprende como resultado de la repetición hasta que queda incrustada en la mente inconsciente, también llamada subconsciente: el lugar donde la respuesta adquiere su propio poder.

INHIBICIÓN Y COMPULSIÓN

Los dos tipos de patrones de hábitos negativos principales que aprendemos en la infancia son *inhibidores* y *compulsivos*. Todos los patrones de hábitos negativos se manifiestan en el cuerpo físico. Cuando un hábito negativo se apodera de ti, sientes y reaccionas igual que si corrieras un peligro físico.

El patrón *inhibidor* se aprende cuando al niño le repiten sin cesar: "No; aléjate de ahí. Deja eso, no toques. Ten cuidado". El impulso natural de un niño o niña es tocar, probar, oler, sentir y explorar todos los elementos de su mundo. Sin embargo, cuando los padres reaccionan a sus acciones gritando, molestándose o repartiendo nalgadas, los niños no entienden, solo internalizan un mensaje: "Cada vez que intento algo nuevo o diferente, mami o papi se enojan conmigo y dejan de quererme. Tal vez es porque soy demasiado chiquito, incompetente, incapaz. Soy estúpido. No puedo. No puedo. No puedo".

Este sentimiento de "No puedo" no tarda en consolidarse como un miedo al fracaso: el obstáculo más grande para alcanzar el éxito en la vida adulta. El miedo al fracaso nos paraliza cada vez que consideramos correr un riesgo o hacer algo nuevo o diferente que pudiera implicar una pérdida de tiempo, dinero o energía emocional.

El patrón del hábito inhibidor se experimenta al frente del cuerpo y comienza en el plexo solar, nuestro centro emocional físico. Así pues, si, por ejemplo, hablar en público te da miedo y alguien te dice que tendrás que presentarte frente a un auditorio lleno, tu primera reacción será de temor y sentirás tu plexo solar tensarse. Entre más pienses en el inminente evento, más se extenderá el temor. Tu corazón empezará a latir a mayor velocidad, sentirás que respiras más rápido y de manera más superficial, la garganta se te secará y quizá percibas un martilleo en la parte frontal de la cabeza, algo parecido a una migraña. También podrías sentir que tu vejiga se llena y ganas insoportables de ir al baño. Estas manifestaciones físicas del patrón de hábito negativo suelen quedar programadas en tu subconsciente antes de que llegues a los seis años.

Todos los patrones de hábitos negativos se manifiestan en un estado de ansiedad y nerviosismo, y están acompañados de sudoración, palpitaciones y respuestas emocionales como irritación e impaciencia, e incluso arrebatos iracundos.

El segundo tipo de patrón de hábito negativo que aprenden los niños es el *compulsivo*. El niño o niña aprende el patrón compulsivo cuando le repiten con frecuencia: "Más te vale portarte bien". Los padres suelen decir: "Si no haces tal cosa o dejas de hacer eso otro, estarás en grandes aprietos".

Y para los niños, estar en grandes aprietos con sus padres siempre significa que los privarán de su amor y aprobación. Cuando los padres condicionan su amor al desempeño o comportamiento del niño, este no tarda en internalizar un mensaje: "No me quieren y, por lo tanto, no estaré seguro a menos de que haga lo que complace a mami y papi. Tengo que complacerlos, tengo que hacerlos felices. Tengo que hacer lo que ellos quieren. Tengo que, tengo que, tengo que". Este patrón de hábito compulsivo se desarrolla cuando se es víctima del amor condicional y poco después se manifiesta como miedo al rechazo. El miedo al rechazo es la segunda razón más común para el fracaso y el desempeño mediocre en la vida adulta.

Una persona que es educada con amor condicional suele preocuparse demasiado o incluso sentirse obsesionada por la opinión de los otros, en especial la de sus padres, cónyuges o jefes. El patrón de hábito negativo compulsivo también se manifiesta de manera física, en especial, como tensión en el cuello y los hombros, y como dolores punzantes en los músculos dorsales.

El comportamiento compulsivo se origina debido a que el niño o niña siente que nunca recibió el amor que necesitaba de sus padres, ni en cantidad, ni en calidad suficientes. Esta forma de ser suele provenir de la relación entre el padre y el hijo, o la madre y la hija, y se expresa de manera distinta. Las mujeres tienden a manifestar su miedo al rechazo a través de depresión, aislamiento, síntomas físicos y desórdenes psicosomáticos. En el caso de los hombres, en cambio, este anhelo inconsciente por el amor del padre a menudo suele transferirse, en la adultez, al jefe en el entorno laboral, y se manifiesta como un comportamiento tipo A, es decir, una preocupación obsesiva por obtener la aprobación de dicho jefe. En casos extremos, puede hacer que un hombre se obsesione con su trabajo al punto de arruinar su salud y afectar a su familia.

El fallecimiento de mi padre me afligió mucho porque sentía que nunca fui capaz de hacer las cosas bien, que nunca hice lo necesario para obtener su amor y aceptación. En los dos años subsecuentes experimenté una inmensa sensación de pérdida y tristeza hasta que, una noche, invité a mi mamá a cenar fuera y le confesé mis sentimientos. Me dijo que no tenía razón para sentirme triste o incómodo, me explicó que mi padre en realidad no me había negado su amor, sino que, debido a sus antecedentes y la manera en que fue criado, nunca tuvo amor para dar. Era un hombre con muy poco amor para sí mismo y, por lo tanto, con poco amor para sus hijos, y eso me incluía. Mamá me dijo que yo no habría podido hacer nada para obtener más amor del que recibí porque, simplemente, él no tenía para dar.

He descubierto que la mayoría de los hombres que sufren del comportamiento tipo A continúan tratando de ganarse el amor y el respeto de sus padres, pero cuando el mío falleció, aprendí que, cualquier cantidad de amor recibida de un padre es total, es lo único que hubo. No habrías podido hacer nada y tampoco puedes hacer nada ahora para cambiar las cosas. Una vez que entiendes y aceptas esto, puedes relajarte un poco y continuar con tu vida.

EL MAYOR PROBLEMA: EL MIEDO

El miedo es el mayor problema de los humanos porque nos arrebata la felicidad. El miedo hace que nos conformemos con lograr muchísimo menos de lo que somos capaces. El miedo es raíz de emociones negativas, infelicidad y problemas en las relaciones humanas.

> El mayor problema de los humanos es el miedo.

Lo único bueno del miedo es que es un comportamiento aprendido y, por lo tanto, podemos desaprenderlo. El miedo al fracaso y al rechazo es una respuesta aprendida, un comportamiento que fue programado en nosotros antes de llegar a los seis años. Estos miedos establecen los límites inferiores y superiores de tu zona de confort. En la zona inferior, haces lo suficiente para evitar las críticas y el rechazo, y en la zona superior, haces lo suficiente para evitar correr riesgos o fracasar. Una vez que demarcas tu zona, te quedas ahí para evitar todo sentimiento que implique temor o ansiedad.

Por suerte, es posible desaprender los miedos, puedes erradicarlos de tu naturaleza y de tu personalidad de manera consistente y persistente y, cuando lo logres, todo lo que deseas te será posible.

Lo contrario del miedo es el amor, empezando por el amor por uno mismo. De hecho, hay una relación inversa u opuesta entre la autoestima y todos los miedos, es decir, entre más te agradas a ti mismo, menos temor te darán el fracaso y el rechazo. Entre más te agrades, más dispuesto o dispuesta estarás a ir más allá y correr los riesgos que te llevarán al éxito y la felicidad. Esto, a su vez, te ayudará a salir disparado de tu zona de confort.

Para aumentar tu autoestima necesitas debilitar e invalidar tus miedos, y eso se logra repitiendo con emoción, convicción y sin cesar las siguientes palabras: "Me agrado a mí mismo, me agrado a mí mismo, me agrado a mí mismo". Empieza por repetir la frase unas 50 o 100 veces al día, hasta que eche raíces en tu subconsciente. Poco después podrás ver y sentir la diferencia en la confianza en ti mismo y en tu relación con otras personas.

UN EJERCICIO PARA ENTRAR EN ACCIÓN

Te quiero presentar un ejercicio de acción muy poderoso. Termina la siguiente oración con todas las respuestas que se te ocurran:

Si no tuviera miedo de nada ni de nadie, esto es lo que haría distinto en mi vida:

Cuando escribas las respuestas para completar la oración, aprenderás dos cosas. En primer lugar, aprenderás cuán importante es el papel del miedo en tu vida. En segundo, vislumbrarás todas las cosas maravillosas que serás capaz de hacer en cuanto desaprendas tus miedos y desarrolles tu autoconfianza y un valor inquebrantable a medida que continúes leyendo este libro.

¿CONEJOS BLANCOS Y FELICIDAD?

Antes de ser un gran éxito, tienes que aceptar toda la responsabilidad de quien eres y de todo en lo que te conviertes. Debes aceptar sin reservas que estás donde estás y eres quien eres debido a ti mismo. Si deseas que las cosas cambien, primero debes cambiar tú. Tus pensamientos definen tu vida y, como tienes la libertad de elegir el contenido de tu mente consciente, es decir, tus pensamientos, siempre eres responsable de las consecuencias de lo que piensas. Tu pensamiento determina tu actitud, conducta y comportamiento, y estos factores definen en gran medida tu éxito o fracaso.

Desde la infancia estás condicionado a creer y aceptar que el responsable de tu vida es alguien o algo más. Cuando eres niño, por ejemplo, tus padres se hacen cargo de todo: te proveen comida, refugio, educación, recreación, dinero, atención médica y todo lo que necesitas. A lo largo de toda tu infancia permaneces en un capullo y los demás te facilitan todo lo que requieres para vivir, no necesitas conseguir tus alimentos, te los dan. Tampoco necesitas buscar ropa porque alguien más te la compra, ni siquiera eres responsable de proveerte educación básica, alguien más te dice adónde ir y qué hacer.

Esto no tiene nada de malo, es normal, es natural que nuestros padres nos den todo durante nuestros años de formación. La gran tragedia es que la mayoría de los hombres y las mujeres llegan a la adultez con la expectativa, consciente o inconsciente, de que alguien, en algún lugar y de alguna manera, es responsable de ellos. Esta incapacidad de aceptar el hecho de que estás a cargo por completo de tu propia vida es la fuente de casi toda la infelicidad y la mediocridad.

La misión de tus padres es traerte al mundo y criarte hasta llegar a los 18 años, momento para el que se supone habrás adquirido la madurez necesaria para ser responsable por completo, un adulto confiable y capaz de tomar sus propias decisiones. A partir de este punto te encontrarás frente al volante, a veces incluso antes. Serás el arquitecto de tu propio destino. Si al llegar a ese momento tus padres lograron criarte como un individuo susceptible de confiar en sí mismo o no, ya no hay vuelta atrás. Todo lo que seas, todo lo que llegues a ser, dependerá de ti a partir de ahora.

En uno de sus cuentos, Tolstói habla de niños a los que les dicen que el secreto de la felicidad está escondido en el patio trasero de su casa y que podrán encontrarlo y conservarlo toda la vida, *siempre y cuando* cumplan con una condición: durante su búsqueda del secreto de la felicidad, no deberán pensar en un conejo blanco. Por supuesto, cuando los niños salen a buscar el secreto, hacen un enorme esfuerzo por no pensar en un conejo blanco, pero entre más tratan de evitarlo, más piensan en él. Y, claro, nunca encuentran el secreto de la felicidad.

Todos tenemos un conejo blanco, a veces tenemos muchos, son las excusas que usamos para evitar establecer objetivos claros y comprometernos de manera absoluta con nuestro éxito en la vida. Si en verdad deseas aprovechar tu potencial, necesitas convertirte en un pensador hábil y, en parte, eso se logra analizando de manera objetiva cualquier bloqueo mental o excusa que pudiera impedirte actuar o que tal vez estés utilizando como una razón para no progresar.

Estos son algunos de los conejos blancos que más utiliza la gente como ideas limitantes en la actualidad: *Soy demasiado joven, soy demasiado viejo, no tengo dinero, no tengo suficientes estudios, tengo que pagar demasiadas facturas, aún no estoy listo, no puedo hacerlo debido a mi jefe, mis hijos, mis padres* o cualquier otra razón.

¿Cuáles son tus conejos blancos? Es decir, ¿cuáles son tus excusas predilectas para no implementar esos cambios que ya sabes que son necesarios? Si quieres lograr tus metas y cumplir tus sueños, tienes que empezar a cazar conejos, sacarlos de sus madrigueras y eliminarlos. Analízalos en detalle para averiguar si son válidos del todo.

Puedes realizar esta sencilla prueba: pregúntate a ti mismo si existe alguien, en algún lugar, que haya logrado el éxito a pesar de tener los mismos problemas o limitaciones que tú. Si la respuesta es sí, entonces ahora sabes que tu excusa no representa una razón legítima para no avanzar. Cualquier cosa que haya logrado una persona, también la puede lograr otra. La "excusitis", es decir, la inflamación de la glándula productora de las excusas, es una enfermedad que causa daños irreversibles al éxito.

EL PODER DE ACEPTAR LA RESPONSABILIDAD

Aceptar toda la responsabilidad, o sea, renunciar a tus excusas, no es fácil. De hecho, es muy difícil, y por eso la mayoría de la gente suele no hacerlo. Es como realizar un salto en paracaídas por primera vez: es muy emocionante pero aterrador al mismo tiempo. Cuando te liberas de tus excusas, primero te sientes solo por completo, pero unos instantes después comienzas a experimentar una gran emoción, tu corazón late más rápido y te sientes sumamente libre y feliz.

En cualquier caso, recuerda que, como adulto, no puedes ceder tu responsabilidad, lo único que puedes ceder es el control. Si tratas de responsabilizar a alguien o algo más, terminarás cediendo el control de tu vida y, de todas maneras, continuarás siendo 100% responsable de ella. Asimismo, te sentirás negativo, enojado, ansioso o deprimido. La responsabilidad personal es una cualidad esencial del individuo maduro, funcional y capaz de hacer realidad sus objetivos.

Las personas con alto desempeño se atribuyen tanto el crédito como la culpa de todo lo que les sucede, mientras que quienes tienen bajo desempeño solo se atribuyen el crédito de los éxitos y, cuando fracasan, culpan a la mala suerte o a otras personas o circunstancias fuera de su control. Los hombres y mujeres exitosos tienen una noción muy profunda de la rendición de cuentas interna, la cual se extiende a su trabajo y a todas sus relaciones. Los fracasados siempre culpan a alguien más.

> Las personas con alto desempeño se atribuyen tanto el crédito como la culpa de todo lo que les sucede.

En mis seminarios, a veces le pregunto al público: "¿Quiénes son autoempleados?" y, por lo general, menos de 20% de la gente levanta la mano. Entonces hago un comentario sobre esta pregunta capciosa: el mayor error que pueden cometer es pensar que trabajan para alguien más que no sea ustedes mismos. Independientemente de quién firme nuestro cheque de nómina, todos somos autoempleados.

Digámoslo así: tú eres el presidente de tu propia corporación de servicios personales, estás a cargo y eres el jefe. Sin importar el área de trabajo, el 3% de las personas se ven a sí mismas como autoempleadas. Cuando hablan de la empresa para la que trabajan, usan palabras como *nosotros, nos* y *nuestro*. La gente con bajo desempeño se refiere a sus organizaciones como si fueran algo separado e independiente de ella, como si se tratara solo de un empleo sin un significado especial.

Existe una relación directa entre cuánta responsabilidad estás dispuesto a aceptar y cuán alto llegarás en cualquier organización valiosa. Existe también una relación directa entre tus ingresos, estatus, puesto, prestigio y reconocimiento, y la cantidad de responsabilidad que estás dispuesto a aceptar sin excusas para lograr las metas y objetivos de la organización.

Si fueras empleador y hubiera dos personas trabajando para ti, una que tratara a la empresa como si le perteneciera y otra como si solo se tratara de un empleo más, un lugar al que tiene que asistir de nueve a cinco todos los días, ¿a quién sería más probable que ascendieras de puesto? ¿En quién te gustaría invertir? ¿A quién le proveerías entrenamiento adicional? ¿Para cuál de esas dos personas crearías oportunidades de avance? Me parece que la respuesta es obvia.

Tu manera de demostrar responsabilidad personal es una de las actitudes más importantes que puedes tener en relación contigo mismo y con el tipo de persona que eres. Es posible colocar a toda la gente en una escala que inicia en un nivel elevado de aceptación de la responsabilidad y va descendiendo hasta el más bajo, es decir, hasta la irresponsabilidad. Una persona con alto nivel de responsabilidad tiende a ser positiva, optimista, confiada, capaz de depender de sí misma y de controlarse.

En cambio, una persona al otro lado del espectro, una persona irresponsable, suele ser negativa, pesimista, derrotista y cínica, además de temerosa, insegura y, con frecuencia, neurótica e inestable.

El controvertido psiquiatra Thomas Szasz dijo que las enfermedades mentales no existían, que solo eran grados diversos de irresponsabilidad. Los individuos con responsabilidad personal suelen ser muy sanos y positivos, en tanto que los irresponsables suelen ser muy negativos y muy poco sanos.

RESPONSABILIDAD Y CONTROL

Esta consideración nos lleva a uno de los descubrimientos más importantes de la historia de la psicología humana: existe una relación directa entre cuánta responsabilidad aceptas en cualquier área de tu vida y cuánto control crees tener en dicha área.

Asimismo, hay una relación directa entre cuánto control sientes en cada área y cuánta libertad crees tener en ella. La responsabilidad, el control y la noción de libertad o autonomía van de la mano.

También hay una relación entre cuánta responsabilidad, control y libertad sientes, y la cantidad de emociones positivas que puedes disfrutar en cualquier momento dado. Hay una relación de uno a uno entre la cantidad de responsabilidad que aceptas y tu felicidad o actitud mental positiva. En la parte más inferior del espectro, las personas irresponsables experimentan una falta de control parcial o completa. Sienten que no tienen la capacidad de hacer una diferencia en su vida, que a esta la controlan fuerzas externas u otras personas. Esta sensación de falta de control conduce a falta de libertad y, a su vez, estas características conducen a emociones negativas.

EMOCIONES DEPREDADORAS

A las emociones negativas les llamo *emociones depredadoras*. Son la mayor causa de infelicidad, bajo desempeño y fracaso. Las emociones negativas nos enferman en los aspectos físico y mental, arruinan nuestras relaciones y dañan nuestra carrera. Ensombrecen todo lo que hacemos. La eliminación de emociones negativas es la misión más importante del hombre o mujer que aspira a tener un gran éxito y logros. La tranquilidad mental es el bien humano más valioso, pero solo puede prevalecer en donde no hay emociones negativas.

Hace algunos años, cuando empecé a estudiar este tema, me sorprendió descubrir que casi todos nuestros problemas se originaban en las emociones negativas. Me pareció evidente que, si podíamos encontrar la manera de eliminarlas, la vida sería maravillosa. Todos los principios mentales empezarían a trabajar en nuestro beneficio y podríamos lograr, en menos tiempo, mucho más de lo que la persona promedio logra en años. También comprendí que la incapacidad de eliminar las emociones negativas socavaría todos nuestros esfuerzos y nos despojaría de la mayor parte de la alegría y el placer que podrían proporcionarnos nuestros logros. También provocaría que los principios mentales obraran en nuestra contra y nos causaran más pena y dolor que cualquier otro factor externo en nuestra vida. Por todo esto, la eliminación de las emociones negativas es fundamental para tener salud, felicidad, prosperidad y éxito duraderos.

El gran descubrimiento que cambió mi vida fue que las emociones negativas son innecesarias y artificiales, no necesitamos de ellas, no sirven para nada, solo nos hacen daño. Son la principal razón por la que los hombres y las mujeres no logran crecer y evolucionar para llegar a niveles más elevados de carácter y conciencia. Si decidimos deshacernos de ellas por completo, desaparecerán.

Es probable que, al igual que tú, yo siempre haya pensado que las emociones negativas formaban parte de la normalidad y la naturaleza del ser humano. Pensaba que, así como tenemos emociones positivas, también teníamos emociones negativas, que eran parte de nuestra forma de ser, que debíamos aceptarlas porque eran inevitables como la lluvia o el resplandor del sol. Pero luego aprendí que nadie nace con emociones negativas. Todas las que experimentamos siendo adultos las aprendimos en la niñez a través de un proceso de imitación, práctica, repetición y refuerzo. Por suerte, dado que todas las emociones negativas se aprenden, también pueden desaprenderse, podemos liberarnos de ellas. Mucha de la gente que viene a nuestros seminarios la pasa muy mal por culpa de este asunto, ha tenido emociones negativas durante tanto tiempo que ahora le cuesta trabajo aceptar que son innecesarias y es posible eliminarlas.

> Dado que todas las emociones negativas se aprenden, también pueden desaprenderse, podemos liberarnos de ellas.

Por supuesto, todo en lo que crees con entusiasmo se convierte en tu realidad. Si estás convencido de que las emociones negativas son parte de tu vida, sin duda lo serán y así seguirán las cosas.

Es muy sencillo demostrar que las emociones negativas no sirven para nada. Analicemos algunas de las más fáciles de identificar. En primer lugar, tenemos la duda y el miedo, dos de las emociones asesinas más importantes. También existen la culpa y el resentimiento, que tienden a desplazarse por ahí como si fueran gemelos. Luego viene la envida, seguida de cerca por los celos: gran destructor de la felicidad y las relaciones.

En total, hay cerca de 54 emociones negativas, pero al final se reducen y se expresan en conjunto bajo la forma del enojo. El enojo es, quizá, la peor de las emociones negativas, se expresa hacia dentro, es decir, enfermándote a ti mismo, o hacia fuera, enfermando a otros.

¿Alguna vez has estado enojado o enojada? ¿Cómo te sentiste? ¿No te parece que es como si una inmensa cobija negra cubriera tu mente? No te puedes concentrar porque lo único que le preocupa a tu cerebro es el objeto de tu enojo y, para colmo, te hablas a ti mismo con furia. Entre más dura el enojo, más te consume, es como un incendio fuera de control, puede quitarte el sueño, a tus amigos y tu empleo. Puede hacer que te comportes de manera irracional y que actúes de una forma que te avergonzará.

¿Alguna vez has obtenido algo positivo de una emoción negativa? La respuesta es un no rotundo: las emociones negativas tienen una relación directa con la irresponsabilidad y carecen de un propósito útil. Entonces, ¿por qué la gente experimenta tantas emociones negativas? Vamos a responder esto enumerando las razones por las que las experimentamos.

CAUSAS DE LAS EMOCIONES NEGATIVAS

Las emociones negativas tienen cuatro causas principales. La primera es la *justificación*, la cual se presenta cuando nos explicamos a nosotros mismos y a otros por qué tenemos derecho a una emoción negativa determinada, como sentirnos encolerizados o molestos. Para empezar a eliminar las emociones negativas basta con que te niegues a justificarlas, no te des el lujo de generar razones para explicar por qué tienes derecho a sentirte mal.

Juzgar a otros te hace desaprobarlos y esta acción viene acompañada de emociones como intolerancia e ira. Por eso la Biblia dice: "No juzgues, para no ser juzgado" (Mateo, 7:1). ¿Te ha sucedido que, mientras vas conduciendo en medio del tráfico, un conductor se pasa a tu carril sin advertirte? ¿Has notado cuánto te enojas a pesar de que nunca habías visto a esa persona ni ella a ti? Reaccionas justo como si ese conductor hubiera averiguado con cuidado qué ruta tomarías esa mañana, y luego esperado para sorprenderte mientras tú pasabas por ahí tan inocente.

Sin embargo, en cuanto dejas de decirte que esa persona conduce muy mal y solo te ríes, el enojo desaparece.

La segunda causa mayor de las emociones negativas es la *identificación*, es decir, tomarse las cosas de manera personal. Uno solo puede enojarse por algo en la medida en que se identifique con la situación y considere que es dañina de alguna forma. En cuanto dejes de tomarte las cosas de manera personal, empezarás a practicar el desapego o *desidentificación*, o sea, te alejarás de la situación y tus emociones negativas disminuirán. Los hombres y las mujeres superiores permanecen tranquilos y apacibles mucho más tiempo que la persona promedio; se niegan a justificarse o a tomarse las cosas de manera personal, prefieren verlas como si fueran observadores externos. Esto les da una cantidad enorme de control mental y les permite lidiar con las crisis de manera muy eficaz.

La tercera causa de las emociones negativas es la *falta de consideración*. Solemos enojarnos cuando sentimos que la gente no nos trata de la forma que merecemos, que no nos respeta o reconoce de la manera a la que creemos tener derecho. En una situación social, por ejemplo, si alguien es grosero con nosotros, nos menosprecia o no nos presta suficiente atención, nuestro ego se siente herido, se molesta y se pone a la defensiva. En una ocasión, un hombre sabio dijo: "No deberías preocuparte tanto respecto a lo que los otros opinan de ti porque, si supieras lo poco que piensan en ti, tal vez te sentirías insultado".

Puedes empezar a destruir tus emociones negativas en este instante, solo necesitas negarte a justificarlas, a identificarte con ellas y a dejar que el comportamiento que los otros tengan contigo te afecte.

La manera más rápida de eliminar las emociones negativas, casi en un instante, consiste en ir a la raíz. Resulta asombroso, pero la existencia del 99% de tus emociones negativas depende de tu capacidad para culpar a alguien o algo de aquello que no te agrada. *Culpar* es la cuarta y última causa de las emociones negativas, y es la raíz de casi todas. Las emociones negativas cesan en cuanto dejas de culpar, cuando te niegas a echarle la culpa a alguien o algo más.

Permíteme hablarte del interruptor que puedes usar para "apagar" cualquier emoción de este tipo. Me refiero al hecho de que la mente consciente solo puede tener un pensamiento a la vez, ya sea positivo o negativo, y que puedes elegirlo de manera deliberada. Cada vez que te sientas negativo o enojado por alguna razón, trata de cancelar enseguida el pensamiento que causa la emoción negativa diciendo: "Yo soy el/la responsable". Esta es la afirmación más poderosa que existe para el control mental: la frase "Yo soy responsable" modifica tu estado mental, lo hace pasar de negativo a positivo en un instante, te permite asumir el control absoluto de tus emociones y volverlas positivas. Te permite tranquilizarte, relajarte y ver la situación con mayor claridad. Esta frase de tres palabras te pone a cargo de ti mismo y te permite ser mucho más hábil para lidiar con la situación de manera eficaz.

> La frase "Yo soy responsable" modifica tu estado mental, lo hace pasar de negativo a positivo en un instante.

El factor crítico es que si no modificas tus emociones negativas, no podrás avanzar más en tu desarrollo de lo que lo has hecho hasta ahora. Todo progreso personal exige la eliminación sistemática de este tipo de emociones, no es posible evolucionar a niveles más elevados de conciencia a menos de que te liberes de ellas. Es el equivalente a liberarte de las fuerzas de gravedad que te mantienen atado a tu realidad actual.

Aceptar la responsabilidad de eliminar las emociones negativas no es algo opcional, es una obligación y es fundamental para tu salud, tu felicidad y tu eficiencia. Desarrollar una actitud mental positiva respecto a ti mismo y tu vida a través de la eliminación de las emociones negativas te permitirá empezar a aprovechar tus poderes mentales superiores de una manera que, en este momento, no puedes ni siquiera imaginar.

Realiza el siguiente ejercicio para aclarar tu mente: detente por un instante y piensa en toda tu vida, pasado y presente. Luego analiza de manera sistemática cada recuerdo o situación que te provoque sentimientos negativos y, por último, neutraliza la negatividad relacionada con el recuerdo o circunstancia diciendo: "Soy el responsable, soy el responsable, soy el responsable" o "Soy la responsable, soy la responsable, soy la responsable".

El hecho es que, sin importar en qué dificultad o problema te encuentres como adulto, el responsable eres tú. En la mayoría de los casos, quien te metió en aprietos fuiste tú mismo. Tuviste la libertad de elegir y lo más probable es que casi siempre hayas sabido que no debías hacer algo, pero de todas maneras seguiste adelante, así que eres por completo responsable de lo que sucedió y de las consecuencias de tu decisión.

A menudo la gente me pregunta si aceptar la responsabilidad de algo es lo mismo que aceptar la culpa, a lo que respondo diciendo que la responsabilidad siempre mira hacia delante, al futuro. La culpa mira hacia atrás y busca a la persona a la que hay que castigar o condenar. Por ejemplo, digamos que, en un semáforo en rojo, alguien choca con tu automóvil. Desde el punto de vista legal, la falta no es tuya, pero sí eres responsable de la manera en que reaccionas a la situación. Eres responsable de tu conducta y comportamiento; puedes enojarte, molestarte y reaccionar de manera emocional, o puedes solo mostrarte maduro, tranquilo y en control. La elección es tuya, todo depende de tu respuesta, no de la situación en sí misma.

LOS OBSTÁCULOS DE LA RESPONSABILIDAD

En general, cuando hablamos de responsabilidad en estos términos, casi toda la gente está de acuerdo en que aceptará la responsabilidad por completo en su vida a partir de este momento. Al mismo tiempo, casi todas las personas que han asistido a nuestros seminarios también han admitido que, en su pasado, hay por lo menos un área en la que no tienen la intención de asumir la responsabilidad. Dicen algo como: "Si solo supieras lo que la otra persona me hizo, no me pedirías que aceptara la responsabilidad".

Ahora debo decirte una verdad crucial: la existencia de incluso una sola emoción negativa en tu mente consciente o subconsciente basta para sabotear todas tus oportunidades de tener éxito. Te daré un ejemplo que ilustra este punto muy bien. Imagina que recibiste un Mercedes nuevo, recién salido de la fábrica con su magnífica ingeniería y perfecto en todos los aspectos.

Hay solo un problema y tú ni siquiera lo sabes. Durante el ensamblaje se cometió un error con los frenos: uno de los del frente está bloqueado y no puede liberarse. Ahora digamos que decides salir a pasear con ese automóvil de ingeniería inmaculada. Te subes, enciendes el motor, metes la velocidad y te dispones a oprimir el pedal. Incluso si todo fuera perfecto en el automóvil excepto el freno bloqueado, ¿qué pasaría si lo oprimieras? Girarías alrededor de la llanta bloqueada, el automóvil daría vueltas y más vueltas. Sin importar qué tan fuerte oprimieras el pedal o rotaras la llanta, seguirías girando.

El mundo está lleno de personas como ese Mercedes nuevo. Tal vez sean inteligentes, guapas, bien educadas, y quizá parezca que tienen todo lo que alguien podría pedir, sin embargo, su vida no deja de dar vueltas en círculo. Es porque siguen aferradas a por lo menos una etapa clave de su vida por la que se niegan a asumir la responsabilidad. He visto a hombres y mujeres de 50 años que continúan enojados por algo que les sucedió en la niñez. Negarse a aceptar la responsabilidad daña su relación con su cónyuge, hijos, colegas y amigos. Se manifiesta como una variedad de enfermedades psicosomáticas y, en casos extremos, incluso puede conducir a una muerte prematura.

UNO SE CONVIERTE EN LO QUE PREDICA

Según un antiguo dicho, uno se convierte en lo que predica. Una vez que hayas empezado a aceptar la responsabilidad en todos los aspectos de tu vida, sean trascendentes o veniales, anima a tus amigos y socios a hacer lo mismo. Cuando la gente te cuente sus problemas y frustraciones, empatiza con ella por un momento, pero después recuérdale: "Tú eres responsable" de lo sucedido.

Uno se convierte en lo que predica.

Tal vez una de las cosas más amables que puedes hacer por un verdadero amigo o amiga es recordarle que es responsable y, de esta manera, reconectarlo con su sentido común. Cuando una persona se queje, solo di: "Eres el/la responsable, ¿qué harás al respecto?". No te preocupes por dar consejos, alguien dijo que nuestra inclinación a aconsejar es universal, pero no importa: la inclinación a ignorar los consejos también lo es.

Hubo un tiempo en que Barbara, mi esposa, quiso ser consejera con el objetivo de llegar a ser psicoterapeuta más adelante. Pasaba muchas horas escuchando a sus amigos y amigas, y aconsejándolos de la mejor manera posible. Cuando por alguna razón me involucraba en una de estas sesiones, yo evitaba todo ese ir y venir de información, e iba al grano: "Bien, tú eres el/la responsable. ¿Qué harás al respecto?", les decía a las personas.

Mi esposa sentía que mi respuesta era demasiado simplista, que yo no estaba considerando la complejidad de las distintas situaciones, sin embargo, se quedó sorprendida cuando vio que, después de incontables sesiones de asesoría, muchas de esas personas solo salieron del lugar y arreglaron sus asuntos después de escuchar lo que yo dije.

Ahora Barbara y yo tenemos una broma personal en casa, cada vez que almuerza con un amigo o amiga en problemas, o que habla con alguien que atraviesa algún tipo de dificultad personal, le pregunto qué le dijo que debería hacer, y ella responde: "Primero le di mi consejo y luego dije: 'eres responsable de esto, ¿qué piensas hacer al respecto?'".

Empieza por convertirte en tu propio psicoterapeuta, recuérdate a ti mismo una y otra vez lo siguiente: "Soy el responsable, soy el responsable, soy el responsable". Después dales este mismo consejo a quienes tengan problemas: "Eres el responsable, ¿qué harás al respecto?", y luego permite que la gente siga con su vida, y tú sigue con la tuya.

UN EJERCICIO PARA ENTRAR EN ACCIÓN

Aquí tienes un ejercicio para entrar en acción. Toma una libreta y dibuja una línea en el centro, del lado izquierdo haz una lista de todas las personas o situaciones que te hacen experimentar sentimientos negativos y numéralos.

Del lado derecho de la página escribe varias veces la frase: "Soy responsable de esto porque…" y complétala con base en la lista de la izquierda.

Haz esto en todos los casos y sé tan duro contigo mismo como te sea posible. Sé brutalmente franco y honesto; escribe todas las razones por las que podrías ser responsable de lo sucedido. Haz lo mismo con todas las situaciones de tu pasado o presente que te hayan provocado emociones negativas. Cuando termines el ejercicio, te sorprenderá descubrir lo positivo y en control que te sentirás. Decir "Soy responsable" aumenta tu autoestima y te permite ascender a tu máximo desempeño.

Los puntos más importantes

- Tu actitud determina tu desempeño.
- Tus expectativas y creencias determinan tu actitud.
- Tu autoconcepto es el grupo de creencias sobre ti mismo y sobre tu mundo.
- El autoconcepto consiste en tres elementos: el yo ideal, la autoimagen y la autoestima.
- Todas las emociones negativas son aprendidas y, por lo tanto, pueden desaprenderse.
- Tú eres responsable de todo lo que sucede en tu vida.

Capítulo 2

Las leyes mentales del universo

Desde las primeras eras hasta el presente, algunas de las mentes más agudas del mundo han estudiado el éxito y la felicidad, y escrito al respecto. En la actualidad hay más información práctica sobre el éxito de lo que jamás había habido.

A pesar de esta riqueza de información, solo el 5% de la población goza de independencia financiera al final de su vida laboral. Asimismo, el 80% de la gente que trabaja preferiría estar haciendo algo más, y el 84% de la población con empleo confiesa sentir que está trabajando por debajo, o muy por debajo, de su potencial. Solo el 5% de los hombres y mujeres sienten que están produciendo a su mayor capacidad en su empleo. Además, nunca había habido tanta gente enferma o con sobrepeso, pésima condición física y mala salud. Estados Unidos gasta más de su producto interno bruto en el cuidado de la salud que cualquier otro país, y ese gasto va en aumento.

Estados Unidos es una sociedad libre, todos los individuos pueden elegir lo que quieran. La gente puede hacer cualquier cosa, ser quien quiera ser, ir a cualquier lugar y modificar cualquier aspecto de su vida para mejorar en cualquier momento que desee hacerlo. La causa de una gran cantidad de las enfermedades son las actitudes mentales negativas y la infelicidad. Entonces, ¿por qué tanta gente insiste en ser negativa y pesimista si tiene la libertad de pensar lo que le venga en gana? ¿Por qué tan pocos aprovechan su potencial? Me parece que la razón de esta abrumadora mediocridad y frustración es que la gente no sabe cómo obtener lo mejor de sí misma, no sabe cómo operar para alcanzar su máximo desempeño y felicidad.

Te daré un ejemplo. Imagina que alguien te regala una costosa computadora personal. Un repartidor lleva la máquina a tu casa y, cuando la abres, descubres que falta algo: el instructivo. Ahora imagina que careces de conocimientos y entrenamiento informáticos. Tienes que averiguar cómo echar a andar la computadora, cómo funciona, cómo operarla y lograr que produzca algo valioso. ¿Cuánto tiempo crees que te tomaría averiguar cómo usar una computadora personal sin ayuda o guía? Incluso si tuvieras muchísima determinación, tal vez te tomaría años y, mucho tiempo antes de llegar ahí, empezarías a interesarte en otras cosas y volverías a trabajar de la misma manera anticuada en que lo hacías.

Ahora imaginemos que, una mañana, recibes la misma computadora, pero en esta ocasión viene con un instructivo accesible y fácil para el usuario. Además, un asesor en informática te visita y te muestra, paso por paso, cómo echar a andar la computadora, operarla, programarla y usarla para aprovechar su eficiencia al máximo. Tu computadora podría estar funcionando para cuando llegue la tarde y, a partir de ese momento, serías cada vez más eficiente al usarla, y la cantidad y calidad de lo que produjeras también aumentaría con rapidez.

La persona promedio funciona muy por debajo de su potencial porque todos llegamos a este mundo sin instructivo, nacemos con un cerebro asombroso, cuya complejidad y posibilidades son tan vastas que aún no podemos entenderlas ni explicarlas. Este maravilloso órgano de tres kilos contiene cerca de 171 000 millones de células y procesa 100 millones de bits de información por hora; mantiene un equilibrio químico perfecto en cada uno de los otros miles de millones de células a través del sistema nervioso autónomo. Usado de la manera correcta, tu poderoso cerebro puede llevarte de la pobreza a la riqueza, de la soledad a la popularidad, de la enfermedad a la salud, y de la depresión a la felicidad y la alegría.

Considera este libro como un instructivo diseñado para ayudarte a obtener lo mejor de ti mismo y todo lo que deseas por medio del control y dominio del asombroso poder de tu mente. Yo seré tu entrenador personal y te mostraré cómo hacerlo, te mostraré cómo liberar tu capacidad para un alto desempeño.

LAS LEYES NATURALES

Hay dos tipos de leyes en el universo: las leyes hechas por los humanos y las leyes naturales. Uno puede violar las leyes hechas por los humanos, como las reglas de tráfico, y puede ser penalizado o no, pero si alguien trata de violar las leyes naturales, resulta penalizado en cada ocasión sin falla.

A su vez, las leyes naturales pueden dividirse en dos categorías: físicas y mentales. La operación de las leyes físicas puede demostrarse en experimentos controlados en un laboratorio, pero las leyes mentales solo pueden probarse a través de la experiencia y la intuición, y mostrando su efectividad en tu vida. Algunas de las leyes mentales que aprenderás en este libro fueron escritas hace 4 000 años. En el mundo antiguo, estas leyes solo se enseñaban en las academias de lo místico. Los estudiantes ingresaban en dichas academias y se sometían a un período de muchos años de entrenamiento durante los cuales les iban presentando estos principios, uno por uno y de manera gradual.

> Las leyes mentales solo pueden probarse a través de la experiencia y la intuición, y mostrando su efectividad en tu vida.

En aquellos tiempos, estas leyes no se divulgaban entre el público en general, los directores de las antiguas academias sentían que la persona común podría malinterpretarlas y usarlas de manera incorrecta, y en ese momento, tal vez tenían razón. En la actualidad, escribimos y hablamos de estos principios de manera más abierta, a pesar de que solo una diminuta fracción de la población está al tanto de ellos.

Al estudiar la vida y las historias de hombres y mujeres exitosos, he descubierto que casi todos usan estas leyes de manera consciente o inconsciente, y como resultado, a menudo logran, en dos o tres años, más de lo que la persona promedio logra en toda una vida. De hecho, todos los éxitos reales y duraderos son el resultado de organizar nuestra vida en armonía con estos principios generales.

Las leyes mentales son como las leyes físicas en el sentido de que también se aplican de manera permanente. La ley de gravedad, por ejemplo, funciona 24 horas al día en todo el planeta. Si saltas de un edificio de 10 pisos en el centro de Nueva York o el centro de Tokio, caerás con la misma fuerza y quedarás hecho pomada en la acera. No importa si tienes conocimientos sobre la gravedad, si estás o no de acuerdo con su ley, ni si alguien te explicó de qué se trataba cuando eras niño o no: la ley no hace distinciones. Es neutral en este aspecto, es aplicable a ti en todo lugar, sin importar si estás al tanto de ella o si te resulta conveniente o no.

Aunque los efectos físicos de las leyes mentales no se pueden ver con tanta facilidad, estas también se aplican de manera constante. Cada vez que tu vida va de maravilla, suele significar que tus pensamientos y actividades están alineados y en armonía con estos principios invisibles. Y casi siempre que tienes problemas, es porque violaste una o más de las leyes mentales, e insisto, no importa si estás al tanto de ellas o no. Casi siempre es posible saber si estás violando uno de estos principios, basta con fijarte en los resultados que obtienes, ya sean positivos o negativos.

LAS LEYES MENTALES DEL UNIVERSO

La ley del control

Te sientes tan positivo respecto a ti mismo, que te parece que controlas tu propia vida. Te sientes tan negativo, que te parece que *no* la controlas, o que lo que la controla es una fuerza externa.

La ley de la causa y efecto

Todo efecto tiene una causa específica. Todo sucede por una razón. A esta ley también se le llama *ley de la causalidad*.

Uno de sus corolarios es la *ley de la siembra y la cosecha*: todo lo que cosechas ahora es resultado de lo que sembraste en el pasado.

La ley de la creencia

Todo en lo que creas con sentimiento o emoción, se convertirá en tu realidad.

La ley de la expectativa

Cualquier cosa que esperes con confianza se volverá una profecía autocumplida.

La ley de la atracción

De manera inevitable, atraes a tu vida a la gente y las situaciones que están en armonía con tus pensamientos dominantes. Todo lo que hay en tu vida lo has atraído debido a la persona que eres y a tus pensamientos.

La ley de la correspondencia

Así es por dentro, así es por fuera. Tu mundo exterior refleja tu mundo interior. Si miras lo que sucede a tu alrededor, puedes saber lo que sucede en tu interior.

La ley de la equivalencia mental

Los pensamientos se concretan a sí mismos. Al tener pensamientos de manera vívida, imaginada, reiterada y pletórica de emoción, los transformas en tu realidad. A esta ley también se le llama *ley de la mente*.

La ley de la actividad subconsciente

Cualquier idea o meta que la mente consciente acepte como verdadera, el subconsciente la aceptará como una orden, y esto echará a andar un mecanismo que la hará realidad.

La ley de la concentración

Cualquier cosa en la que te concentres, florecerá. Entre más pienses en algo, más se volverá parte de tu realidad.

La ley de la sustitución

La mente consciente solo puede tener un pensamiento a la vez, positivo o negativo. Y nunca está vacía, siempre está pensando en algo, pero siempre puedes sustituir un pensamiento con otro.

La ley del hábito

Todo lo que eres y haces es resultado de los hábitos. Si no hay una decisión firme ni un esfuerzo absoluto de tu parte, solo continuarás haciendo y pensando en las mismas cosas por tiempo indefinido.

La ley de la práctica

Cualquier pensamiento o acción que se repite sin cesar se convierte en un nuevo hábito.

La ley de la emoción

Los seres humanos son emocionales al 100%: el 100% de las decisiones se toman con base en la emoción.

La ley de la acumulación

Todo gran logro es la acumulación de cientos o incluso miles de horas y de esfuerzo que nadie más ve o aprecia.

La ley de la reciprocidad

Si haces algo bueno por otra persona, generarás una obligación o deseo inconsciente de retribución que la instará a hacer algo bueno por ti.

La ley de la compensación

Es un corolario de la ley de la siembra y la cosecha: toda acción genera una reacción igual y opuesta. Por todo lo que hagas, serás recompensado de la misma manera.

La ley de la sobrecompensación

Es el principio de hacer algo más que aquello por lo que te pagaron o algo más de lo que se espera de ti.

La ley del servicio
Tus recompensas siempre serán equivalentes al valor del servicio que les prestes a otros.

La ley de la remuneración
Tu remuneración será igual a lo que hayas brindado.

La ley de la actividad supraconsciente
La mente supraconsciente deberá transformar en realidad cualquier pensamiento, objetivo, plan o idea que mantengas de forma continua en tu mente consciente, sea positivo o negativo.

LA LEY DEL CONTROL

El primero de estos principios se llama la *ley del control* y, hasta cierto punto, ya la discutimos.

La ley del control dice que te sientes tan positivo respecto a ti mismo, que también sientes que tienes el control de tu vida. O, te sientes tan negativo respecto a ti mismo, que sientes que *no* controlas tu vida o que lo que la controla es una fuerza externa u otra persona.

> Te sientes tan positivo respecto a ti mismo, que también sientes que tienes el control de tu vida.

Este principio es muy reconocido en la psicología, área en que lo llaman *teoría del locus de control*. Podrías tener, por ejemplo, un *locus externo de control* y, en ese caso, te sentirías impotente, sentirías que eres una víctima y que te es imposible modificar un aspecto de tu vida que te hace infeliz. En resumen, te sientes atrapado o atrapada.

En general, todos coinciden en que la mayor parte del estrés, la ansiedad y la tensión, así como muchas de las enfermedades psicosomáticas, son producto de la sensación de no controlar una parte fundamental de tu vida. De acuerdo con esta ley, si sientes que te controlan tus deudas, tu jefe, tu pésima salud, una relación que no funciona o incluso el comportamiento de otras personas, sufrirás una buena cantidad de estrés.

De manera opuesta al *locus externo de control*, podrías tener un *locus interno de control*, es decir, sentir que eres quien maneja el timón de tu propia vida, que eres el arquitecto de tu propio destino, el amo de tu devenir.

En ambos casos, el control empieza por tus pensamientos, es decir, lo único sobre lo que tienes poder absoluto. La manera en que pienses respecto a una situación determinará tus sentimientos y emociones y, a su vez, tus sentimientos determinarán tus acciones, o sea, lo que hagas o dejes de hacer en dicha situación.

La práctica de la autodisciplina, el autodominio y el autocontrol empieza cuando te haces cargo de tu pensamiento, cuando aceptas que ninguna situación puede hacerte sentir *nada*, que lo único que te puede hacer sentir una emoción, cualquiera que esta sea, es la manera en que pienses respecto a ella.

> Ninguna situación puede hacerte sentir *nada*, lo único que te puede hacer sentir una emoción, cualquiera que esta sea, es la manera en que pienses al respecto.

Hay dos formas de reafirmarte en el contexto de una situación. La primera es actuando. Puedes continuar avanzando y hacer algo para modificar lo que sucede, puedes reafirmarte en la situación y cambiarla de alguna manera. La segunda forma es alejándote. A veces, esto es lo mejor que puedes hacer cuando te encuentras en una situación en la que te sientes fuera de control. Si alguna vez has partido de una relación desagradable o renunciado a un empleo que te hacía infeliz, seguro recuerdas que en cuanto dejaste de luchar con la situación te sentiste mucho mejor, recuperaste el control. También puedes reafirmarte y recuperar el control simplemente permitiendo que las cosas pasen mientras tú te enfocas en otros aspectos de tu vida.

LA LEY DE LA CAUSA Y EFECTO

La segunda ley es la *ley de la causa y efecto*, o la *ley de la causalidad*. Este principio indica que todo efecto es producto de una causa específica, todo sucede por una razón. También le llaman la *ley de acero del universo*.

Los accidentes no existen, vivimos en un universo gobernado de manera estricta por leyes y esta es una de la más importantes. La ley de la causa y efecto dice que tanto al éxito como al fracaso los provocan causas específicas. Hay causas específicas para la salud y la enfermedad, para la felicidad y la infelicidad. Si deseas que en tu vida haya más de cierto efecto, solo necesitas rastrearlo hasta su origen, detectar las causas y repetirlas. En cambio, si hay un efecto que no estés disfrutando, necesitas rastrearlo hasta encontrar las causas y deshacerte de ellas. Hay un proverbio que dice que es mejor encender una vela débil que maldecir la oscuridad. Es mucho mejor sentarse y analizar con detenimiento las razones que dieron paso a tus dificultades que salirte de tus casillas y enojarte.

> Los accidentes no existen, vivimos en un universo gobernado de manera estricta por leyes.

La Biblia dice: "Cualquier cosa que siembre un hombre, será también lo que cosechará" (Epístola a los gálatas, 6:7). A esto le podemos llamar *ley de la siembra y la cosecha*. Este principio dice que todo lo que cosechas ahora es resultado de lo que sembraste en el pasado. Si en el futuro deseas cosechar un tipo distinto de cultivo en cualquier área de tu vida, solo necesitas empezar a sembrar semillas distintas hoy. Por supuesto, esto se refiere sobre todo a las semillas mentales.

La reflexión más importante de la ley de la causa y efecto, o ley de la siembra y la cosecha, es que los pensamientos son causas y las condiciones son efectos. Tus pensamientos son la causa de las condiciones de tu vida. Todo lo que forma parte de tu experiencia empezó con un pensamiento, ya sea tuyo o de alguien más. Toda la causalidad es mental, todo lo que eres o serás es resultado de tu forma de pensar. Si cambias la calidad de tu pensamiento, cambiarás la calidad de tu vida. Tu experiencia exterior se modificará con base en tu experiencia interior.

LA LEY DE LA CREENCIA

La tercera ley es la *ley de la creencia*: cualquier cosa en la que creas con sentimiento o emoción se convertirá en tu realidad.

Entre mayor sea la intensidad con la que creas que algo es verdad, más aumentará la posibilidad de que se vuelva real para ti. Tus creencias suelen darte una especie de visión de túnel, es decir, editan y descartan o ignoran cualquier información entrante que no sea congruente con lo que has decidido creer. El gran filósofo y psicólogo William James apoyó este concepto al decir que la creencia produce el hecho real. La Biblia dice: "Hágase en ustedes según su fe" (Evangelio según San Mateo, 9:29).

Dicho de otra manera, no siempre crees lo que ves, pero sí ves aquello en lo que ya crees. Si estás convencido de manera absoluta de que serás feliz y tendrás éxito en tus proyectos, entonces, sin importar lo que suceda, continuarás empujando hacia el frente, hacia tus objetivos. En cambio, si crees que el éxito es cuestión de suerte o accidente, cada vez que las cosas salgan mal tenderás a desanimarte y sentirte desilusionado.

En general, la gente tiene dos formas de ver el mundo, la primera es con benevolencia. Si tienes una visión benevolente, lo usual es que creas que este mundo es un lugar bastante bueno para vivir, que elijas ver el bien en la gente y las situaciones, y creas que a tu alrededor hay una gran cantidad de oportunidades que puedes aprovechar. Crees que, a pesar de que tal vez no seas perfecto o perfecta, eres una persona bastante buena.

La segunda manera de ver el mundo es con malevolencia. La gente que tiene una visión malevolente suele ser negativa y pesimista respecto a sí misma y a la vida, cree que una persona común no puede luchar contra la burocracia, que los ricos son cada vez más ricos y los pobres cada vez más pobres, y que sin importar cuán arduo trabajes, nunca saldrás adelante porque tienes las cartas en tu contra. Las personas que ven el mundo con malevolencia solo notan la injusticia, la opresión y el infortunio en todos lados. Cuando las cosas les salen mal, como suele suceder, culpan a la mala suerte o a la gente mala y, por supuesto, se sienten desalentadas con facilidad. No se respetan ni se agradan mucho a sí mismas.

La gente con una visión benevolente del mundo es la que hace que las cosas se muevan, las que agitan las situaciones, son quienes construyen y crean el futuro. Suelen ser más optimistas y alegres, y ven el mundo como un lugar más resplandeciente y mejor de lo que es. Tienen una actitud mental animada que les permite responder de manera positiva y constructiva ante los inevitables altibajos de la vida cotidiana. El desarrollo y el mantenimiento de esta visión positiva o benevolente es esencial para tu viaje hacia el éxito.

Esto nos lleva a uno de los mayores obstáculos que deberás superar para alcanzar tu potencial total y ser quien se supone que debes ser: tus creencias autolimitantes. Las creencias autolimitantes son todo aquello que, de manera consciente o inconsciente, te hace creer que tienes límites por alguna razón. Tal vez sientas que tu inteligencia es limitada porque tus calificaciones escolares fueron promedio o mediocres. Quizá te sientas limitado o limitada en cuanto a tu capacidad creativa o tu habilidad de aprender y recordar. O tal vez pienses que no eres muy extrovertido o hábil con el dinero. Algunas personas sienten que no pueden perder peso, dejar de fumar o resultar atractivas para los miembros del sexo opuesto.

Sin importar cuáles sean tus creencias, si son demasiado fuertes, se volverán realidad porque los humanos tendemos a caminar, hablar, comportarnos e interactuar con otros de una manera congruente con lo que creemos.

Por suerte, la mayoría de tus creencias autolimitantes se basan en algo que no tiene que ver con la realidad en absoluto, se basan en información negativa que has recibido o internalizado y aceptado como verdadera. En cuanto aceptas que algo es verdad, la creencia genera un hecho. Henry Ford dijo que si crees que puedes hacer algo o si no crees poder, en ambos casos tendrás razón.

> La mayoría de tus creencias autolimitantes se basan en algo que no tiene que ver con la realidad en absoluto.

Comienza desde ahora a identificar cualquier creencia autolimitante que pudiera estarte deteniendo. Con frecuencia, tu cónyuge o un amigo o amiga en quien confíes te puede ayudar a detectar este tipo de ideas y creencias de las que no te has percatado.

Recuerda, estas creencias te hacen el mismo daño si estás consciente de ellas que si no lo estás.

LA LEY DE LA EXPECTATIVA

La cuarta ley es la *ley de la expectativa*. Nos dice que cualquier cosa que esperes con confianza se volverá una profecía autocumplida.

Dicho de otra manera, lo que obtienes en la vida no es necesariamente lo que deseas, sino lo que esperas. Tus expectativas respecto a la gente y las situaciones ejercen una influencia poderosa e invisible que hace que la gente se comporte y las situaciones se den justo como las esperas. De cierta forma, por la manera en que hablas de cómo sucederán las cosas, siempre estás actuando como adivino de tu propia vida. De forma invariable, la actitud respecto a lo que esperan para sí mismos los hombres y las mujeres exitosos siempre es confiada y positiva. Esperan tener éxito. Esperan agradar, ser felices y decepcionar lo menos posible. La gente que no tiene éxito suele crear un ambiente de expectativas cínicas, pesimistas y negativas que, de alguna manera, hace que las situaciones se den justo como las esperaban.

En su libro *Pygmalion en la escuela*, Robert Rosenthal de la Universidad de Harvard explica que las expectativas de los maestros tienen un impacto enorme en el desempeño de sus estudiantes. Descubrió que si sentían que el profesor esperaba que les fuera bien, les iba mucho mejor.

Las expectativas tienen cuatro áreas de impacto en tu vida.

La primera área es la de las expectativas de tus padres. De manera inconsciente, todos estamos programados para vivir y cumplir las expectativas que nuestros padres nos expresaron cuando éramos pequeños. Nuestra necesidad de aprobación por parte de ellos continúa incluso cuando ya no están con nosotros. Si tus padres esperaban que te fuera bien en la vida y que fueras una persona confiada, y si te motivaron de manera positiva para que dieras tu máximo esfuerzo, esto tuvo una influencia colosal en la persona en que te convertiste. Pero, si como sucede en muchos casos, tus padres expresaron expectativas negativas o no expresaron nada, tal vez todavía sientes la carga subconsciente que te obliga a tratar de no decepcionarlos. En un estudio en el que una serie de psicólogos entrevistó a prisioneros del sistema penal estadounidense, el 90% de estos reportó que cuando eran niños sus padres les repitieron sin cesar la frase: "Un día vas a terminar en la cárcel". "Y no los decepcionamos, ya que aquí estamos", dijeron.

La segunda área de las expectativas es la que tiene que ver con lo que espera tu jefe de tu desempeño. La gente que trabaja para jefes con expectativas positivas es más feliz, tiene un mejor desempeño y es más productiva que quienes trabajan para jefes negativos o críticos. De manera consciente e inconsciente, necesitas darte cuenta de que las expectativas de la gente que respetas y es importante para ti influyen en extremo en tu vida. Por todo esto, sería difícil que fueras feliz o exitoso si trabajaras para personas que operan en un clima de expectativas negativas.

La tercera área de expectativas es la que tiene que ver con lo que esperan tus hijos, tu cónyuge y tu personal. Tú tienes un impacto enorme en la personalidad, el comportamiento y el desempeño de la gente que te admira, te considera su guía y busca tu retroalimentación. Entre más importante seas para alguien más, más influirán tus expectativas en su trabajo y desempeño.

Quizás, el comportamiento motivador más eficaz y predecible consiste en esperar lo mejor de los otros de manera confiada y constante porque, en general, las personas tratan de no decepcionarte. Yo, por ejemplo, siempre les digo a mis hijos: "Chicos: ustedes son los mejores de estos lares". Les digo que creo que son niños maravillosos y que harán cosas geniales con su vida.

¿Tiene esto algún impacto? Más te vale creer que así es, inténtalo por ti mismo y verás.

Muchas personas exitosas atribuyen buena parte de su progreso en la vida a la influencia de alguien a quien respetaban y que de manera ininterrumpida expresó su confianza en que podrían lograrlo. Tal vez lo más generoso que puedes hacer por otra persona es decirle: "Creo en ti, sé que puedes hacerlo".

La cuarta área se refiere a las expectativas que tienes de ti mismo. Lo más maravilloso es que puedes crear una noción de lo que esperas de ti, puedes diseñar tu propia mentalidad, tu manera personal de abordar el mundo con confianza y esperando lo mejor de ti en toda situación. Las expectativas que tienes de ti son lo bastante poderosas para borrar y destruir todas las expectativas negativas que alguien habría podido tener de ti antes. Si esperas ganar algo de cada situación, puedes crear alrededor de tu persona un campo de fuerza de energía mental positiva, por así decirlo.

El hombre de negocios y pensador motivacional W. Clement Stone fue famoso por ser un paranoico inverso, es decir, alguien que creía que el universo conspiraba para hacerle bien. Un paranoico inverso ve todas las situaciones como enviadas por el cielo para brindarle algún beneficio o enseñarle una lección invaluable que le ayudará a alcanzar el éxito. Esta forma de paranoia inversa es la base de una actitud mental positiva. Es la cualidad externa más fácil de identificar en un hombre o mujer de alto desempeño.

Uno de los graduados de mi seminario que llevaba tiempo desempleado me contó que empezó a decirse a sí mismo todas las mañanas: "Creo que hoy me sucederá algo maravilloso". Se repitió esta frase una y otra vez hasta que desarrolló una actitud de expectativa que lo hizo mirar con anticipación cada suceso. Lo más asombroso es que le empezó a suceder una serie de cosas inenarrables. Después de pasar seis meses sin empleo, recibió dos ofertas en la primera semana a partir de que empezó a realizar el ejercicio. Sus problemas financieros y sus dificultades legales parecieron disolverse como por arte de magia, y luego le siguieron sucediendo cosas increíbles de forma ininterrumpida.

Solo imagina lo que sucedería si anduvieras todo el día por ahí creyendo que algo maravilloso te va a pasar. Piensa cuán más positivo, optimista y alegre serías si tuvieras el convencimiento absoluto de que todo conspira a tu favor para convertirte en alguien feliz y exitoso.

Te prometeré algo: si haces este ejercicio durante tres días, al final del tercero te habrán sucedido tantas cosas geniales que no podrás contarlas con facilidad.

Uno no puede ir más allá de lo que marcan sus expectativas de sí mismo. Nunca. Y como tus expectativas están bajo tu control, asegúrate de ser consistente con lo que deseas que suceda y consérvalas con ferocidad. Cuando empiezas a trabajar de manera consciente con estas leyes mentales, tienes en tus manos un poder virtualmente ilimitado. Por sí solo, el poder de las expectativas positivas puede cambiar tu personalidad y tu vida por completo.

LA LEY DE LA ATRACCIÓN

La quinta ley o principio es la *ley de la atracción*. Se han escrito incontables libros sobre esta ley y hay mucha gente que cree que es esencial para entender la condición humana.

La ley de la atracción dice que eres un imán viviente y que, de manera inevitable, tú atraes a tu vida a las personas y las situaciones que se encuentran en armonía con tus pensamientos dominantes. Hasta ahora, la persona que eres y los pensamientos que tienes son lo que ha atraído todo lo que existe en tu vida. Has atraído a tus amigos, tu familia, tus relaciones, tu empleo, los problemas y las oportunidades a través de la manera en que sueles pensar respecto a estas áreas.

> Tú atraes a tu vida a las personas y las situaciones que se encuentran en armonía con tus pensamientos dominantes.

En la música, a esto se le llama *principio de la resonancia simpática*. Si tienes dos pianos en una gran sala, por ejemplo, y tocas la nota do en uno y luego corres al otro lado, donde está el otro piano, verás que la cuerda de la nota do del segundo piano vibra con la misma frecuencia que el primero. De la misma manera, tú tiendes a encontrar e involucrarte con personas en situaciones que vibran de manera armónica con tus pensamientos y emociones dominantes. Toda causalidad es mental. Si observas todos los aspectos de tu vida, tanto los positivos como los negativos, deberías darte cuenta de que tú eres el creador de tu mundo. Asimismo, entre más emoción le apliques a un pensamiento, más rápido atraerás a tu vida a la gente y las situaciones en armonía con ese pensamiento.

Al igual que las otras leyes mentales, la ley de la atracción es neutral, te puede ayudar o impedirte avanzar. En realidad, esta ley debería ser considerada un subconjunto de la ley causa y efecto, y del principio de la siembra y la cosecha. Por eso hubo un filósofo que dijo: "Siembra un pensamiento y cosecharás un acto. Siembra un acto y cosecharás un hábito. Siembra un hábito y cosecharás una personalidad, siembra una personalidad y cosecharás un destino".

Gracias a la ley de la atracción puedes tener más, ser más y hacer más. Esto se debe a que puedes cambiar la persona que eres, puedes modificar tus pensamientos dominantes aplicando autocontrol y una rigurosa autodisciplina, y manteniendo tus pensamientos enfocados en lo que quieres y alejados de lo que no quieres.

LA LEY DE LA CORRESPONDENCIA

La sexta ley mental es la *ley de la correspondencia*, la cual dice: así por fuera, así por dentro. Es decir, tu mundo exterior refleja tu mundo interior; con solo observar lo que pasa a tu alrededor, puedes saber lo que pasa dentro de ti.

La Biblia expresa este principio en la frase: "Por sus frutos los conoceréis" (Mateo, 7:16). Todo en tu vida va del interior al exterior, tu mundo externo de manifestación es solo una expresión que corresponde a tu mundo interno de pensamiento y emoción. El mundo exterior de las relaciones coincidirá a la perfección con tu verdadera personalidad. Tu mundo de la salud corresponderá con tus actitudes internas mentales. Tu mundo exterior de los ingresos y logros financieros corresponderá a tu mundo interior de la preparación. La forma en que la gente te responda y reaccione ante ti corresponderá a la actitud y comportamiento que tengas con ella.

Incluso el automóvil que conduces y las condiciones en que lo mantienes corresponderá a tu estado mental en todo momento. Cuando te sientes positivo, confiado y en control de tu vida, entonces tu hogar, tu automóvil y tu lugar de trabajo tienden a ser eficaces y estar bien organizados. Cuando te sientes abrumado por el trabajo o frustrado e infeliz, tu automóvil, tu lugar de trabajo, tu hogar e incluso tus armarios reflejan ese estado de desarreglo y confusión. Los efectos de la ley de correspondencia los puedes ver en todos los aspectos de tu vida.

LA LEY DE LA EQUIVALENCIA MENTAL

La séptima ley es la *ley de la equivalencia mental*. También se le puede llamar *ley de la mente*. Podría decirse que es un resumen de todas las leyes anteriores. En esencia, dice que los pensamientos se objetivan a sí mismos. Tus pensamientos, imaginados de manera vívida, repetida y repletos de emoción se convierten en tu realidad.

> Tus pensamientos se convierten en tu realidad.

Para bien o para mal, casi todo lo que tienes en la vida lo creaste tú mismo con tu propio pensamiento. Dicho de otra manera, los pensamientos se transforman en objetos. El fallecido orador motivacional Earl Nightingale se refería a este fenómeno como "el secreto más extraño": te conviertes en lo que piensas. Ernest Holmes, autor de *La ciencia de la mente*, nos dio otra clave cuando dijo que si modificabas tu forma de pensar, modificabas tu vida.

Todo lo que te sucede primero tiene lugar bajo la forma de un pensamiento. Convertirse en un pensador hábil implica usar tus poderes mentales de tal forma que les convengan a tus intereses en todo momento. Cada vez que decides empezar a pensar de manera positiva y con confianza en ti mismo, también empiezas a ejercer y sentir control. Si plantas causas positivas, cosecharás efectos positivos, y empezarás a creer en ti y en tus posibilidades. Si empiezas a esperar resultados positivos, atraerás personas y situaciones positivas, y, en poco tiempo, los resultados en tu vida exterior empezarán a coincidir con el pensamiento constructivo de tu universo interior. Esta transformación inicia con tu manera de pensar: cámbiala y cambiarás tu vida. Tu misión es diseñar el equivalente mental de lo que deseas experimentar en tu realidad.

Ahora toma algo de tiempo para pensar considerando estas leyes mentales. Reflexiona sobre la forma en que tus costumbres de pensamiento han generado cada uno de los aspectos de la vida que tienes ahora.

1. Piensa en tus relaciones personales. ¿Qué parte de tus actitudes, tus creencias, tus expectativas y tus comportamientos es la que te causa problemas con otras personas?
2. Piensa en tu salud. ¿Qué es lo que piensas respecto a tu peso, tu nivel de condición física, tu apariencia personal, tu régimen alimenticio y el tiempo que dedicas a descansar?
3. Piensa en tu carrera. ¿De qué manera tus pensamientos afectan el puesto que ocupas, tu progreso, la calidad de tu trabajo y la cantidad de satisfacción que obtienes de lo que haces?

4. Piensa en tu nivel de logro económico. ¿Qué te gustaría aumentar o mejorar? ¿Cuáles son tus creencias y expectativas respecto a tus aspiraciones? ¿Cuánto más te gustaría ganar y por qué? ¿Y qué piensas respecto a eso?
5. Piensa en tu vida interior, tus pensamientos, tus sentimientos, tu tranquilidad mental y tu felicidad. ¿Cuáles son las creencias, las actitudes y las expectativas que están creando el mundo en que vives ahora? ¿Cuáles te gustaría modificar?

Si eres honesto contigo mismo, descubrirás que tienes maneras de pensar autolimitantes en una o más de estas áreas. Es normal. Enfrentar con honestidad los hechos sobre ti es el punto de inicio para un mejoramiento personal acelerado.

LA FUERZA MOTRIZ DE TU SUBCONSCIENTE

Tu subconsciente es una poderosa fuerza motriz que, bien empleada, puede ayudarte a acercarte rápido a lograr tus metas y cumplir tus deseos. El subconsciente o mente subconsciente puede ser utilizado para crear o para destruir, para hacer bien o para hacer mal. Dependiendo de la forma en que sea programado, tiene el poder de convertirte en príncipe o en mendigo, y créeme que lo hará. Para aprovechar tu potencial debes aprender a utilizar tu subconsciente a voluntad y usarlo de manera inteligente y constructiva para cumplir tus propósitos.

En una ocasión, mi abogado me estaba mostrando sus oficinas. Me llevó a la zona de transcripción, donde varias secretarias y secretarios estaban mecanografiando cartas y documentos legales. Todos estaban conectados a una minicomputadora disponible y accesible para cada uno. Cuando salimos de ahí, el abogado me explicó que, unos dos años antes, él y sus socios invirtieron más de 100 000 dólares en esa configuración informática. Me contó que en cuanto la instalaron, entrenaron a todos los secretarios que trabajaban para el bufete en ese momento para que aprendieran a usar la computadora y, así, aumentar de manera dramática la calidad y cantidad de documentos legales que eran capaces de producir. Luego me explicó que, con el paso del tiempo, la mayoría de los secretarios que entrenaron originalmente se fueron del bufete o se dedicaron a otras actividades. A medida que se fueron, los remplazaron uno por uno con secretarios y secretarias legales que, por desgracia, no contaban con entrenamiento informático.

—Como ahora estamos demasiado ocupados —agregó—, nadie ha tenido tiempo de entrenar a los nuevos secretarios para que aprendan a aprovechar al máximo nuestro sistema. Por eso ahora, en lugar de aprovechar esta computadora para conservar información sofisticada y como un procesador de palabras, solo la usan como una especie de súper máquina de escribir, así que solamente mecanografían una carta o un documento a la vez, y pasan muchas horas produciendo una cantidad de documentos que la minicomputadora podía producir en unos cuantos minutos.

La mayoría de las personas son como esos secretarios y secretarias, trabajan todo el día con la poderosa computadora que es su mente, pero solo la utilizan para realizar tareas rudimentarias. Y luego se preguntan por qué su trabajo es tan difícil y por qué producen tan poco. Los hombres y las mujeres exitosos, en cambio, han aprendido a operar su consciente y su subconsciente de manera simultánea y en armonía, lo que les permite lograr sus metas más rápido y con muchísimo menos esfuerzo.

EL PAPEL DE LA MENTE CONSCIENTE

Imagina una pelota y un balón de baloncesto pegados, la pelota de golf está arriba. Esta imagen representa el relativo poder y capacidad de tu mente consciente y tu subconsciente, la pelota de golf es tu mente consciente y el balón de baloncesto es tu subconsciente. A pesar de que tienen funciones independientes, ambos son esenciales para el otro.

La mente consciente es la mente objetiva o pensante, no tiene memoria y solo puede tener un pensamiento a la vez. Esta mente tiene dos funciones primordiales. La primera consiste en identificar la información que ingresa a través de cualquiera de los cinco sentidos: vista, audición, olfato, gusto o tacto. Imagina, por ejemplo, que vas caminando a lo largo de la acera y de pronto sales a la avenida de entre dos automóviles. En ese instante escuchas el rugido del motor de un tercer automóvil en movimiento, identificas de inmediato de dónde proviene el sonido y volteas hacia el lugar donde está el vehículo para ver.

La segunda función de tu mente consciente es la comparación. La información que viste y escuchaste es enviada enseguida a tu subconsciente para que la compare con toda la información y experiencias relacionadas con automóviles en movimiento almacenadas hasta ese instante. Si el automóvil está a una cuadra de distancia y se mueve a 50 kilómetros por hora, haciendo uso de la experiencia acumulada, tu subconsciente te dirá que no hay problema y que puedes seguir caminando. En cambio, si el automóvil se mueve hacia ti a 100 kilómetros por hora y solo está a 100 metros de distancia, recibirás un mensaje de alerta que te exigirá actuar a continuación.

La tercera función de tu mente consciente consiste en el análisis, que siempre antecede a la cuarta función: toma de decisiones. Tu mente consciente funciona como una computadora binaria que acepta o rechaza datos y hace elecciones y toma decisiones. Solo puede tener un pensamiento a la vez. ¿Positivo o negativo? ¿Sí o no?

Digamos, por ejemplo, que estás cruzando la calle y escuchas el rugido de un automóvil en movimiento, volteas, ves que se dirige a ti, y el análisis te indica que debes tomar una decisión.

La primera pregunta es: ¿me quito del camino? ¿Sí o no? Si la respuesta es sí, la siguiente pregunta será: ¿salto hacia el frente? ¿Sí o no? Si la respuesta es no debido a los vehículos que transitan frente a ti, la siguiente pregunta será: ¿salto hacia atrás? ¿Sí o no?

Si la respuesta es sí, el mensaje se transmite de forma instantánea a tu sistema de control subconsciente y, en nanosegundos, tu cuerpo salta hacia atrás y se quita del camino. No tuviste que usar tu mente consciente para pensar si deberías colocar el pie derecho o el izquierdo primero. En cuanto tu mente consciente le dio la orden al subconsciente, todos los nervios y músculos necesarios se coordinaron y se pusieron en acción en un instante para obedecer.

LA FUNCIÓN DEL SUBCONSCIENTE

Un académico calculó que la mente subconsciente funcionaba a 30 000 veces la velocidad de la mente consciente. Esta diferencia la puedes demostrar si colocas tu mano frente a ti y sacudes los dedos. Verás que es muy sencillo debido a que el subconsciente controla la acción. Ahora intenta insertar un hilo en una aguja y verás cuánto esfuerzo mental y concentración necesitas para realizar solo unos cuantos movimientos pequeños de tu mano haciendo uso de la mente consciente.

Tu subconsciente es como un banco de memoria o espacio de almacenaje de datos. Su función consiste en almacenar y recuperar información, y en asegurarse de que tus palabras y acciones sean congruentes con tu concepto de ti mismo o ti misma, y con tu programación mental actual.

Sin embargo, el subconsciente es subjetivo, no piensa ni razona de manera independiente, solo obedece las órdenes que recibe de la mente consciente. Si imaginamos que la mente consciente es el jardinero que planta las semillas, podemos pensar que el subconsciente es el suelo fértil en que dichas semillas germinarán y florecerán. Tu mente consciente ordena y tu subconsciente obedece porque es un sirviente dócil que trabaja día y noche para hacer que tus acciones y resultados externos embonen con un patrón congruente con tus pensamientos, esperanzas, deseos y objetivos cargados de emoción.

Tu subconsciente hará crecer flores o maleza, cualquier cosa que plantes de acuerdo con tu pensamiento habitual. El subconsciente tiene un impulso homeostático, mantiene tu cuerpo a una temperatura de 37 grados centígrados, de la misma manera que te mantiene respirando y hace que tu corazón lata a cierto ritmo. También mantiene un equilibrio entre los cientos de químicos que existen en los miles de millones de células de tu cuerpo para que la maquinaria física entera funcione, por la mayor parte, en armonía. Tu subconsciente también practica la homeostasis mental manteniéndote pensando y actuando de manera coherente con lo que dijiste e hiciste en el pasado. Todos tus patrones de pensamiento y acción son almacenados y conservados en el subconsciente.

Por todo esto, el subconsciente ha memorizado cuáles son tus zonas de comodidad y se esfuerza por mantenerte dentro de ellas. De no haber instrucciones por parte de la mente consciente, el subconsciente actúa como un giroscopio o rayo autodirigido que hace que te sientas incómodo física y emocionalmente cada vez que te alejas de tus patrones de pensamiento y comportamiento establecidos. Incluso si te estás moviendo hacia tus metas, el subconsciente te mantiene en ruta con base en los datos e instrucciones que programaste en él de forma previa.

LA LEY DE LA ACTIVIDAD SUBCONSCIENTE

A la actividad de tu subconsciente la rigen varias leyes. La primera es la *ley de la actividad subconsciente*. Esta ley dice que cualquier idea o meta que tu subconsciente acepte como verdadera también será aceptada como una orden, y que esto desencadenará un proceso inmediato para hacer realidad esa idea o meta. Tu subconsciente es la base de la ley de la atracción, la estación desde donde se envían la energía y las vibraciones mentales. Cuando empiezas a creer que algo te es posible, tu subconsciente da inicio a una transmisión y empiezas a atraer gente, circunstancias, oportunidades e ideas que están en armonía con tus nuevos pensamientos y metas dominantes.

> Cualquier idea o meta que tu subconsciente acepte como verdadera también será aceptada como una orden.

El subconsciente también activa tu corteza reticular, a la cual a menudo se le llama sistema de activación reticular. Esta pequeña zona de tu cerebro tiene la forma de un dedo y regula la información que ves, escuchas y reconoces en tu medio ambiente.

Digamos, por ejemplo, que decides comprar un automóvil deportivo rojo: de pronto comienzas a ver automóviles deportivos rojos en todas partes. Si empiezas a planear un viaje al extranjero, adonde quiera que vayas te toparás con artículos, información y pósteres de destinos en el extranjero. Tu subconsciente está trabajando para mostrarte información que podrías necesitar para lograr que tu idea o meta se vuelvan realidad.

LA LEY DE LA CONCENTRACIÓN

Otro importante principio mental es la *ley de la concentración*. Esta ley dice que cualquier cosa en la que te concentres empezará a crecer, entre más pienses en algo, más se volverá parte de tu realidad.

La ley de la concentración es esencial para todo gran éxito y la usan los hombres y las mujeres de alto desempeño. Cuando te concentras en algo, ya sea negativo o positivo, le estás ordenando a tu subconsciente que asigne más y más de la capacidad de tu computadora mental para lograr que eso llegue a tu vida. Esta es la razón por la que la gente exitosa solo piensa y habla de lo que quiere, y la gente que no tiene éxito suele pensar y hablar de las cosas que no quieren. En cualquier caso, todo aquello en lo que te concentres empezará a crecer y volverse parte de tu existencia.

LA LEY DE LA SUSTITUCIÓN

La *ley de la sustitución* es una de las más importantes leyes mentales. Dice que puedes sustituir un pensamiento por otro. Es bien sabido que la mente consciente nunca está vacía, siempre está pensando en algo, pero solo puede tener un pensamiento a la vez, ya sea positivo o negativo. Usando la ley de la sustitución, puedes eliminar de tu mente consciente cualquier pensamiento negativo, de miedo o ansiedad, y sustituirlo con uno positivo.

Este poderoso método de control mental te permite conservar tu mente en calma y paz porque puedes elegir pensar en algo positivo como tus objetivos. Cada vez que enfrentes una situación que por lo general te incomodaría o molestaría, puedes aplicar la ley de la sustitución. Solo deja de hablar del problema, deja de pensar en él, y empieza a pensar y hablar sobre la solución. Pensar en una solución es algo positivo por naturaleza, así que ayudará a que tu mente se calme y aclare de inmediato. También puedes usar la ley de la sustitución para enfocar tus pensamientos en alguien que te importe o en una idea agradable, como tus próximas vacaciones. Lo principal es encontrar maneras de mantener la mente en un estado positivo, solo tienes que elegir remplazar los pensamientos negativos con positivos.

LA LEY DEL HÁBITO

El obstáculo más importante para el desarrollo del tipo de personalidad que deseas tener y para aumentar la calidad y cantidad de tus resultados es tu zona o zonas de confort, un tema que nos lleva a la *ley del hábito*. Esta ley dice que todo lo que eres y haces es resultado de tus hábitos. Es como la ley de la inercia en la física, la cual dice que un cuerpo en movimiento tiende a permanecer en movimiento a menos de que una fuerza exterior actúe sobre él. En términos mentales, la ley del hábito indica que si no existe una decisión firme y un esfuerzo determinado de tu parte, continuarás haciendo y pensando las mismas cosas de manera indefinida. Trabajarás de la misma forma, te relacionarás con otras personas, pero recibirás las mismas reacciones de siempre de su parte. Consumirás los mismos alimentos, te involucrarás en los mismos pasatiempos, leerás el mismo tipo de libros y publicaciones, y te relacionarás con el mismo tipo de gente. Ganarás más o menos la misma cantidad de dinero. Harás la misma cantidad de ejercicio, invertirás la misma cantidad de tiempo en tu desarrollo personal y profesional, y vivirás en el mismo tipo de casa y vecindario. También conducirás el mismo tipo de automóvil.

> Todo lo que eres y haces es resultado de tus hábitos.

Tanto el éxito como el fracaso son, en gran medida, resultado de los hábitos. Modificar tus hábitos es una de las cosas más difíciles que puedes hacer, pero, a menos de que ya seas un ángel, todavía tienes algunos de los que deberías deshacerte. Por otra parte, hay hábitos esenciales que debemos desarrollar. Los malos hábitos se forman con facilidad y nos dificultan la vida, en tanto que formar los buenos es muy difícil, pero vivir con ellos es muy sencillo.

El dominio de uno mismo, el auto control y la autodisciplina son hábitos esenciales que debes desarrollar si deseas que tu vida sea esa experiencia gloriosa que sueñas tener.

LA LEY DE LA PRÁCTICA

También existe la *ley de la práctica*, la cual dice que cualquier pensamiento o acción que repitas una y otra vez durante un tiempo suficiente se convertirá en un hábito nuevo. Tú eres capaz de desarrollar cualquier hábito que consideres necesario o deseable, puedes transformarte en la persona que quieres ser, basta con que te organices y te acostumbres a actuar de manera consistente con tus ideales más elevados, con ahínco y durante un período lo bastante prolongado para que esa forma de actuar se convierta en nuevos hábitos de pensamiento y comportamiento.

LA LEY DE LA EMOCIÓN

La *ley de la emoción* existe para redondear tu entendimiento de las leyes que determinan la actividad de tu subconsciente y todo lo que te sucede. La ley de la emoción dice que el 100% de tus decisiones se basa en tus emociones. Antes se decía que los humanos eran 90% emociones y 10%, pero ahora sabemos que, en realidad, somos 100% emociones. Todas las decisiones las determina la emoción dominante que te embargue en el momento que las tomes.

Los dos mayores grupos de emoción son el miedo y el deseo. Como ya lo enfaticé en varias ocasiones, el miedo es el mayor enemigo de la humanidad. Es la causa de todos nuestros problemas y es la razón principal por la que la gente vive en la desesperación y no encuentra el camino a la salud, la felicidad y la prosperidad que busca. No obstante, la mayoría de las decisiones las tomamos con base en el miedo, en lugar de en el deseo. Entre más decisiones tomemos basándonos en nuestro temor al rechazo, el fracaso, la pérdida, las críticas, la pobreza y la enfermedad, más probable será que esas circunstancias se repitan en nuestra vida.

No obstante, las personas felices y exitosas han encontrado una solución: usar la ley de la sustitución para solo pensar en lo que deseamos y mantener nuestra mente alejada de lo que tememos. Aquello en lo que te concentres crecerá. Tu mayor desafío consiste en concentrarte en las cosas que más deseas en la vida. Como tu mente consciente solo puede tener un pensamiento a la vez, si pasas todo el tiempo concentrado en lo que quieres, de pronto notarás que no has invertido casi nada o nada de tiempo en las cosas que no deseas.

Te contaré una historia que ilustra este punto. Hace muchos años, en Grecia, un viajero se encontró con un anciano en el camino y le preguntó cómo llegar al Monte Olimpo. El anciano era Sócrates y su respuesta fue: "Si en verdad deseas llegar al

Monte Olimpo, asegúrate de que cada paso que tomes te lleve en esa dirección". La moraleja es simple, si quieres tener éxito y ser feliz, si quieres llegar a tu propio Monte Olimpo, asegúrate de que cada uno de tus pensamientos y acciones te lleven en esa dirección y no a otro lugar.

Sir Isaac Newton ha sido catalogado como uno de los más grandes científicos de todos los tiempos. Sus descubrimientos en las áreas de las matemáticas y la física sirvieron como base para la era moderna. Cuando fue mayor le preguntaron cómo era posible que él, siendo solo un hombre, hubiese hecho contribuciones tan significativas a la ciencia. Newton respondió diciendo: "No pensando en absolutamente nada más".

En los términos más simples, el éxito empieza cuando ejercitas tu poder de elección y asumes el control sistemático y bien dirigido de los pensamientos que permites que se alberguen en tu mente consciente. Al obligarte de forma rigurosa a solo pensar y hablar de lo que quieres, y al negarte a concentrarte en cosas que no quieres, darás inicio a tu viaje hacia las estrellas.

Ahora veamos algunas de las maneras en que puedes hacer que la fuerza motriz de tu subconsciente haga presión para crear una vida maravillosa.

EL DESPERTAR DEL SUEÑO DE LA VIDA DIARIA

Por desgracia, la mayoría de las personas se pasan la vida en una especie de sueño. Realizan sus actividades diarias con ahínco, pero preocupadas casi siempre por un flujo continuo de pensamientos desorganizados.

Seguro has experimentado este fenómeno cuando abordas tu automóvil y manejas a la oficina perdido o perdida en tus pensamientos. Y luego, no recuerdas nada sobre el trayecto. Muchas de nuestras rutinas las llevamos a cabo con cierto nivel de conciencia, como si nos cubriera una especie de neblina mental. A veces, esta preocupación es deliberada, la usamos para no pensar en aspectos de nuestra vida con los que preferiríamos no lidiar, pero en general es automática. Hemos pasado por estos movimientos durante tanto tiempo que nuestros procesos de pensamiento son vagos y no están enfocados. Solo despertamos de manera temporal cuando algo nos conmociona, nos asombra o nos toma por sorpresa, pero en cuanto recuperamos la compostura, volvemos al suave y cálido flujo de la conciencia dormida en que nuestros pensamientos fluyen y pasan a nuestro lado en un collage continuo de sentimientos e imágenes.

Para llegar a ser todo lo que puedes ser, es necesario que estés más alerta, más consciente y despierto. Es importante que asumas más control de tus procesos de pensamiento para que el poder combinado de estas leyes mentales te mueva en la dirección que tú elijas, en lugar de llevarte a ciegas por ahí porque estás operando en piloto automático.

Una buena manera de empezar este proceso del despertar es reflexionando sobre momentos pasados, presentes y futuros de tu vida. Comienza por imaginar que, en algún lugar del otro lado del cosmos, antes de que nacieras, ya habías evolucionado a lo largo de muchas vidas hasta llegar a ser un tipo particular de persona con una serie de cualidades, intereses, talentos y habilidades específicos. Aquí no importa lo que pienses respecto a la reencarnación, se trata solo de un ejercicio cuyo objetivo se aclarará más adelante.

Para continuar pensando de esta manera, imagina que, de forma deliberada, eliges a tus padres y la situación en que naciste y te criaron. Esto lo hiciste porque, a tu nivel de crecimiento y evolución personal, hubo lecciones sobre ti mismo, sobre tu vida y sobre otras personas que tuviste que aprender y, la única manera de hacerlo, fue naciendo en esa misma familia y momento. También imagina que la persona que eres hoy, en especial en lo que se refiere a tus cualidades, ha evolucionado gracias a las experiencias difíciles que tuviste al crecer, sobre todo como resultado de los defectos que tuvieron tu padre, tu madre o ambos.

Ahora permíteme hacerte una pregunta: si descubrieras que elegiste de manera deliberada a tus padres y que eso te permitió ser la persona que eres hoy, ¿de qué forma cambiaría este descubrimiento tu actitud respecto a ellos y respecto a tus experiencias formativas? ¿Serías más positivo y los aceptarías más? ¿Te verías a ti mismo y tus experiencias bajo otra perspectiva? ¿Te volverías más filosófico y aceptarías mejor los, en apariencia, momentos difíciles de tu vida?

Ahora imaginemos que mientras le das vuelta a este pensamiento en tu cabeza empiezas a ver las posibilidades que habías ignorado hasta ahora. En lugar de verte de manera inconsciente como un agente pasivo o una víctima atrapada en circunstancias fuera de tu control, empiezas a considerarte un participante activo de tu propia evolución.

Ahora llevemos el ejercicio un paso más allá. Imagina que estás en esta tierra para hacer algo maravilloso con tu vida, para convertirte en una persona excepcional y hacer una contribución importante al mundo. Imagina que todo esto forma parte de un gran plan maestro que fue diseñado con atención y teniendo en mente lo mejor para ti, y que todos los sucesos y circunstancias de tu vida son parte indispensable de un gran rompecabezas cuyo perímetro solo puedes ver cuando das un paso atrás y miras tu vida como si estuvieras en un plano superior. Da por hecho que tu situación o tus dificultades actuales son justo lo que necesitas ahora para enseñarte lo que debes saber antes de poder continuar tu viaje de ascenso. Trata de considerar que todas las experiencias son positivas si las ves como una oportunidad de crecimiento y de dominio de ti mismo.

> Todas las experiencias son positivas si las ves como una oportunidad de crecimiento y de dominio de ti mismo.

Ahora proyéctate hacia atrás y, con calma, claridad y una actitud mental positiva, piensa que, quizá, todas las experiencias y situaciones previas de tu existencia te fueron enviadas justo en el momento correcto para enseñarte algo que necesitabas aprender para poder seguir avanzando hacia el objetivo que te espera. Imagina que los sucesos de tu vida no podrían ser distintos a lo que fueron. A medida que desarrolles una aceptación saludable de la compleja interconexión de sucesos que te trajeron hasta donde te encuentras ahora, empezarás a tener la perspectiva del filósofo, del intelecto superior. Superpondrás a tu experiencia una noción de coherencia, la sensación de que tu vida es parte de algo más grande que tú mismo, y que todo coincide y sucede por una razón. Cuando pienses que tu vida es una serie de sucesos y experiencias que están conspirando para ayudarte a lograr algún gran objetivo o a hacer una importante contribución a la raza humana, desarrollarás la noción de destino, la cual es el sello de la grandeza en potencia.

CÓMO ACTIVAR LAS LEYES

Estos sencillos ejercicios para la conciencia de uno mismo te permiten empezar a liberar los poderes de tu subconsciente o mente subconsciente. A continuación, te daré algunas sugerencias sencillas para activar las leyes del universo de manera positiva para ti.

La *ley del control* la activas eligiendo de manera consciente verte como una influencia activa y creativa en tu propia vida. Cuando asumes el control mental, estás colocando tus manos con firmeza en el volante de tu destino y, a partir de ahí, puedes empezar a determinar tu futuro. Al cobrar conciencia del papel que tienen tus propios pensamientos en el curso de los sucesos, te liberas de la ley del accidente. Las cosas ya no parecen suceder de una manera caótica y azarosa.

La *ley de la causa y efecto* la activas cuando das un paso atrás, te alejas de tu vida cotidiana, y reflexionas sobre la increíble cantidad de coincidencias que te han dado forma y te han convertido en la persona que eres hoy en día. Te das cuenta de que nada sucede por accidente, todo lo que ha pasado y pasa ahora es resultado de la ley de lo inmutable.

Incluso si no puedes ver con claridad hacia dónde va tu vida por el momento, cuando aceptes que tus experiencias te están conduciendo hacia el logro de algo importante desencadenarás la *ley de la creencia*. Entre más pienses en esta eventualidad como si fuera un hecho inevitable, más probable será que se vuelva realidad para ti porque tus creencias se transforman en tus realidades.

La *ley de las expectativas* se echa andar cuando esperas de manera confiada obtener, a partir de todo lo que te suceda, algo que valga la pena o incluso sea esencial. Esta actitud de expectativa personal confiada hace que tu vida se vuelva una aventura con sucesos emocionantes e impredecibles, pero gozosos, los cuales ocurrirán para impulsarte y hacerte avanzar hacia un resultado positivo. Te volverás más optimista y alegre, también tendrás más calma, serás imperturbable y tus expectativas se convertirán en profecías autorrealizables.

Tu pensamiento positivo y orientado hacia el futuro encenderá el interruptor de la *ley de la atracción*, y empezarás a atraer a tu vida a la gente y las circunstancias que estén en armonía con tus pensamientos dominantes de esperanza, optimismo y confianza. Entre más pienses que tú y tu vida son únicos y relevantes, y que han sido bendecidos, más reflejará tu experiencia esta actitud.

En cuanto a la *ley de la correspondencia*, cuando te consideres a ti mismo o a ti misma una persona especial que fue puesta en esta tierra con un propósito específico, tu mundo exterior de relaciones, salud, trabajo y logros materiales empezará a reflejar las actitudes internas de tu mente. Mientras plantes dichos pensamientos en tu subconsciente por medio de su conservación permanente en tu mente consciente, tu subconsciente empezará a hacer que todas tus palabras, sentimientos y acciones, incluso tu lenguaje corporal, coincidan con un patrón congruente con tu nuevo concepto de ti mismo y tus metas.

Usa la *ley de la sustitución* de manera continua. Recuerda que tu mayor responsabilidad radica en mantener fuera de tu mente los pensamientos negativos de miedo, enojo o duda, y eso se logra teniendo pensamientos de esperanza, fe y amor hasta que estén enraizados con firmeza y crezcan con vida y poder propios.

La *ley de la emoción* la utilizas para mantener tus pensamientos enfocados en lo que deseas y alejados del peligro. Tu nueva actitud la desarrollas repitiéndola hasta que se transforme en un nuevo hábito.

Sobre todo, usa la *ley de la concentración*. Enfócate de manera continua en pensamientos de valor, esperanza y amor, y cree en ti mismo y en el maravilloso futuro que la vida te tiene preparado. Toma un momento todos los días para sentarte y sumergir tu mente en pensamientos positivos y motivadores, entiende y acepta que, todo en lo que te concentres con suficiente fuerza y durante el tiempo necesario se materializará y se transformará poco a poco en tu realidad. Debes mantenerte paciente, en calma y confiado, lograrás lo que se supone que debas lograr cuando estés listo para ello, cuando tu mente esté preparada. Recuerda que todo lo que deseas te desea, lo que quiera que sea que desees se está moviendo hacia ti en este momento, y tú te mueves hacia ello. Tu objetivo principal debe ser dejar de ser un obstáculo para ti mismo.

Por otra parte, debes saber que incorporar una manera nueva, positiva y constructiva de ver tu vida, con un panorama más amplio del pasado, el presente y el futuro, exige reflexión. Asimismo, desarrollar un tipo de pensamiento superior que esté en sintonía con todas las leyes mentales para que tu vida se acelere de una manera emocionante exige que estés más alerta, consciente y despierto. Al principio esto podría resultarte difícil, pero la recompensa será que tu sensación de autocontrol, de dominio de ti mismo, aumentará. Es decir, tendrás una actitud mental más positiva y una tremenda sensación de empoderamiento en todos los aspectos de tu vida. De hecho, tendrás que colocarte en el carril de alta velocidad hacia el máximo desempeño y logro personal.

UN EJERCICIO PARA ENTRAR EN ACCIÓN

Aquí tienes otro ejercicio para entrar en acción. Toma una hoja de papel y haz una lista de todas las cosas que deseas. Escribe todo lo que se te ocurra: felicidad, salud, buenos amigos, viajes, prosperidad, éxito económico, popularidad, reconocimiento, el respeto de otros... permite que tu imaginación se dé vuelo.

En las siguientes 24 horas solo piensa y habla de todos los deseos en tu lista. Luego ve si puedes pasar todo un día sin criticar, condenar, quejarte, enojarte, molestarte o preocuparte por nada. Averigua si tienes la fuerza de carácter necesaria para solo pensar en lo que deseas por un día entero. Este ejercicio te dará una verdadera perspectiva del punto en que te encuentras en tu desarrollo y te mostrará cuán lejos deberás ir.

Los puntos más importantes

- Al universo lo gobiernan leyes físicas y mentales.
- Te sientes positivo respecto a ti mismo, a tal punto que también sientes que tienes el control de tu vida.
- Tus pensamientos son lo único sobre lo que tienes control absoluto.
- Puedes poner a tu subconsciente a trabajar y, así, darle forma a tu vida.
- Para cada efecto hay una causa específica. Todo sucede por una razón.
- Tú atraes a tu vida a la gente y las situaciones que están en armonía con tus pensamientos dominantes.
- Si liberaras los poderes de tu subconsciente, podrías cambiar tu vida.

Capítulo 3

Pensamiento estratégico

El pensamiento estratégico es una habilidad que puedes usar para avanzar hacia tus metas más rápido de lo que jamás imaginaste posible. Esta poderosa herramienta la usan organizaciones de todo el mundo para maximizar su potencial y comprender sus posibilidades, pero puede ser un método igual de poderoso para ayudar a los individuos a desarrollar su máximo potencial y alcanzar el éxito.

Las corporaciones hacen un planeamiento estratégico para aumentar el "rendimiento sobre sus propios recursos" o ROE, por sus siglas en inglés. Esto le permite a una organización asignar y reasignar sus recursos para asegurarse de obtener los mayores rendimientos posibles a partir del capital invertido en la empresa. El planeamiento estratégico para empresas tiene como objetivo aumentar la rentabilidad a través de un incremento en la cantidad de resultados por unidad de lo que ingresa. El concepto se basa en la identificación de oportunidades para el futuro y en mover gente y recursos de manera sistemática, de las áreas de menor productividad hacia las de mayor productividad.

El planeamiento estratégico personal es algo muy similar, solo que, en este caso, tu objetivo será aumentar tus rendimientos sobre tu propia *energía* en lugar de sobre recursos. Tus recursos personales no son capital financiero, sino riqueza humana. Sobre todo, tienes que invertir y asignar tu energía mental, emocional y física. El planeamiento estratégico te permite canalizar y dirigir todas tus energías para obtener el mayor rendimiento sobre la inversión de tu tiempo. El planeamiento estratégico personal y el pensamiento estratégico te permiten asignar tu tiempo para obtener más gozo, satisfacción y beneficios a partir de todo lo que hagas.

EL ÉXITO CONSISTE EN FIJARSE METAS

Hace no mucho tiempo, varios hombres y mujeres exitosas se sentaron alrededor de una larga mesa para hablar de las razones del éxito y el fracaso. Habían trabajado juntos en la producción de muchos libros y programas de audio sobre el tema del éxito y conocían a algunas de las personas más exitosas de Estados Unidos. Después de una prolongada discusión llegaron a la conclusión de que el éxito eran las metas y que todo lo demás era palabrería. La habilidad de fijarse metas y planear para alcanzarlas era más importante que cualquier otra habilidad individual. Asimismo, estuvieron de acuerdo en que la capacidad de pensar de manera estratégica sobre la vida propia era la habilidad crucial para el alto desempeño y la satisfacción.

Napoleon Hill, autor de *Piense y hágase rico*, escribió que la mente del humano puede realizar cualquier cosa que sea capaz de concebir y en la que pueda creer. Por supuesto, esto no significa que puedas saltar edificios completos como si fueran vallas, sino que cuando sabes con exactitud qué es lo que deseas, lo escribes y haces planes para lograrlo, virtualmente no hay impedimentos. La mayoría de la gente suele reconocer este truismo a pesar de que muy poca la aplica en su vida.

> La mente del humano puede realizar cualquier cosa que sea capaz de concebir y en la que pueda creer.

Hace tiempo escribí un artículo para *National Employment Weekly*. Tomaron una oración del texto y la imprimieron con letras enormes: "Quienes no tienen metas están destinados a trabajar por siempre para quienes sí tienen". Hay dos opciones, puedes trabajar para cumplir tus propias metas o puedes trabajar para cumplir las metas de alguien más. En un mundo ideal, cuando trabajas para otra empresa, cumplir sus metas debería conducirte al cumplimiento de las tuyas también pero, en cualquier caso, siempre son las mismas. Tal vez haya excepciones a este principio, aunque son muy contadas.

El pensamiento estratégico es una metodología que sirve para que tus poderes mentales sustenten todas las áreas de tu vida y garanticen que operes con la mayor eficiencia y eficacia posible en pos de la consecución de tus metas. El pensamiento estratégico es una cualidad rara, solo la posee 1% de la población, pero en mi experiencia, puede ser más útil que casi cualquier otra habilidad del pensamiento que puedas desarrollar.

EMPIEZA POR LOS VALORES

Para implementar el pensamiento estratégico, empieza por dar un paso atrás y observar un buen rato tu vida. Piensa en el lugar en que te encuentras ahora y en donde te gustaría estar en el futuro. Como todo va del interior al exterior, comienza tu proceso de pensamiento estratégico como lo hacen las corporaciones: pensando en tus valores y clarificándolos. La clarificación de los valores es uno de los ejercicios más importantes porque, al decidir cuáles son tus valores, es decir, en qué principios crees a ciegas y no estás dispuesto a poner en riesgo, estableces las bases de una estrategia de vida que te permite avanzar más rápido.

La gente exitosa tiene muy claro lo que valora, en lo que cree, lo que representa y, sobre todo, lo que *no* piensa representar. En cambio, quienes no tienen éxito son muy vagos respecto a sus valores y, a menudo, ni siquiera tienen. Si alguna vez pensaron en ellos, no tienen la menor reserva en comprometerlos en cualquier momento a cambio de alguna ganancia a corto plazo.

Tu labor consiste en definir con mucha claridad cuáles son tus valores y tomar la decisión de apegarte a ellos bajo cualquier circunstancia. Cuando hagas esto aumentará tu confianza en ti mismo o en ti misma, mejorará tu personalidad y tus resultados se multiplicarán en casi todo lo que hagas.

> Tu labor consiste en definir con mucha claridad cuáles son tus valores y tomar la decisión de apegarte a ellos bajo cualquier circunstancia.

Los verdaderos valores se graban en piedra, son inviolables. Tienes un valor o no lo tienes, no es posible tener valores de manera parcial, es como estar embarazada, no se puede estar embarazada solo un poco. Tampoco puedes tener valores una parte del tiempo y otra no. No puedes tener valores situacionales ni valores oportunos aplicables de acuerdo con las exigencias del momento. Si hay un aspecto de tu vida en el que debes ser fiel y auténtico, en el que tienes que ser la mejor persona posible, es en tus valores. Si dices, por ejemplo, que uno de tus valores es la integridad, estás afirmando que nunca harás algo deshonesto en ninguna área de tu vida. Siempre dirás la verdad. Siempre serás honorable en tus tratos con la gente. Serás capaz de soportar dolor, sacrificio y pérdidas económicas de ser necesario, pero no comprometerás tu integridad. Basta con que comprometas tu integridad una vez para destruirla para siempre. Si la pones en riesgo, deja de ser un valor y se convierte en solo un principio a conveniencia, susceptible de ser usado para beneficio personal cuando te parezca lógico aprovecharlo.

La única manera en que puedes demostrar cuáles son tus verdaderos valores es a través de tus acciones. No es lo que dices, no son tus intenciones ni tampoco lo que deseas o esperas: lo único que revela en lo que de verdad crees y te parece importante son tus actos. De hecho, es muy fácil saber a qué valores te has apegado hasta ahora, basta con mirar atrás, con observar tus acciones anteriores y pensar en la manera en que te comportaste cuando las cosas se pusieron difíciles, cuando te viste forzado a elegir entre varias alternativas. Todas las decisiones que tomas, todas las acciones que realizas, todo lo que haces representa una elección entre lo que consideras más y menos importante: entre lo que más valoras y lo que menos valoras.

Cuando se encuentra entre la espada y la pared, una persona de calidad superior siempre elegirá los valores más elevados. Por ejemplo, si te enfrentas a una decisión que involucra dinero, puedes aclarar tu mente haciendo a un lado la noción económica por un momento y tomando la decisión correcta, la que es congruente con tus valores. Dite a ti mismo o a ti misma: "Solo es dinero". Haz el aspecto económico a un lado y pregúntate: "¿Cuál sería la decisión correcta si no hubiera dinero de por medio?". Una vez que hayas tomado la decisión con base en tus valores y en lo correcto en lugar de en el dinero, podrás reincorporar el aspecto económico a la ecuación. La calidad de tu decisión será mucho mayor para todos los involucrados.

Puedes elegir nuevos valores a los cuales apegarte en cualquier momento y también puedes comprometerte a hacerlos parte inamovible de tu vida. Practicarlos en toda ocasión te permitirá internalizarlos e integrarlos en tu pensamiento y tus acciones como si se tratara de inhalar y exhalar. Establecer valores elevados y forzarte a honrarlos todo el tiempo te puede convertir en un ser humano extraordinario.

¿A QUIÉN ADMIRAS MÁS?

Hay muchas preguntas muy buenas que te pueden ayudar a definir cuáles son y deberían ser tus valores. Un buen lugar para empezar es preguntarte: "¿Quiénes son las tres personas, vivas o muertas, a las que más admiro? ¿Quiénes son las personas cuya vida, ejemplo y enseñanzas han tenido la mayor influencia en mi pensamiento y mis creencias respecto a lo correcto y lo incorrecto, lo malo y lo bueno, o lo admirable y lo inaceptable?".

Cuando pienses en esas tres personas o en otros individuos que admires, pregúntate: "¿Por qué admiro a estas personas? ¿Qué valores o cualidades parecen tener que considero importantes y dignos de ser imitados?".

Como lo mencioné antes, tu personalidad o autoconcepto consiste en tres partes. La primera es tu *yo ideal*, la persona que más admiras y como quien deseas ser. En segundo lugar: tu *autoimagen*, es decir, la manera en que te ves y piensas sobre ti mismo, lo que guía tu desempeño y controla tu comportamiento. Y, en tercer lugar, tal vez el elemento más importante: la *autoestima*, es decir, la manera en que te sientes respecto a ti mismo, cuán valioso y digno te consideras como ser humano. Tu yo ideal es la persona que te gustaría ser en el futuro y tu autoimagen es la persona que te parece que eres en el presente.

Lo que determina tu autoestima, es decir, cuánto te agradas y respetas a ti mismo, es la medida en que crees que tu comportamiento actual coincide con la mejor persona que podrías ser. Cuando eres congruente con tus ideales, tu autoimagen mejora y tu autoestima aumenta. Te agradas más a ti mismo y tienes un mejor desempeño en todo lo que haces. En cambio, si te comportas de una manera que difiere de tus ideales, tu autoimagen sufrirá y tu autoestima se desplomará porque ya no te agradarás tanto. Una de tus principales tareas es esforzarte por comportarte de acuerdo con la mejor persona que puedas ser. Cuando hagas esto te sentirás más feliz, más positivo y más entusiasta respecto a ti mismo, tus relaciones y todo lo que hagas.

> Lo que determina tu autoestima es la medida en que crees que tu comportamiento actual coincide con la mejor persona que podrías ser.

Tu yo ideal es el mecanismo interno que guía tu conciencia y tu comportamiento. Lo conforman las cualidades y valores de todas las personas a las que has admirado a lo largo de tu vida. Para la mayoría, este puede ser un proceso inconsciente, pero si logras llevarlo a un nivel más elevado de conciencia y reflexionar de manera muy seria en él, empezarás a ser mejor persona.

Te daré otro ejercicio. Escribe todas las cualidades que admiras en otras personas. Piensa en tus padres, maestros, entrenadores, en los hombres y las mujeres a quienes has leído durante años, los que te hacen sentir inspirado cuando escuchas o lees sobre ellos. ¿Admiras el valor, la integridad, la determinación, la honestidad, el amor, la compasión, la paciencia, el sentido del humor, la capacidad de perdonar y la persistencia? ¿Cuáles son las virtudes, valores y cualidades que más admiras en otras personas?

Casi siempre descubrirás que lo que más respetas en otros revela lo que aspiras para ti mismo. Si admiras la valentía y la integridad de otra persona, significa que deseas desarrollar esas cualidades como parte de tu propio carácter. Si admiras la energía, el dinamismo, el éxito y el logro en otros, significa que te gustaría encarnar esas características en tu propia personalidad. Entre más admires y respetes cierta cualidad en otros, más probable es que camines, hables, actúes y pienses como ellos. Te convertirás en aquello en lo que más piensas la mayor parte del tiempo.

Puedes tener una gran vida, pero tienes que hacerla una gran vida. Recuerda que las cosas no pasan por sí solas y que la parte más difícil de vivir es definir lo que "una gran vida" significa para ti: definir los valores y las cualidades a los que te gustaría apegarte, por los que te gustaría que otros te reconocieran. Una gran vida empieza en cuanto escribes tus valores e ideales en una hoja de papel y reflexionas sobre la manera de vivir en congruencia con ellos todos los días.

Una vez que hayas escrito tus valores, organízalos por prioridades. Escribe tu valor número uno, el valor que será más prominente que los otros cuando llegue el momento de definir tus opciones y la manera en que te comportarás. Si tienes que elegir entre vivir de forma congruente con tu valor más importante y cualquier otro, siempre elegirás el número uno.

Cuando he hecho planeamiento estratégico para corporaciones, los ejecutivos siempre eligen la integridad como su valor número uno. Reconocen que la integridad garantiza que vivirás de una manera congruente con todos los otros valores. La integridad no puede ponerse en riesgo sin sufrir penalizaciones severas. Asimismo, en cuanto te comprometes con ella se vuelve más probable que te apegues a todos los otros valores que escribiste, incluso estando bajo presión.

Luego escribe tu segundo valor, el que está por encima de todos menos del primero. Continúa haciendo esto hasta que tengas unos cinco o seis valores básicos. Aunque tal vez reúnas cien valores, solo necesitas cinco o seis como base, cinco o seis que se convertirán en las cualidades alrededor de las que construirás tu vida.

Una vez que hayas logrado claridad en cuanto a tus valores, podrás organizar todas tus metas, objetivos y actividades de tal forma que coincidan con esos valores y se vuelvan una extensión de los mismos. Asegúrate de que tu vida interior y tus creencias fundamentales sean congruentes con tu vida, metas y actividades exteriores. Tu vida interior y tu vida exterior deberán corresponderse como si fueran mano y guante.

> Tu vida interior y tu vida exterior deberán corresponderse como si fueran mano y guante.

Los valores de alto nivel son más importantes que los de un menor nivel. Tu valor número uno está por encima de tu valor número dos. Tu valor número dos está por encima de tu valor número tres y así sucesivamente.

De hecho, el orden de los valores puede llegar a ser más importante que los valores en sí mismos. Imagina, por ejemplo, que dos personas tienen los mismos valores en los tres primeros lugares: familia, salud y éxito profesional. La persona A organizó sus valores de tal forma que su número uno es la familia, el dos la salud y el tres es el éxito profesional. La persona B tiene los mismos tres valores, pero su valor número uno es el éxito profesional, el dos es la familia y el tres es la salud.

¿Habría una diferencia entre la persona A y la B? ¿La diferencia sería grande o sutil? ¿Podrías decir con cuál estuviste hablando después de pasar con ellas unos minutos? ¡Por supuesto que haría una diferencia extraordinaria! La diferencia sería obvia y haría que las personas desarrollaran personalidades por completo distintas a pesar de tener los mismos valores. Y todo se debería al orden que les hayan asignado. La persona A siempre elegiría a su familia y las necesidades de las personas más importantes en su vida por encima de la salud y el éxito profesional, en tanto que la persona B siempre elegiría su éxito profesional por encima de su familia y la salud. Solo tus acciones, solo lo que haces puede ser un indicador legítimo de tus valores, tanto para ti como para otros. Debes reflexionar mucho sobre el orden de tus valores y formarte la disciplina necesaria para apegarte a ellos pase lo que pase.

LOS VALORES NEGATIVOS

Una vez que hayas decidido cuáles son tus valores positivos básicos es importante que definas los negativos también. Los valores positivos como el amor, la salud, la familia y la integridad son bastante fáciles de identificar. Los valores negativos, en cambio, son mucho más sutiles y, por lo tanto, más peligrosos. Para colmo, los negativos te motivan a tomar decisiones de la misma manera que los positivos. Todos tenemos valores negativos, lo importante es estar al tanto de que su poder es tan grande que pueden anular a los positivos.

> Los valores negativos pueden anular con facilidad a los positivos.

Digamos, por ejemplo, que tu integridad es tu valor más preciado, pero por desgracia, no sabes que el valor negativo de la confrontación puede llegar a ponerlo en riesgo. Muchas personas aceptan que otros individuos las traten de manera negativa y las hagan enojar en lugar de confrontarlos e insistir en ser tratadas de la forma correcta. Con esta actitud están poniendo en riesgo su integridad emocional, es decir, un valor positivo, ya que su miedo a la confrontación, que es un valor negativo, es mucho más robusto y determina su comportamiento.

El miedo a la pobreza puede ser un valor negativo porque interfiere con el valor de la integridad y se vuelve prioritario. Una persona desesperada por obtener dinero a menudo hará cosas que no son congruentes con ninguna definición de integridad porque su miedo a la pobreza es más fuerte que su deseo de vivir de una manera congruente con valores como la honestidad y la verdad.

Muchas personas cuentan con los valores positivos del éxito y el logro, los cuales son sanos y las motivan a llegar a niveles más elevados de desempeño. Sin embargo, es muy común que el miedo al fracaso anule estos valores positivos. Si el miedo al fracaso es mayor que el deseo de éxito, la persona pensará sobre todo en la posibilidad de la pérdida, en lugar de concentrarse en la oportunidad de ganar. Este valor negativo explica por qué la mayoría de la gente en Estados Unidos fracasa. No se debe a su falta de habilidad, sino a que su miedo al fracaso es superior a su deseo de alcanzar el éxito.

Es fundamental que pienses con seriedad en tus valores positivos porque, si no vives de manera congruente con ellos todos los días, tendrás que reflexionar y averiguar qué valores negativos podrían estar interfiriendo. El simple acto de identificar tus valores negativos, algo que todos tenemos, es el primer paso para eliminarlos.

TU DECLARACIÓN DE MISIÓN

Una vez que hayas determinado tus valores, podrás empezar otra tarea esencial: escribir tu declaración de misión. La declaración de misión es una descripción del tipo de persona que deseas ser y de vida que quieres vivir con base en tus valores positivos.

Una empresa, por ejemplo, puede determinar que sus valores son integridad, calidad, servicio, rentabilidad y preocupación por las personas. Esa empresa tendría que redactar una declaración de misión que incorpore todos esos valores. La declaración podría decir algo como: "Nos apegamos a los estándares más elevados de integridad al fabricar productos de alta calidad, a los cuales damos mantenimiento de manera excelente, y obtenemos ganancias respetando las necesidades de las personas con las que trabajamos, tanto en el interior de la empresa como fuera". Esta declaración de misión explica lo que representa la empresa, adónde se dirige y cómo deberá ser juzgada en cuanto a su éxito o fracaso.

La clave de la declaración de la misión consiste en redactarla en tiempo presente, como si ya fuera una afirmación objetiva de la realidad. Proyéctate hacia el futuro, unos cinco o 10 años, e imagina que esta declaración será real en todos los aspectos en ese tiempo, que coincide a la perfección con la mejor persona que podrías ser. La declaración es solo cualitativa, se basa en los valores y principios que rigen tu vida y describe cómo, siendo honesto, deseas que otros te conozcan en el futuro.

Muy pocos redactan su declaración de misión, no saben que hacer esto les permite programarla en su mente subconsciente y empezar a transformarse en la persona que coincidirá con la descripción. En efecto, escribir estas instrucciones en tu computadora subconsciente programa tu mecanismo interno guía y organiza tu yo ideal para que, desde el interior, te sientas motivado, a menudo de manera inconsciente, a hablar y actuar de forma congruente con los estándares que estableciste para ti mismo o ti misma.

EL JUEGO EXTERIOR DEL ÉXITO

Una vez que hayas definido tus valores y redactado tu declaración de misión, a la cual llamaremos *juego interior del éxito*, el siguiente paso del pensamiento estratégico consistirá en decidir lo que quieres hacer con tu vida en el exterior. Este es el *juego exterior del éxito* y se presenta de manera natural cuando ya estableciste tus valores y tu misión.

Cuando tengas tiempo suficiente, toma una libreta, siéntate solo y escribe tu lista soñada. Esta lista la debes redactar imaginando que no tienes ninguna limitación respecto a lo que puedes hacer, tener o ser. Sin importar en qué área laboren, las personas con desempeño excelente realizan este ejercicio de manera regular. Se llama: *pensamiento del cielo azul*. En él imaginas que ni encima ni debajo de ti hay algo, solo un inmenso cielo azul, y que puedes desplazarte en cualquier dirección y hacer todo lo que se te ocurra, así que permite que tu mente corra con libertad, como un río que fluye a toda velocidad, y piensa en todo lo que querrías lograr como si te fuera posible hacer cualquier cosa.

Imagina que no tienes limitaciones en cuanto a tiempo y dinero, que nada limita tu inteligencia, educación u oportunidades.

Imagina que cuentas con toda la ayuda y recursos, que todo lo que necesitas estará disponible para ti, solo basta especificar por escrito lo que deseas. Si estás casado o casada, haz este ejercicio con tu cónyuge.

Cuando hayas escrito todo lo que se te ocurra, pasa a la fase dos: revisa la lista y divídela en seis categorías principales: *física, mental, emocional, espiritual, financiera* y *social*. Fijarte metas en cada una de estas áreas te permitirá crear equilibrio en tu vida.

Tus metas físicas son las cosas que deseas hacer con tu cuerpo, no solo incluyen contar con salud y ser longevo, sino la lista de actividades que te gustaría realizar, como escalar una montaña, navegar en velero, hacer paracaidismo, jugar golf o ser un excelente jugador o jugadora de tenis. Escribe todas las actividades físicas o aspectos de tu vida física de los que te gustaría disfrutar y que piensas que mejorarían tu existencia. Por el momento, no te preocupes por cuán factibles sean estas actividades, más adelante las evaluarás y establecerás prioridades.

Respecto a tus metas mentales o intelectuales, haz una lista con todas las cosas que te gustaría aprender y comprender. ¿Qué idiomas te gustaría aprender? ¿Qué materias te gustaría estudiar? ¿A dónde te gustaría ir y en qué actividades que enriquecerían tus días y te proporcionarían mayor calidad de vida intelectual te gustaría participar? ¿Qué habilidades te gustaría desarrollar? Tal vez te interesaría tomar varios cursos universitarios, leer más libros, escuchar más programas de audio o adquirir conocimientos sobre una disciplina en particular. Solo escribe todo sin limitarte.

Tus metas emocionales se refieren a la calidad de las relaciones que deseas tener con las personas más importantes en tu vida. Describe la relación que te gustaría establecer con tu cónyuge o compañero o compañera. ¿Qué tipo de relación te gustaría tener con tus hijos? ¿Cómo te gustaría llevarte con tus amigos y compañeros de trabajo? ¿Cómo te gustaría sentirte respecto a ti mismo de manera permanente? ¿Te agradaría disfrutar de altos niveles de autoestima y respeto por ti mismo? Determina todo esto como metas, más tarde harás los planes necesarios para asegurarte de cumplirlas en el período más breve posible.

Ahora hablemos de tus metas espirituales. Estas no solo tienen que ver con tus creencias religiosas, sino también con la calidad de tu vida interior. El nivel más elevado de desarrollo espiritual consiste en llegar a tener un sentimiento de unidad y paz con el universo, independiente de cómo decidas llamarle a esa unidad. A lo largo de muchos siglos, la paz mental y la tranquilidad interior han sido la base de las enseñanzas de los grandes místicos y pensadores religiosos, así como la influencia motivadora en su vida. ¿Cuáles son tus metas espirituales? ¿Cuáles son tus metas para tu desarrollo interior y la evolución de tu conciencia con el fin de alcanzar niveles más elevados de comprensión y paz interior?

Las metas financieras y profesionales son esenciales para el logro de todo lo demás. Tu capacidad de ganar el dinero que necesitas te permitirá obtener la mayor parte de todo lo demás que deseas. En este momento, tal vez seas capaz de ganar mucho más de lo que estás recibiendo. El primer paso para incrementar tus ingresos consiste en sentarte con una libreta, escribir cuánto quieres ganar y hacer un plan para lograrlo. Respecto a las metas financieras y profesionales, debes mirar a tu alrededor y preguntarte: ¿quién más está ganando la cantidad de dinero que me gustaría ganar a mí? ¿Qué está haciendo él o ella distinto a lo que yo hago?

Cuando empieces a tener éxito en tu carrera te sentirás inclinado de manera natural a retribuir, a hacer una contribución que ayude a mejorar la vida de otros. Las metas sociales son aquellas con las que contribuirás a tu sociedad y comunidad. Los hombres y las mujeres superiores están conscientes de que tienen una obligación mayor con el bien común.

Una vez que hayas escrito todas tus metas, las cuales tal vez lleguen a ser cien o más, deberás empezar a separarlas y organizarlas por prioridades.

EL MÉTODO ABC

La manera más sencilla de priorizar tus metas es el *método ABC*. A medida que avances en tu lista, escribe una A junto a todas las metas que sean en verdad importantes para ti y que te causen emoción. Escribe B junto a todas las metas que te gustaría lograr, pero que no son tan importantes como las A. Escribe una C junto a todas las metas que no sean tan importantes como las A y las B.

Después toma todas tus metas A de cada categoría y reescríbelas en nuevas hojas de papel en blanco. Por ejemplo, en la parte superior de una hoja escribe: "Metas financieras y profesionales". Ahí escribe la lista de todas las metas financieras y profesionales que identificaste en la lista original. Luego establece prioridades escribiendo A-1 junto a las más importantes, A-2 en las segundas más importantes y A-3 en las terceras más importantes. Haz esto con todas las categorías hasta que tengas las seis áreas de tu vida definidas con claridad y todas las metas A organizadas por prioridades.

Cuando termines de hacer esto habrás empezado a avanzar hacia el desempeño máximo, habrás completado un ejercicio que más del 99% de la gente no hace en toda su vida. Habrás iniciado la programación de tu mente subconsciente y la activación de la ley de la atracción, así que cosas increíbles comenzarán a sucederte a un ritmo muy acelerado.

Muchas de las personas que se gradúan de mis seminarios me han dicho que después de realizar este ejercicio su vida empezó a avanzar tan rápido que se asustaron. Si cuentas con la disciplina necesaria para implementar el pensamiento estratégico y para planear y llevar a cabo el ejercicio de la manera que lo describí, esto también te sucederá a ti en un período muy breve. En el siguiente capítulo hablaré con mucho más detalle del proceso para establecer metas.

Una de las preguntas esenciales que deberás hacerte al fijar metas en cualquier área de tu vida es: "¿Cuáles son mis fortalezas personales?". En pocas palabras, ¿qué es eso que puedes hacer con facilidad y que parece dificultárseles a otras personas?. Piensa en los empleos, carreras y actividades en que has estado involucrado y pregúntate qué es lo que has logrado con el mayor gusto, placer y confianza en ti mismo. ¿Qué habilidades, talentos y habilidades han aportado más a tu éxito hasta ahora? Se dice que la suerte es en realidad ese momento en que la preparación se encuentra con la oportunidad. También podemos decir que el éxito se produce cuando las metas se encuentran con el talento y las habilidades naturales. Tu éxito dependerá de dos cosas: de cuán bien puedas identificar eso que haces mejor que todos los demás y de que te fijes metas en esa área.

> El éxito se produce cuando las metas se encuentran con el talento y las habilidades naturales.

El éxito tiene dos aspectos principales: ser y hacer. Ya sabes que antes de *hacer* algo tienes que *ser* algo. Por eso debes preguntarte todo el tiempo: "¿Qué tipo de persona debo llegar a ser para tener el éxito que merezco?". Debido a la ley de la siembra y la cosecha, en la vida no obtenemos lo que queremos, sino lo que merecemos. Es decir, obtienes solo lo que pagaste de manera completa en términos de la persona en que te has convertido y las cosas que has hecho. Pensar en el tipo de individuo que necesitas ser para alcanzar y mantener el éxito que deseas es parte importante del pensamiento estratégico.

Por todo lo anterior, he hecho mucho énfasis en los valores, tanto en su selección como en su organización por prioridades. El pensamiento estratégico implica reflexionar sobre lo que tendrás que hacer minuto a minuto para vivir de manera congruente con los valores y principios más elevados a los que aspiras. Esto, más que ninguna otra cosa, determinará que logres, o no, tus metas internas y externas.

DOS PREGUNTAS ÚTILES

Estas son dos preguntas que me han resultado muy útiles para el pensamiento estratégico, y deberás hacértelas de manera continua: "¿Qué estoy tratando de hacer?" y "¿Cómo estoy tratando de hacerlo?".

Cuando hagas planes para tu vida en cualquiera de las seis áreas te darás cuenta de que tus planes tienen defectos, lo notarás cuando veas que no funcionan como lo esperabas. Esto es normal y natural. Cuando llegue ese momento, regresa a tu pizarra y vuelve a diseñarlos. Continúa reescribiéndolos hasta que por fin funcionen como quieres. Pregúntate: "¿Qué estoy tratando de hacer?" y "¿Cómo estoy tratando de hacerlo?".

Muchas personas cometen el error de diseñar un plan con base en la mejor información con que cuentan y luego tratan de hacer que el plan funcione sin ser lo bastante flexibles para modificarlo cuando se encuentran con obstáculos. Con esto no quiero decir que debas rendirte cuando te topes con dificultades, sino que debes de ser capaz de cambiar de planes cuando la experiencia te muestre que las cosas no están funcionando de la manera que esperabas.

El pensamiento estratégico exige que siempre pienses en la manera más efectiva de usarte a ti mismo como recurso. Tienes que mantener la visión fija en la persona en que deseas convertirte y en las metas que quieres alcanzar, debes continuar escribiendo y reescribiendo los planes hasta que no tengan ninguna falla. Debes mantener una vida interior congruente con la persona que anhelas ser y asegurarte de que las actividades de tu vida exterior coincidan con lo que quieres lograr. Tu capacidad de pensar de manera estratégica es el primer elemento de la habilidad maestra para alcanzar el éxito. Más allá de eso, todo es retórica.

LA APLICACIÓN DEL PENSAMIENTO ESTRATÉGICO

La habilidad maestra para alcanzar el éxito consiste en fijarse metas y diseñar planes para lograrlas. Desarrollar esta habilidad al nivel más elevado posible te servirá para garantizar tu éxito más que cualquier cosa que pudieras aprender. La intensa orientación hacia las metas es una característica esencial de los hombres y mujeres de alto desempeño en todos los campos. Hasta que no hayas aprendido a establecer y lograr metas de manera normal y natural mientras te cepillas los dientes o te peinas por la mañana, no descubrirás ni siquiera una fracción mínima de tu potencial. Las metas son el combustible para el motor del logro. Una persona sin metas es como un barco sin timón que navega sin rumbo fijo y siempre corre el riesgo de terminar estrellándose en las rocas. Una persona con metas es como un barco con timón, mapa, brújula y destino, un barco que navega en línea recta y sin dudas hacia el puerto al que eligió llegar algún día.

El historiador británico Thomas Carlyle escribió que un hombre con intenciones a medias oscila hacia atrás y hacia delante, y no avanza ni siquiera en el camino más liso y libre de obstáculos, en tanto que alguien con una voluntad absoluta se mueve de manera constante sin importar cuán intricado sea el camino. Los seres humanos son organismos que se centran en objetivos, es decir, tu ingeniería mental te insta a avanzar de manera progresiva y sucesiva de una meta a otra, y nunca te sientes feliz a menos de que avances hacia el logro de un objetivo digno de cumplirse. En tu cerebro hay un mecanismo cibernético que busca metas, este mecanismo te guía y te dirige hacia la consecución de estas sin que tú te des cuenta. En realidad, buena parte del logro de una meta corresponde a un proceso natural, lo en verdad difícil es establecerla para empezar.

Decir que todos estamos logrando las metas que nos hemos propuesto es redundante. Estás donde estás y eres lo que eres porque decidiste estar ahí, tus pensamientos, acciones y comportamientos te llevaron al lugar que ocupas en este momento en la vida y no pudieron llevarte a ningún otro. Si tu objetivo solo es sobrevivir cada día y volver a casa en la tarde para ver televisión, lo más probable es que lo cumplas. Si tu objetivo es estar en forma, ser una persona sana y tener una larga vida, tal vez también lo logres. Si estableces la meta de ser rico o independiente en el aspecto financiero, no hay nada que te impida cumplirla tarde o temprano. La única limitante será cuánto desees lograrlo en verdad.

En tu cerebro hay un mecanismo para el éxito y otro para el fracaso. El mecanismo para el fracaso es la tendencia natural hacia el camino que impone menos resistencia, el impulso hacia la gratificación inmediata, es decir, que te preocupen poco o nada las consecuencias de tus acciones a largo plazo. El mecanismo del fracaso opera de manera automática las 24 horas del día, o sea, funciona a cada minuto y hora, y la mayoría de la gente permite que su anhelo por lo divertido, lo sencillo y lo conveniente determine todas sus decisiones y acciones.

Sin embargo, en tu cerebro también hay un mecanismo para el éxito que puede anular al del fracaso, basta una meta para echarlo a andar. Entre más importante y ambiciosa sea, entre más la anheles, más probable será que ejercites tu poder de la autodisciplina y tu fuerza de voluntad para forzarte a hacer lo necesario y cumplirla.

> La habilidad maestra para alcanzar el éxito consiste en la habilidad de fijarse metas y diseñar planes para lograrlas.

Al final de una carrera de 50 años durante la que entrenó y trabajó con más de 20 000 vendedores, Elmer Letterman llegó a la conclusión de que la cualidad que más predecía el éxito era lo que él llamaba "intensidad de propósito". Si se toma a dos personas con más o menos el mismo nivel de inteligencia y los mismos antecedentes, educación y experiencia, la que cuente con una intensidad de propósito mayor siempre será la más exitosa.

El famoso multimillonario petrolero H. L. Hunt cayó en bancarrota cuando era joven y producía algodón en Arkansas. Luego de eso se mudó a Texas, ganó un contrato petrolero en un juego de póquer, amasó una fortuna de varios miles de millones de dólares y llegó a ser uno de los hombres más ricos del mundo. En una ocasión le preguntaron cuál era el secreto de su éxito y dijo que, en Estados Unidos, solo se necesitaban dos cosas para triunfar. La primera, explicó, era decidir con exactitud qué era lo que uno quería. La mayoría de la gente nunca hace eso. En segundo lugar, había que determinar el precio que uno estaba dispuesto a pagar para lograrlo y, luego, decidirse a pagarlo.

Solo hay dos cosas que tenemos claras respecto al precio del éxito. En primer lugar, que para obtener el éxito que deseas, sea como sea que lo definas, deberás pagar el precio completo. Tienes que sembrar primero y tal vez tengas que trabajar durante mucho tiempo antes de poder cosechar lo sembrado. En segundo lugar, sabemos que tienes que pagar el precio completo y por anticipado. Alcanzar el éxito no es como sentarse en un restaurante donde puedes disfrutar de tu cena y luego pagar la cuenta. El éxito que deseas exige siempre un pago completo y anticipado. Pero ¿cómo saber si has pagado el precio completo? Sencillo, cuando lo hayas pagado, el éxito estará frente a ti, y tú y todos los demás podrán verlo, será verificable por ley, no por azar. Cuando hayas sembrado, podrás cosechar, causa y efecto, acción y reacción.

APLICACIÓN DE LAS LEYES MENTALES

Ya hablé de varias leyes mentales, pero a veces la gente no está segura de cómo podrá recordar que debe aplicar y usarlas todas. Descuida, esto se facilita cuando tienes una meta definida con claridad y en la que trabajas todos los días. Todas las leyes operan de manera automática y en armonía con tus propósitos.

Como ya lo mencioné, el mayor enemigo del éxito es la zona de confort, o sea, la tendencia a quedarse atorado en una rutina y resistirse al cambio, incluso al cambio positivo que podría hacerte salir de ese lugar. Por naturaleza, tendemos a tener miedo del cambio y a evitarlo porque queremos que todo siga igual. Sin embargo, también queremos que las cosas mejoren. Todo crecimiento, progreso y avance requiere cambio, mutación; sin importar lo que hagamos, la vida nunca sigue igual durante mucho tiempo, siempre cambia en una u otra dirección. Las cosas mejoran o se deterioran, pero nunca permanecen iguales.

La ley del control dice que te sentirás positivo respecto a ti mismo en la medida en que sientas que tienes el control de tu vida. Establecer metas te permite controlar la dirección del cambio en tu vida y, por lo tanto, asegurarte de que, sobre todo, sea positivo y tú seas quien lo determine. A nadie le da miedo el cambio que implica mejoría. Si tienes metas precisas y las respaldas con planes detallados para lograrlas, podrás asumir el control total de tu vida y avanzar con temeridad en dirección del cambio positivo.

La ley de la causa y efecto indica que todo efecto en tu vida es producto de una causa específica. Las metas son la causa y el logro es el efecto, las metas comienzan como pensamientos o causas y se manifiestan como condiciones o efectos. Si siembras metas, cosecharás resultados.

Para echar a andar la ley de la creencia necesitas estar convencido con gran intensidad de que lograrás tus metas y necesitas llevar a cabo acciones congruentes con tus creencias. Recuerda que, con el tiempo, tus creencias y metas se convertirán en tu realidad.

Tú eres quien desencadena la ley de las expectativas, lo haces esperando de manera constante que todo lo que te sucede, sea positivo o negativo, te mueva hacia la consecución de tus metas. Si buscas algo positivo o benéfico en cada suceso de tu vida, muy pronto obtendrás lo que esperas.

Para desencadenar la ley de la atracción deberás pensar de manera continua en tus metas. Si tus metas y objetivos forman parte de tus pensamientos dominantes, comenzarás a atraer a tu vida a las personas y las circunstancias que están en armonía con la consecución de dichas metas.

La ley de la correspondencia dice que tu mundo exterior debe corresponder con el interior. Si a tu mundo interior lo dominan pensamientos y planes para lograr las cosas que te parecen importantes, dentro de poco las manifestaciones y efectos de tu mundo exterior los reflejarán como un espejo.

La ley de la actividad subconsciente dice que tu mente subconsciente pondrá a trabajar todos los pensamientos que tengas en tu mente consciente para hacerlos realidad. Si piensas en tus metas, una parte cada vez mayor de tu capacidad subconsciente para computar será asignada a la misión de hacer que tus palabras y acciones coincidan con un patrón consistente de lo que quieres lograr.

La ley de la concentración dice que todo en lo que te concentres crecerá, florecerá. ¿En qué deberás concentrarte de manera continua? En tus metas.

La ley de la sustitución dice que puedes sustituir un pensamiento negativo con uno positivo. ¿Qué pensamiento positivo debes usar para sustituir tus pensamientos o experiencias negativos? Tus metas. Siempre que algo salga mal, piensa en tus metas, siempre que tengas un mal día, piensa en tus metas. El simple hecho de pensar en algo que deseas lograr en el futuro es positivo y alentador de manera inherente porque sería imposible siempre pensar en tus metas y no sentirte optimista y muy motivado.

La ley del hábito dice que casi todo lo que hacemos es resultado de nuestros hábitos, sean malos o buenos. ¿Qué nuevos hábitos deseas formarte? Puedes, por ejemplo, hacerte la costumbre de establecer, reestablecer y reevaluar tus metas de manera regular y sistemática todos los días.

La ley de la práctica dice que todo lo que haces una y otra vez se convierte en un nuevo hábito. Al aplicar la ley de la práctica desarrollarás en poco tiempo el hábito de fijarte metas y lograrlas a lo largo de toda tu vida.

> Todo lo que haces una y otra vez se convierte en un nuevo hábito.

Cuando empieces a usar estas leyes mentales para cumplir un propósito que hayas definido con claridad y con el que estés comprometido de forma absoluta, te volverás un motor imparable de energía mental y física. Si cuentas con metas y objetivos claros y específicos, podrás desarrollar y aplicar todos tus poderes mentales, y lograr más en los siguientes años que lo que logra la mayoría de la gente en toda una vida.

Los puntos más importantes

- El pensamiento estratégico empieza por el establecimiento de tus valores.
- Lo que más admiras en otros refleja aquello a lo que más aspiras.
- Una vez que hayas establecido tus valores, empieza a organizar tus metas.
- Escribe una declaración de misión: la descripción de quién quieres ser con base en tus valores positivos.
- Haz una lista de tus sueños imaginando que nada limita lo que puedes hacer, tener o ser.
- La clave maestra para alcanzar el éxito es la capacidad de fijarse metas.
- Antes de cosechar debes plantar.

Capítulo 4

Las ventajas de fijarse metas

Con todo lo que sabemos sobre el pensamiento estratégico y el establecimiento de metas, podrías pensar que muchísimas personas estarían poniendo en práctica estos conocimientos. Es probable que durante años te hayan dicho que debes fijarte metas y que tienes que trabajar en ellas de manera regular, pero la triste verdad es que muy pocos lo hacen: menos del 3% de la población escribe sus metas y menos del 1% las lee y revisa con regularidad. Muchas personas han asistido a seminarios, leído libros y escuchado grabaciones sobre este tema, pero si les preguntas si tienen metas escritas y planes para llevarlas a cabo, te confesarán con timidez que no. Saben que deberían fijarse metas y, de hecho, tienen la intención de hacerlo muy pronto, pero por alguna razón no lo han hecho todavía.

POR QUÉ LA GENTE NO SE FIJA METAS

Cuando empecé a estudiar y aplicar estos principios para el éxito obtuve resultados tan extraordinarios que no tardé en compartir la información con todas las personas dispuestas a escucharme, así fue como empecé a hablar en público y organizar seminarios. No obstante, con frecuencia me sorprendía el hecho de que gente muy entusiasta dijera estar de acuerdo conmigo, pero luego saliera del lugar y no hiciera nada al respecto. Entonces empecé a analizar y tratar de averiguar por qué la gente no se fijaba metas, y llegué a la conclusión de que había siete razones básicas. Me parece que es importante pensar en ellas y averiguar si son aplicables o no a tu situación.

La primera razón por la que la gente no se fija metas es porque, sencillamente, no es seria al respecto, le gusta hablar, pero no concretar. Estas personas quieren ser más exitosas y mejorar su vida, pero no están dispuestas a hacer lo necesario, no tienen un ardiente deseo de hacer algo de sí mismas, de lograr que sus vidas sean más ricas, mejores y más emocionantes. La única manera de saber en lo que cree alguien es a través de sus acciones, no de sus palabras. Lo que cuenta no es lo que dices, ni lo que tienes intenciones de hacer, ni lo que deseas o esperas, y, mucho menos, por lo que rezas, solo importa lo que haces. La única manera de expresar tus verdaderos valores y creencias es a través de tus acciones. Una persona que actúa vale más que 10 habladores que terminan no haciendo nada. Yo recibo incontables llamadas telefónicas, cartas y propuestas de todo tipo de personas con montones de ideas, pero las únicas que me causan una buena impresión son las que en verdad hacen algo. La única acción es la acción, el resto no cuenta gran cosa, así que no le digas a la gente lo que vas a hacer, muéstraselo.

> La única manera de expresar tus verdaderos valores y creencias es a través de tus acciones.

La segunda razón por la que la gente no se fija metas es porque no ha asumido aún la responsabilidad de su vida. Yo solía pensar que las metas eran el punto de partida para alcanzar el éxito, pero luego me di cuenta de que hasta que una persona no acepte que es responsable por completo de su vida y de todo lo que sucede en ella, no dará ni siquiera el primer paso necesario para establecer metas. Las personas irresponsables siguen esperando que la vida real comience, usan toda su energía creativa para inventar elaboradas justificaciones que expliquen por qué no han avanzado, luego compran un billete de lotería y se van a casa a ver televisión.

La tercera razón por la que la gente no se fija metas tiene que ver con los terribles y destructivos efectos de la culpa. Alguien que se encuentra en un estado mental y emocional tan bajo que para ver el fondo tiene que mirar hacia arriba, no es el tipo de persona que pueda, de manera confiada y optimista, establecer metas para los próximos años. Alguien que fue criado en un ambiente negativo que le dejó como secuela el sentimiento de no ser merecedor de nada y una actitud indiferente que le hace preguntarse: ¿para qué? Tampoco es capaz de fijarse metas. Si conoces a alguien así, debes comprender que sería muy difícil ayudarlo.

La cuarta razón por la que la gente no se fija metas es porque no se da cuenta de su importancia. Si te crían en un hogar en el que tus padres no tienen metas y el tema no se toca con regularidad, podrías llegar a la adultez sin siquiera saber que las metas existen más allá de los objetivos deportivos.

Yo, por ejemplo, no oí hablar de metas ni de que era necesario establecerlas, sino hasta que cumplí 23 años y me encontré un ejemplar de *Piense y hágase rico* de Napoleon Hill. Si te mueves en un círculo social en el que la gente no tiene metas definidas con claridad, sobre las que trabaje con regularidad, podría serte fácil dar por sentado que no son importantes. Dado que el 80% de la gente que te rodea no va a ningún lugar en particular, si no tienes cuidado, podrías terminar dejándote llevar por la multitud, siguiendo a los demás y no yendo a ningún lado tampoco. Si la gente supiera que todas sus esperanzas, sueños y planes para el futuro, que todas sus aspiraciones y ambiciones dependen de su capacidad y deseo de fijarse metas, si la gente supiera lo importante que son los objetivos para tener una vida feliz y exitosa, creo que muchos comenzarían a trabajar en ello.

La quinta razón por la que la gente no se fija metas es porque no sabe cómo hacerlo. A pesar de que fijarse metas es más importante que cualquier otra materia que pudieras estudiar para garantizar tu felicidad a largo plazo, podrías llegar a obtener un importante título universitario tras haber estudiado 16 o 17 años, y no haber tomado una sola hora de clases sobre esta valiosa habilidad.

Pero puedes cometer un error aún peor: dar por sentado que sabes cómo fijarte metas. Alguien que da por hecho que cuenta con una habilidad esencial a pesar de que su comprensión de la misma es mínima, corre el riesgo de fracasar. Llevo décadas estudiando el proceso del establecimiento de metas y practicando técnicas para aplicarlo. Les he enseñado a incontables hombres y mujeres cómo hacerlo y he realizado por encargo planeamiento estratégico y establecimiento de metas para corporaciones de miles de millones de dólares. No conozco a alguien que haya estudiado y aplicado estos conceptos de una manera más exhaustiva de lo que yo lo he hecho y, aun así, siento que todavía tengo mucho que aprender. Si alguien en verdad domina el proceso de fijarse una meta y hacer un plan para alcanzarla, lo más probable es que ya sea muy rico o muy feliz, o ambas cosas.

La sexta razón por la que la gente no se fija metas es el miedo al rechazo o la crítica. Desde que somos niños, los otros atacan nuestros sueños, fantasías e ideas con sus críticas y burlas. Tal vez se debe a que nuestros padres no quieren que tengamos expectativas demasiado elevadas y que nos desilusionemos, y por eso nos señalan lo antes posible todas las razones que nos impedirían lograr nuestras metas. Quizá nuestros hermanos y amigos nos ridiculizaron por querer ser alguien o hacer algo que iba más allá de lo que ellos lograron. Los niños no son tontos, desde muy chicos aprenden que, si quieren llevarse bien con los otros, tienen que seguirles la corriente. Con el paso del tiempo, un niño inteligente que vive bajo estas condiciones deja de tener ideas nuevas o metas porque cree que no vale la pena esforzarse por conseguir algo.

¿Cuál es la solución al miedo a la crítica? Mantén tus metas en secreto. Todas las personas que saben bien cómo fijarse metas, también saben que no deben revelarlas. No las compartas con ninguna persona, así nadie podrá reírse ni criticarte por lo que te propongas hacer. Las únicas excepciones a esta regla son tu jefe o jefa, y tu cónyuge. A ellos deberás contarles sobre tus metas porque necesitarás su ayuda para concretarlas. También puedes compartirlas con personas que, como tú, se hayan propuesto lograr algo en la vida.

Por cierto, también es buena política animar a cualquiera que te cuente que tiene una meta. Dile a esa persona que persevere, que puede lograrlo. Alentar a otros te motiva, es una de las mejores aplicaciones de la ley de la siembra y la cosecha. Si quieres que otros te animen y apoyen, aprovecha toda oportunidad que se presente para animarlos a ellos.

La séptima y más importante razón por la que la gente no se fija metas es el miedo al fracaso. Este es el obstáculo más grande para el éxito porque mantiene a la gente en su zona de confort, con la cabeza gacha y tomándose las cosas con calma mientras los años le pasan encima. Muchos expresan su miedo al fracaso diciendo: "No puedo, no puedo, no puedo". Es algo que aprendemos siendo muy niños, cuando nuestros padres nos critican o castigan por hacer cosas que no aprueban. Este miedo paraliza la esperanza y mata la ambición más que cualquier otra emoción negativa.

La mayoría de la gente le teme al fracaso porque no entiende que este juega un papel importante en el proceso de alcanzar el éxito. La regla es esta: es imposible tener éxito sin fracasar. El fracaso es un prerrequisito indispensable para triunfar. Los mayores fracasos en la historia de la humanidad han representado también los éxitos más importantes. El mismo año que Babe Ruth fue el rey de los jonrones en el beisbol, también bateó más que cualquier otro jugador.

> El fracaso es un prerrequisito indispensable para triunfar.

El éxito es un juego de números porque existe una relación directa entre la cantidad de cosas que intentas y tu probabilidad de tener éxito. La ley de la probabilidad indica que, incluso siendo el peor jugador de beisbol de la Liga Americana, si intentaras batear con todo tu corazón todas las pelotas que te lanzaran, con el tiempo golpearías algunas y anotarías un jonrón. La clave es batear con toda tu fuerza y seguir haciéndolo sin preocuparte por la posibilidad de que te hagan *strike* de vez en cuando. Napoleon Hill dijo: "Dentro de toda adversidad viene la semilla de una oportunidad o ventaja igual o mayor".

> El éxito es un juego de números.

Para lidiar con el fracaso temporal es necesario buscar una lección valiosa en cada contratiempo que se presente. Conviértete en un paranoico a la inversa, convéncete a ti mismo de que todo lo que te está sucediendo te acerca a la consecución de tu objetivo, incluso si parece alejarte.

A la mayoría de los grandes éxitos los precedieron grandes fracasos. Decide con anticipación que tomarás todos los contratiempos como un incentivo para esforzarte más, en especial si te desempeñas en los negocios y las ventas. Recuerda que cada experiencia te acerca más y más al éxito. Piensa que todas las derrotas temporales son una especie de letrero que dice: "Detente. Mejor ve en esta o aquella dirección". Un estudio realizado a lo largo de cinco años mostró que la cualidad clave de los líderes era que nunca usaban palabras como *fracaso* o *derrota*. En lugar de eso se referían a los sucesos negativos como una *valiosa experiencia de aprendizaje* o *falla temporal*. El miedo al fracaso es la razón más importante por la que la gente no tiene éxito, pero tú puedes superarlo si aceptas los fracasos y contratiempos temporales como parte inevitable de tu éxito venidero.

CINCO PRINCIPIOS PARA ESTABLECER METAS

El pensamiento estratégico y el establecimiento de metas pueden ser procesos muy poderosos, pueden cambiarte la vida, por eso debes tomar en cuenta los cinco principios básicos que te servirán para fijarte metas y tener un desempeño de alto nivel.

El principio número uno es el de la *congruencia*. Para alcanzar tu mayor desempeño, tus metas y valores deben coincidir a la perfección. Tus valores representan tus convicciones más profundas respecto a lo correcto y lo incorrecto, lo bueno y lo malo, y lo que es importante y significativo para ti. Solo podrás alcanzar un desempeño elevado y un alto nivel de autoestima si tus acciones están en perfecta sintonía con tus metas y lo que crees que es importante.

El segundo principio para fijarse metas tiene que ver con tu *área de excelencia*. Todas las personas tienen la capacidad de ser excelentes en algo específico o, quizás, en muchas cosas, pero solo podrás llevar tu potencial al punto máximo cuando identifiques tu área de excelencia y desarrolles tus talentos en ella. El autor motivacional Emmet Fox le llamó a esto "el deseo de tu corazón". Nunca serás feliz ni te sentirás satisfecho hasta que no encuentres ese deseo y te comprometas con él de manera absoluta.

Esta es la única cosa que puedes hacer de manera excelente. Tu área de excelencia podría cambiar a medida que tu carrera evolucione, pero los hombres y mujeres exitosos encuentran su área de excelencia y se dedican en cuerpo y alma a ser excepcionales en ella.

> Solo podrás llevar tu potencial al punto máximo cuando identifiques tu área de excelencia.

El tercer principio para fijarse metas es el *concepto de los acres de diamantes*. "Acres de diamantes" es el título de una plática impartida por Russell Conwell, quien fundó la Temple University de Filadelfia a finales del siglo XIX. Esta charla se popularizó tanto que le pidieron que la repitiera, palabra por palabra, algo que hizo en más de cinco mil ocasiones. En esencia, la historia dice que la oportunidad que estás buscando podría estar justo bajo tus pies, en el lugar en que te encuentras en este momento.

En la historia, un viejo granjero se emociona mucho un día porque escucha que algunos hombres que fueron a África descubrieron minas de diamantes y se volvieron increíblemente ricos. El granjero decidió vender su granja, organizar una caravana y dirigirse a los vastos territorios de África para buscar diamantes y coronar su vida con una riqueza inimaginable. Durante muchos años buscó estas piedras preciosas en el inmenso continente africano, pero con el tiempo se quedó sin dinero y, en un ataque de desesperación, se lanzó al mar y se ahogó.

Mientras tanto, en la granja que vendió, el nuevo granjero salió un día para darle de beber agua a su burro en un riachuelo que atravesaba la propiedad y encontró una piedra extraña que lanzaba luz de una manera extraordinaria. Se llevó la piedra a la casa y no le dio mucha importancia al asunto.

Algunos meses después, un comerciante que viajaba por negocios se detuvo para pasar la noche en la granja y vio la piedra. Se emocionó mucho y preguntó si el viejo granjero por fin había regresado de África. No, le dijeron, nadie volvió a verlo, pero ¿por qué estaba tan emocionado? El comerciante tomó la piedra y dijo: "Este es un diamante muy valioso, cuesta mucho dinero". El nuevo granjero no le creyó, pero el comerciante insistió en que le enseñara el lugar donde había encontrado la piedra, así que salieron a la granja y el granjero lo llevó al lugar donde le había dado de beber agua al burro. Se pusieron a buscar y de pronto encontraron otro diamante y luego otro más, y otro más. Resultó que la granja estaba sobre acres de diamantes. El viejo granjero fue a África a buscar diamantes, pero nunca se tomó la molestia de mirar donde estaba parado.

Así pues, tus acres de diamantes podrían estar justo debajo de tus pies. La diferencia es que tal vez estén disfrazados de trabajo arduo. Algunos dicen que las oportunidades llegan vestidas con ropa de trabajo. Tus acres de diamantes podrían estar ocultos en tus talentos, tus intereses, tu educación, tus antecedentes y experiencia, así como en tu industria, tu ciudad o tus contactos. Esas piedras preciosas quizás yacen bajo tus pies, solo hace falta que te tomes el tiempo necesario para extraerlas.

El cuarto principio para fijarse metas de manera exitosa es el principio del *equilibrio*. Este dice que para alcanzar tu máximo desempeño necesitas una variedad de metas en las seis áreas esenciales de tu vida. De la misma manera en que los neumáticos de un automóvil deben estar balanceados para poder avanzar con suavidad, tú debes tener equilibrio en tus metas para progresar sin problemas en la vida. Necesitas metas físicas y de salud, metas mentales e intelectuales, metas en el estudio y el desarrollo personal, metas profesionales y de trabajo, metas financieras y materiales. Por último, necesitas metas espirituales, es decir, metas para tu desarrollo interno y para alcanzar una comprensión más elevada. Para mantener el equilibrio debes tener dos o tres objetivos en cada área, o sea, entre 12 y 18 en total.

Este equilibrio te permitirá enfocarte en algo importante todo el tiempo. Cuando no estés en tu trabajo, puedes pasar tiempo con tu familia, cuando no estés trabajando en tu desarrollo físico, puedes trabajar en el desarrollo personal y profesional. Cuando no estés meditando, en contemplación o realizando otras labores de desarrollo espiritual, puedes enfocarte en tus metas materiales y tangibles.

El quinto principio para fijarse metas es tu *propósito definitivo mayor* o la declaración de misión de tu vida. Tu propósito definitivo mayor es tu meta número uno, la que te importa más que cualquier otra meta u objetivo en el presente. Tal vez tengas una variedad de metas, pero solo puedes tener un propósito definitivo mayor. Si no eliges una meta abarcadora y dominante, tu esfuerzo se dispersará, desperdiciarás tiempo y no podrás avanzar.

> Tu propósito definitivo mayor es tu meta número uno, la que te importa más que cualquier otra meta u objetivo en el presente.

Este propósito mayor definitivo lo puedes elegir analizando y preguntándote: "Si lograra alguna de mis metas, ¿cuál me ayudaría más a cumplir todas las demás?". Por lo general, se trata de una meta financiera, pero a veces puede encontrarse en la categoría de salud o de tus relaciones personales. Elegir un propósito mayor definitivo es el punto de inicio de todo gran éxito y logro, este propósito luego se convierte en tu misión, es decir, en el principio de organización de todas tus otras actividades. Tu propósito mayor definitivo se transforma en el catalizador que activa las leyes de la creencia, la atracción y la correspondencia. Una persona con una meta importante y emocionante empieza a tener un progreso acelerado a pesar de todos los obstáculos y limitaciones.

SIETE PREGUNTAS PARA FIJARSE METAS

Estas son las siete preguntas principales que puedes hacerte y responder una y otra vez.

1. ¿Cuáles son tus cinco valores más relevantes en la vida en este momento? Esta pregunta te ayudará a aclarar lo que en verdad es importante para ti y, por extensión, qué es lo que menos te interesa. Una vez que hayas identificado tus cinco valores esenciales, organízalos en orden de prioridad empezando por el primero, el más importante, y hasta llegar al quinto. Como uno vive del interior hacia el exterior, y como tus valores definen tus convicciones más íntimas, antes de fijarte metas debes elegir los valores. La claridad respecto a estos te permitirá elegir metas congruentes con lo que es importante para ti.

2. ¿Cuáles son tus tres metas fundamentales en la vida en este momento? Escribe la respuesta a esta pregunta en 30 segundos. A esto le llamo método para lista rápida. Cuando solo tienes 30 segundos para escribir tus metas o problemas más importantes, tu subconsciente los separa rápido, y de pronto aparecen en tu mente consciente. En 30 segundos proveerás respuestas tan precisas que sentirás que tuviste 30 minutos para elegir.

3. ¿Qué harías y cómo invertirías tu tiempo si hoy te enteraras que solo te quedan seis meses de vida? Esta es otra pregunta que te puede ayudar a aclarar lo que en verdad te importa y, en especial, quién te importa. Una vez, alguien dijo que uno no está listo para vivir, sino hasta que sabe lo que haría si solo le quedara una hora de vida en la tierra. ¿Tú qué harías? Escríbelo.

4. ¿Qué harías, de qué manera cambiarías tu vida, si mañana ganaras un millón de dólares en efectivo y libres de impuestos? ¿Qué empezarías a hacer? ¿Qué dejarías de hacer? Imagina que solo tienes dos o tres minutos para escribir la respuesta y que solo podrás hacer o tener lo que hayas escrito. Esta pregunta te permitirá decidir lo que harías si tuvieras todo el tiempo y dinero que necesitas, y si no le tuvieras miedo al fracaso.

5. ¿Qué es eso que siempre has querido hacer, pero te ha dado miedo intentar siquiera? ¿Qué siempre has deseado lograr, pero no lo has hecho porque algo te lo ha impedido? Esta pregunta te ayudará a identificar las instancias en que tus miedos podrían estar impidiéndote hacer lo que en realidad quieres.

6. ¿Qué es lo que más disfrutas hacer en todo el mundo? Dicho de otra forma, ¿qué es lo que en verdad amas hacer? ¿Qué actividades te brindan los sentimientos más elevados de autoestima y satisfacción? Esta es otra pregunta relacionada con los valores y podría indicarte el lugar donde deberías explorar para encontrar el deseo de tu corazón.

7. Esta es, quizá, la pregunta más importante: imagina que un genio apareciera y te concediera un deseo. El genio te garantiza que tendrás éxito absoluto en lo que te propongas, ya sea modesto o ambicioso, a corto o largo plazo. ¿Cuál es esa gran misión que te atreverías a soñar si supieras que te sería imposible fallar? Si te garantizaran de manera absoluta que tendrías éxito en un área, pequeña o grande, inmediata o a futuro, ¿qué meta emocionante te fijarías?

Independientemente de las respuestas que des a estas preguntas, el simple hecho de escribirlas significa que podrías realizarlas. Una vez que hayas identificado lo que quieres, solo deberás preguntarte: "¿Deseo esto con toda mi alma? ¿Estoy dispuesto a pagar el precio?".

> Una vez que hayas identificado lo que quieres, solo deberás preguntarte: "¿Deseo esto con toda mi alma? ¿Estoy dispuesto a pagar el precio?".

UN EJERCICIO PARA ENTRAR EN ACCIÓN

Ahora que sabes qué preguntas hacer, te daré otro ejercicio para actuar. Toma algunos minutos, busca una libreta, siéntate y escribe las respuestas a todas las preguntas anteriores. Cuando hayas escrito las respuestas en papel, revísalas y elige solo una: esta respuesta será tu propósito definitivo mayor en la vida en este momento. Al terminar este ejercicio formarás parte del 3% de la gente que ha establecido una serie de metas escritas para sí mismo o sí misma. Ahora estás listo para diseñar un plan y empezar a avanzar a toda velocidad.

Los puntos más importantes

- El fracaso es parte importante del éxito.
- Busca una lección valiosa en todo contratiempo.
- Hay cinco principios básicos para fijarse metas: tener congruencia, encontrar tu área de excelencia, buscar tus acres de diamantes, equilibrar tus metas y establecer un propósito definitivo mayor.
- Usa las siete preguntas del establecimiento de metas para aclarar tu propósito.

Capítulo 5

El proceso de los 12 pasos

Como ya vimos, el hábito más valioso que puedes desarrollar para el éxito es el de fijarte metas de manera continua, y la acción más importante es establecer y lograr una meta clara y desafiante. Cuando te fijas una meta y la cumples, pasas del reino del pensamiento positivo al del conocimiento positivo.

Tu tarea consiste en llegar al punto en el que sepas, sin lugar a dudas, que puedes fijarte y alcanzar cualquier meta que te propongas. A partir de ahí, tu futuro será ilimitado y te volverás imparable. La emoción del logro, es decir, la sensación de haber superado la adversidad y ganado a pesar de todo lo que tenías en contra, libera endorfinas en tu cerebro y te da un placer y emoción que no se puede obtener de ninguna otra fuente.

Con el tiempo, el hábito de fijarte metas de manera continua y de usar todos tus poderes mentales se transforma en una adicción positiva. Llegarás al punto en que ya no podrás esperar para empezar el día y odiarás tener que acostarte a dormir en la noche. Te volverás tan positivo y tendrás tanta confianza en ti mismo, que a tus amigos les costará trabajo reconocerte.

> Con el tiempo, el hábito de fijarse metas de manera continua se transforma en una adicción positiva.

El obstáculo mental más difícil de superar es la inercia, o sea, la tendencia a volver a caer en tu zona de confort y perder el impulso para avanzar. Tal vez la mejor definición de carácter sea: "La capacidad de cumplir con una resolución incluso después de que el estado de ánimo en que se encontraba uno cuando la tomó se haya ido".

Cualquiera puede fijarse metas, de hecho, mucha gente lo hace. Es probable que la mitad de la población tenga resoluciones para Año Nuevo, pero eso no basta. Lo que determina lo que sucederá después es la manera en que se fijan las metas y en que se diseñan los planes para cumplirlas.

Necesitas un método sistemático para maximizar tu habilidad de alcanzar tus metas, un proceso probado que puedas usar una y otra vez para lograr cualquier objetivo en cualquier situación, para aprovechar todos tus poderes mentales y usarlos para realizar cualquier cosa que desees.

El proceso de 12 pasos que estás a punto de aprender es, quizás, el sistema más poderoso jamás desarrollado, lo han usado cientos de miles de hombres y mujeres en todo el mundo para revolucionar su vida. Las corporaciones lo usan para reorganizarse internamente y continuar teniendo éxito y rentabilidad. Es simple como todas las cosas que funcionan, pero al mismo tiempo es tan efectivo que continúa asombrando incluso a los escépticos.

El propósito de este proceso es crear en tu cerebro el equivalente mental de lo que deseas lograr en tu mundo externo. La ley de la mente dice que tus pensamientos se materializan; tú te conviertes y logras aquello en lo que piensas y, si lo piensas con una gran claridad e intensidad, puede suceder mucho más rápido de lo que imaginas. Existe una relación directa entre la nitidez con que vez tu meta cumplida en tu mente y cuán rápido se presenta en tu vida. Este proceso de 12 pasos te lleva de la vaguedad a la claridad y te ofrece una pista para que corras adonde quiera que desees ir.

PRIMER PASO: DESEO

El paso uno para establecer y lograr metas es el *deseo*. Esta fuerza motivacional te permite superar el miedo y la inercia que le impiden avanzar a la mayoría de las personas.

Quizás el mayor obstáculo para el éxito sea el miedo. Esta es la razón por la que tiendes a subestimarte y conformarte con ser mucho menos de lo que eres capaz. La ley de la emoción dice que todas tus decisiones las tomas con base en la emoción, ya sea del miedo o del deseo. También dice que una emoción más fuerte puede superar a una más débil. La ley de la concentración dice que todo aquello en lo que te concentres crecerá. Si te concentras en tus deseos, si piensas en ellos, los escribes y planeas tomándolos en cuenta de manera continua, aumentarán en intensidad y, con el tiempo, se volverán tan fuertes que harán a un lado tus miedos. Ese deseo que tienes de lograr algo te permite superar tu inercia natural hacia el camino de menor resistencia.

> Todas tus decisiones las tomas con base en la emoción.

De manera invariable, el deseo es algo personal, solo puedes desear algo para y por ti mismo, no porque sientas que es lo que alguien más quiere para ti. Al establecer tu propósito definitivo mayor deberás ser muy egoísta. Debes tener claridad total sobre lo que quieres ser, tener y hacer. Si solo pudieras lograr una gran meta en la vida, ¿cuál sería? ¿Por qué estás en este mundo? ¿Cuál es tu razón de existir? ¿Qué tipo de logro te daría la mayor cantidad de felicidad y satisfacción?

Lo que requieres para tener un gran éxito y, en particular, para amasar una fortuna es un deseo ardiente, una emoción poderosa capaz de superar todos los obstáculos en su camino, como si fuera una inundación, una creciente inesperada. Si lo deseas con suficiente intensidad y durante el tiempo necesario, no hay virtualmente nada que pueda detenerte. El deseo es el punto de partida.

SEGUNDO PASO: CREENCIA

El segundo paso para establecer una meta es la *creencia*. Como muy pronto lo sabrás, para activar tu mente subconsciente y tus habilidades supraconscientes debes creer de manera absoluta que puedes alcanzar tu meta. Debes tener fe en que mereces alcanzarla y en que llegará a ti en el momento adecuado, cuando estés listo para ella. Tu fe y tus creencias deberán ser muy profundas y convertirse en la convicción absoluta de que puedes cumplir la meta. Como la creencia es el catalizador que activa tus poderes mentales, es importante que tus objetivos sean realistas y creíbles, sobre todo al principio.

> Debes tener fe en que mereces alcanzar esa meta y en que llegará a ti en el momento adecuado.

Si tu meta es ganar más dinero, establece el objetivo de aumentar tus ingresos entre el 25 y 50% en los próximos 12 meses. Este es un objetivo que podría ser viable para tu mente, es creíble y, por lo tanto, puede convertirse en una fuente de motivación. Si la meta se encontrara muchísimo más allá de lo que has logrado hasta ahora, se convertiría en un objetivo desalentador: te desanimarías con mucha facilidad y dentro de poco dejarías de creer que es viable para ti.

Las metas poco realistas son una especie de autoengaño, y para lograr metas es esencial ser honesto. Se requiere de un esfuerzo fuerte, práctico y sistemático, y trabajar en armonía con los principios de los que hemos hablado en este libro. Si quieres bajar de peso, no te fijes como objetivo bajar 15, 20 o 25 kilos. Mejor proponte bajar 2 o 3 kilos en los siguientes 60 días y, cuando hayas bajado esos 2 o 3, establece una nueva meta de 2 kilos más. Continúa haciendo esto hasta que llegues a tu peso ideal. Bajar 2 kilos es algo viable, pero bajar 15, 20 o 25 es difícil de creer.

Una de las cosas más amables y útiles que puedes hacer por tus hijos es ayudarlos a fijarse metas realistas y realizables. Los niños necesitan formarse el hábito de fijar metas, pero no es forzoso que estas sean demasiado ambiciosas desde el principio. Hay un viejo adagio que dice que, si cuidas tus centavos, los dólares se cuidarán solos. Si tus niños se hacen el hábito de establecer y lograr pequeñas metas, con el tiempo pasarán a metas medianas y luego a otras más ambiciosas.

Antes de que puedas alcanzar metas ambiciosas, es necesario que realices un gran esfuerzo. En algunos casos te harán falta semanas, meses e incluso años de preparación y trabajo arduo antes de estar listo o lista para lograr tus metas. Recuerda que debes pagar el precio de forma anticipada. A menos de que seas muy inteligente o talentoso, deberás ser honesto contigo mismo y decidir si la meta vale la pena, si amerita que trabajes con paciencia y persistencia hasta alcanzarla.

Muchas personas se fijan metas que están más allá de su capacidad, trabajan en ellas por algún tiempo y luego se rinden. Se desaniman y llegan a la conclusión de que fijarse metas no funciona o, al menos, no les funciona a ellas. Esto les sucede sobre todo porque tratan de hacer demasiado en muy poco tiempo.

Tu responsabilidad principal en lo que se refiere al poder de la creencia es generar y mantener una actitud mental positiva, lo cual se logra teniendo confianza en que, si continúas haciendo ciertas cosas de cierta manera, con el tiempo atraerás a la gente y los recursos necesarios para cumplir tu meta justo a tiempo, es decir, cuando estés listo para ello.

TERCER PASO: ESCRÍBELO

El tercer paso para establecer metas consiste en *escribirlas*. Las metas que no están escritas no son metas, son solo deseos o fantasías. Tratar un deseo como meta, aunque no tenga energía que lo sustente, es como poner en la recámara una bala sin pólvora. En cambio, cuando escribes tu meta en una hoja de papel, la cristalizas, es decir, la vuelves concreta y tangible, puedes tomarla, mirarla, tocarla y sentirla. La tomaste del aire y le diste una forma con la que ahora puedes trabajar.

Uno de los métodos más poderosos para programar una meta en tu mente subconsciente consiste en escribirla de manera clara y vívida, con todos los detalles de cómo te gustaría verla realizada. Pero recuerda que debes decir qué es lo correcto antes de decidir lo que es posible. Primero decide lo que en verdad deseas, ya luego podrás preocuparte por tus limitaciones. Describe tu meta en todos los aspectos, no desdeñes ningún detalle y tampoco te inquietes por el momento en que la cumplirás. Al principio, tu tarea principal será estar seguro de lo que deseas, no pensar en el proceso para lograrlo.

Hace algunos años, estando en medio de una recesión, mi esposa y yo tuvimos que vender nuestra casa para reunir dinero y pagar nuestras deudas. Nos mudamos a una casa rentada por algún tiempo y terminamos viviendo ahí dos años. En ese tiempo decidimos actuar con mucha seriedad respecto a nuestra casa soñada, así que, a pesar de que teníamos poco dinero, nos suscribimos a varias revistas que venían repletas de fotografías y descripciones de casas hermosas. Una vez a la semana, Barbara y yo nos sentábamos y hojeábamos las revistas, discutíamos sobre las características que queríamos que tuviera nuestra casa ideal. Por algún tiempo dejamos de pensar en el costo, la ubicación y el enganche. Con el tiempo llegamos a tener una lista con 42 características que nos parecían constituir lo que sería el hogar perfecto para nosotros y nuestra familia.

Luego guardamos la lista, nos pusimos a pensar en otra cosa y seguimos trabajando.

En los siguientes tres años pasaron mil cosas. Dos años después de hacer la lista, dejamos la casa rentada y nos mudamos a una casa que compramos. Luego sucedió toda una serie de cosas inesperadas e impredecibles y, cuando las cosas por fin se calmaron, nos encontramos en una hermosa casa de 460 metros cuadrados en la soleada ciudad de San Diego, California.

Cuando estábamos desempacando nuestras pertenencias, encontramos la lista y vimos que la casa que terminamos comprando tenía 41 de las 42 características que habíamos escrito tres años antes. La única característica que no tenía era la aspiradora integrada, que tal vez sea el menor de los detalles. Esta es solo una de cerca de cien historias que podría contarte sobre la importancia de escribir tus metas y pensar en ellas todo el tiempo.

Además de que esto te permite clarificar las cosas en tu mente, la razón esencial por la que debes escribir tus metas es que el simple hecho de plasmar algo en el papel intensifica tu deseo y te hace creer, de manera más profunda, que es realizable. La principal razón por la que la gente no escribe sus metas es que, en el fondo de su corazón, no cree que eso pueda hacer la diferencia. Sin embargo, cuando te vuelves disciplinado y escribes lo que anhelas, eliminas tu mecanismo del fracaso, enciendes el del éxito y lo haces trabajar a toda marcha.

> Escribir tus metas anula tu mecanismo del fracaso.

CUARTO PASO: HAZ UNA LISTA DE LAS VENTAJAS

El cuarto paso para lograr tus metas consiste en *hacer una lista de todas las maneras en que podrías beneficiarte si cumplieras tu objetivo*. Dijimos que las metas son el combustible para la maquinaria del logro y, de la misma manera, las razones para alcanzarlas son la fuerza que intensifica tu deseo y te vuelve imparable. Tu motivación depende de tus razones para actuar en principio de cuentas, por lo que, entre más razones tengas, más motivado te sentirás.

Hay una historia sobre un joven que se acercó a Sócrates y le preguntó de qué manera podría adquirir sabiduría. Sócrates le pidió que lo acompañara, y juntos caminaron hasta un lago cercano. Cuando el agua subió y rebasó el metro, Sócrates sujetó de repente al joven, le hundió la cabeza en el agua y lo mantuvo ahí. Al principio, el joven pensó que se trataba de una broma, así que no opuso resistencia, pero cuando vio que Sócrates lo estaba manteniendo demasiado tiempo bajo el agua, se puso frenético. Luchó con desesperación para librarse porque sintió que los pulmones empezaban a arderle por la falta de oxígeno hasta que, por fin, Sócrates lo liberó y dejó salir del agua. El joven emergió tosiendo, escupiendo, dando bocanadas y tratando de respirar. Sócrates le dijo: "Cuando desees la sabiduría con la misma intensidad que ahora deseas respirar, nada te impedirá conseguirla".

Tu tarea consiste en asegurarte de que tu deseo se mantenga vivo y resplandeciente, para eso tienes que pensar en todas las ventajas, satisfacciones y placeres de los que disfrutarás cuando alcances tu meta. A todas las personas las motivan y emocionan cosas distintas, a algunas las motiva el dinero y la posibilidad de vivir en una casa grande y conducir un automóvil hermoso, a otras les interesa el reconocimiento, el estatus y el prestigio, o sea, la idea de ganarse el respeto de otros. En una ocasión, el famoso autor E. M. Forster dijo: "Yo escribo para ganarme el respeto de aquellos a quienes respeto".

Haz una lista de todos los beneficios, tangibles e intangibles, de los que podrías disfrutar si alcanzaras tu meta. Notarás que, entre más larga sea la lista, más motivado, determinado e imparable te volverás. Si tienes una o dos razones para cumplirla, alcanzarás un nivel moderado de motivación, pero te sentirás desanimado cuando las cosas se pongan difíciles, como seguro sucederá en algún momento. En cambio, si tienes 20, 30 o 50 razones para alcanzar tu objetivo, te transformarás en una invencible fuerza de la naturaleza. Nada te desanimará ni impedirá que continúes trabajando hasta que logres lo que te hayas propuesto.

QUINTO PASO: ANALIZA TU POSICIÓN

El quinto paso para establecer y lograr metas es *analizar tu posición*, es decir, tu punto de inicio. Si decides bajar de peso, lo primero que tendrás que hacer es pesarte. Si decides amasar una fortuna y alcanzar un valor neto específico, primero haz un estado financiero personal para averiguar a cuánto asciende tu valor neto ahora. Determinar tu punto de inicio también te ofrece una base para evaluar tu progreso. No puedo hacer suficiente énfasis en que, entre más claro tengas de dónde vienes y adónde vas, más probable será que llegues al lugar donde deseas estar.

SEXTO PASO: DEFINE UNA FECHA LÍMITE

El sexto paso para fijarse metas es *establecer una fecha límite*. Deberías marcar una fecha límite para todas tus metas tangibles y mensurables, como los aumentos en tus ingresos o tu valor neto, y en las mejoras a tu salud, como el deseo de bajar de peso o llegar a correr cierta cantidad de kilómetros. Cuando estableces una fecha límite para una meta tangible, la programas en tu mente y activas el sistema subconsciente que te fuerza a hacer las cosas y que, en la mayoría de los casos, se asegura de que cumplas tu objetivo a más tardar en la fecha fijada.

Es preferible no establecer fechas límite para metas intangibles como el desarrollo de la paciencia, la gentileza, la compasión o la disciplina personal porque, si estableces una fecha para el desarrollo de una cualidad personal, el mismo sistema subconsciente se asegurará de que la fecha que elijas sea el día en que empieces a mostrar la cualidad en cuestión.

A menudo, la gente se niega a establecer fechas límite porque le da miedo no lograr sus metas para ese momento, y hace todo lo posible para evitar la sensación de desaliento. De acuerdo, ¿qué pasa si estableces una meta y no la cumples en tu fecha límite? Sencillo, solo estableces otra fecha porque no haberlo logrado solo significa que no estabas listo aún, que te equivocaste. Si no cumples tu meta para cuando llegue la nueva fecha límite, elige una nueva y continúa trabajando hasta lograr lo que te propusiste.

> Si no alcanzas una meta para cuando llegue tu fecha límite, establece otra fecha.

Mi amigo Don Hudson dice que las metas poco realistas no existen, solo existen las fechas poco realistas. Sin embargo, en el 80% de los casos, si te fijas un objetivo lo bastante realista, si detallas tus planes lo más posible y trabajas en ellos sin flaquear, lograrás tus metas en la fecha que te fijes o incluso antes.

Si estableces una fecha de dos, tres o cinco años para lograr tu propósito definitivo mayor, el siguiente paso será desglosar tu meta en objetivos de 90 días, y luego tendrás que dividir esos objetivos en objetivos menores de 30 días. Si utilizas la meta a largo plazo como tu principio organizador, te será más fácil establecer objetivos realistas a corto y mediano plazo que te permitan mantenerte encarrilado.

SÉPTIMO PASO: HAZ UNA LISTA DE LOS OBSTÁCULOS

El séptimo paso para lograr metas consiste en *hacer una lista de todos los obstáculos* que se interponen entre tú y la consecución de lo que te propones. Siempre que el éxito sea posible, surgirán obstáculos. De hecho, los obstáculos son la otra cara del triunfo y el logro. Si no hay obstáculos entre tú y tu meta, es muy probable que no haya meta siquiera, que solo estés realizando una actividad.

Una vez que hayas hecho la lista de todos los obstáculos que se te ocurran, organízalos por orden de importancia. ¿Cuál es el mayor obstáculo entre tú y tu meta? A esto le llamo *tu roca* porque, en el camino para lograr cualquier cosa que valga la pena, siempre hay una serie de impedimentos, desviaciones y barricadas, pero sobre todo, siempre hay una gran roca o un enorme obstáculo atravesado en el camino que te impide avanzar. Enfócate en quitar esta roca antes de que te quedes atrapado y lidiando con escollos y dificultades menores.

El obstáculo o roca podría ser interno o externo. Si es interno, tal vez se deba a que careces de una habilidad, capacidad o atributo esencial para lograr tu meta. Debes ser objetivo y preguntarte: "¿Hay algo en mí que deberé cambiar o alguna habilidad que tendré que desarrollar para lograr lo que me he propuesto?".

El obstáculo también podría ser externo. Podrías, por ejemplo, descubrir que tienes el empleo equivocado, que trabajas para la empresa incorrecta, que tu relación sentimental no es la que deberías tener o, incluso, que trabajas en la industria equivocada. Si quieres alcanzar tu meta necesitas volver a empezar, hacer otra cosa en algún otro lugar.

Entonces, ¿cuál es tu roca?

OCTAVO PASO: IDENTIFICA LA INFORMACIÓN QUE NECESITAS

El octavo paso consiste en *identificar la información adicional* que necesitarás para alcanzar tu meta. Vivimos en una sociedad que se basa en la información, una sociedad en la que la gente más exitosa es la que cuenta con los datos que requiere.

Casi siempre que cometas errores en el aspecto financiero y profesional será porque tienes información insuficiente o incorrecta. Si no cuentas con el conocimiento o datos que requieres, pregúntate dónde puedes obtenerlos. ¿Se trata de una habilidad o actividad esencial que necesitas aprender a través de lecturas o estudiando? ¿O podrías contratar a alguien que posea ese conocimiento? ¿Podrías emplear a alguien de manera temporal? ¿Alguien como un asesor o especialista que tenga el conocimiento que necesitas? ¿Quién más ha tenido éxito en tu campo? ¿Podrías acercarte a esa persona y solicitarte asesoría? Haz una lista de toda la información, talentos, habilidades y experiencia que necesitarás, y luego haz un plan para adquirir, comprar, rentar o pedir prestada esa información o habilidad lo más pronto posible.

Determina con exactitud cuál es la información esencial que te hace falta. Aquí podría aplicar la vieja regla 80/20, es decir, que el 80% del valor de la información que requieres estará contenida en el 20% de la información disponible. ¿Cuál es la información o habilidad más importante que requerirás para alcanzar tu meta?

NOVENO PASO: HAZ UNA LISTA DE LAS PERSONAS CUYA AYUDA NECESITARÁS

Para lograr cualquier cosa que valga la pena, necesitarás la ayuda y cooperación de mucha gente. El noveno paso para fijarse metas consiste en *hacer una lista de todas las personas cuya ayuda y cooperación requerirás*. La lista podría incluir a tu familia, tu jefe, tus clientes, tus banqueros, tus socios de negocios o de fuentes de capital, e incluso a tus amigos.

Luego toma tu lista y organízala por prioridades. ¿Quién podría brindarte la ayuda más importante? ¿Quién podría brindarte la segunda ayuda más importante? Este paso nos lleva a pensar en la ley de la compensación, un corolario de la ley de la siembra y la cosecha: cada acción tiene una reacción opuesta idéntica, y serás compensado por todo lo que des. Esta ley también dice que la gente solo te ayudará si siente que, a cambio, será recompensada por su esfuerzo. La pregunta clave para ti es: ¿qué vas a hacer para lograr que esas personas te ayuden?

Siempre debes sintonizar la estación de radio preferida de cada persona: YO-FM: *¿qué me darás a cambio?* Las relaciones sociales y de negocios se basan en la ley de la reciprocidad, la cual dice que la gente estará dispuesta a ayudarte a alcanzar tus metas porque ya le demostraste tu disposición a ayudarle a lograr las suyas. Los hombres y mujeres más exitosos son los que, de manera sistemática, le ayudaron a la mayor cantidad posible de gente a avanzar en la vida.

La ley de la compensación nos conduce a la ley de la sobrecompensación, es decir, el hábito de siempre hacer más que solo aquello por lo que te pagan. La gente exitosa excede las expectativas, siempre hace más de lo que se espera de ella. La única variante de la ecuación de la compensación y la reciprocidad que puedes controlar es la cantidad que aportes. Esto se debe a la ley de la siembra y la cosecha. Si aprovechas todas las oportunidades para ayudar a otros, tarde o temprano los otros te darán toda la ayuda que requieras.

> La gente exitosa excede las expectativas,
> siempre hace más de lo que se espera de ella.

Hay otras dos leyes cósmicas que debes considerar cuando ponderes a gente, grupos y organizaciones cuya cooperación puedas requerir: la *ley del servicio* y la *ley de la remuneración*. Insisto, estas leyes son subsidiarias de la ley de la causa y efecto, de la ley de la siembra y la cosecha. La ley del servicio dice que tus recompensas en la vida siempre serán equivalentes al valor del servicio que les prestes a otros. La ley de la remuneración dice que siempre se te retribuirá en la misma medida que hayas aportado. Si aportas trabajo duro, buena disposición y honestidad, recibirás en retribución riqueza, premios y el respeto de las otras personas. Si deseas incrementar la cantidad y la calidad de tus remuneraciones, aumenta la cantidad y la calidad de tu servicio.

Después de toda una vida de investigación sobre el éxito, Napoleon Hill llegó a la conclusión de que la base de todos los grandes logros era el principio del esfuerzo organizado o lo que él llamaba *mastermind*: gente trabajando en conjunto y en pos de metas acordadas de manera colectiva. La disposición a cooperar con otros y la capacidad de hacerlo de manera eficaz para ayudarles a lograr sus objetivos y que ellos te ayuden a lograr los tuyos es parte imprescindible del éxito.

DÉCIMO PASO: HAZ UN PLAN

El décimo paso es simplemente *hacer un plan*. Si escribes en detalle lo que quieres, cuándo lo quieres, a partir de dónde estás empezando, los obstáculos que tienes que superar, la información que requieres y la gente cuya ayuda necesitarás, tendrás todos los ingredientes para un increíble plan maestro que te permitirá lograr tu meta.

Un plan es solo una lista de actividades organizadas por tiempo y prioridades. Una lista clasificada con base en el tiempo, empieza con la primera cosa que tendrás que hacer y termina con la última cosa que deberás realizar para lograr tu meta. Puedes trabajar en muchas actividades al mismo tiempo y algunas incluso tendrás que hacerlas de manera continua, desde el principio hasta el final.

> Un plan es solo una lista de actividades organizadas por tiempo y prioridades.

Un plan organizado por prioridades es una lista de actividades en orden de importancia. ¿Qué es lo más importante que debes hacer? ¿Qué es la segunda cosa más importante? Continúa haciéndote esta pregunta hasta que hayas incluido en la lista todas las actividades con base en su valor respecto a la meta ejecutada.

Hace algunos años el presidente de un conglomerado me ofreció una oportunidad peculiar. Me explicó que se había acercado a él gente de una empresa japonesa que fabricaba automóviles para ofrecerle el derecho de distribución de sus productos en un área extensa. El presidente me preguntó si me gustaría evaluar los vehículos, pensaba que podría hacerme cargo de la asignación, establecer las distribuidoras e importar y distribuir los vehículos.

Enseguida reconocí que se trataba de una oportunidad que me permitiría avanzar rápido, así que acepté sin pensarlo dos veces. El problema era que no tenía la menor idea de por dónde empezar o qué hacer. Corrí a informarme sobre el mercado y, a lo largo de dos meses completos, investigué todo sobre la importación y distribución de automóviles japoneses. Visité todas las distribuidoras que vendían automóviles similares y le pedí ayuda, consejos y asesoría a toda la gente que se me ocurrió. Resulta que, cuatro años antes, a uno de los hombres de negocios con quienes hablé para informarme, lo había contratado una gran empresa para hacer un estudio completo de viabilidad para la importación de automóviles desde Japón. Su estudio no le sirvió para gran cosa, pero todavía tenía todas sus notas, así que le pregunté si me permitiría echarles un vistazo a sus archivos de investigación. Entre los materiales que me mostró, encontré una lista de 45 pasos, era una lista que fue compilada con base en años de experiencia y meses de investigación sobre las 45 cosas que una persona tenía que hacer para establecer una red de distribución e importar y distribuir vehículos japoneses a través de la misma.

Aquel hombre de negocios fue generoso y me proporcionó una copia de su lista. Empecé por la tarea número uno. Durante tres meses traje conmigo la lista noche y día y, pasado ese tiempo, había completado todas las tareas y los primeros vehículos empezaron a bajar rodando de un barco que navegó de Japón a Estados Unidos. Vendimos 25 millones de dólares en vehículos y obtuvimos ganancias por varios millones. Y todo porque encontré esa lista. Este es solo otro ejemplo de lo mucho que puedes lograr si cuentas con un plan lo bastante bueno y una lista bien organizada, sin importar dónde te encuentres al principio.

Una vez que tengas un plan de acción detallado, comienza a trabajar. Prepárate para aceptar que tu plan tendrá fallas y defectos, que no será perfecto la primera vez que lo implementes. Los hombres y mujeres superiores aceptan retroalimentación porque saben que es información importante, y modifican sus planes para adaptarlos a la realidad que van descubriendo.

Continúa mejorando tu plan hasta que hayas eliminado todas las fallas. Cada vez que te topes con una barricada o un obstáculo, vuelve atrás, revisa tu plan y haz las rectificaciones necesarias. Tarde o temprano tendrás un plan que funcione como una máquina bien aceitada. Entre más detallados y organizados sean tus planes, más probable será que logres tus metas a tiempo y justo de la manera que las definiste.

> Continúa mejorando tu plan hasta que hayas eliminado todas las fallas.

UNDÉCIMO PASO: VISUALIZACIÓN

El decimoprimer paso para lograr tus metas es la *visualización*. Diseña una imagen mental clara de cómo se verá tu meta cuando la logres y reproduce esta imagen una y otra vez en la pantalla de tu mente. Cada vez que visualices la meta estarás incrementando tu deseo e intensificando la creencia de que puedes alcanzarla. Como a tu mente subconsciente la activan las imágenes, lo que visualizas es lo que obtienes. Todas las metas que te hayas fijado y los planes que hayas hecho hasta este momento te habrán dado una imagen nítida con la que puedes nutrir de manera sistemática y continua tu subconsciente, esa imagen es como una serie de instrucciones que concentran tus poderes mentales y activan la ley de la atracción.

DUODÉCIMO PASO: NUNCA TE RINDAS

Este, el decimosegundo paso, es el último que tendrás que llevar a cabo para lograr tus metas, consiste en decidir desde el principio que nunca te rendirás. Respalda tus metas y planes con persistencia y determinación, y nunca consideres siquiera la posibilidad de fracasar. Sé cómo un perro *bulldog*, entierra con fuerza tus colmillos en tu objetivo y, pase lo que pase, no lo sueltes. Si te rehúsas a darte por vencido, tarde o temprano tendrás éxito.

LA TÉCNICA DE LA ACCIÓN CONTINUA

Ahora que tienes tus metas definidas y tus planes detallados, y que tomaste la decisión de que nada te detendrá hasta no tener éxito, aplica lo que yo llamo "Técnica TAC" o *Técnica de la acción continua* (CAT, por sus siglas en inglés). Esta estrategia garantizará que te mantengas encarrilado hacia tu meta, se basa en el principio físico del *momentum* o inercia, el cual dice que un cuerpo en movimiento tiende a mantenerse así, a menos de que sobre él actúe una fuerza exterior. Este principio también dice que para lograr que un cuerpo que está en posición de reposo entre en un estado de movimiento hacia delante se requieren varias unidades de energía, pero que solo se requiere de una unidad de energía para mantenerlo avanzando a la misma velocidad. También se le llama principio de la inercia y puedes usarlo en beneficio propio.

Asimismo, el principio de la inercia es aplicable en las dimensiones mental, emocional y espiritual. Esta inercia es el sentimiento de motivación continua y entusiasmo que experimentas a medida que avanzas paso a paso hacia la consecución de una meta o ideal digno. Para alcanzar el éxito, una vez que empieces a moverte, será esencial que mantengas la inercia. Mucha gente se lanza hacia una meta y luego se permite hacer una pausa, el problema es que, cuando te detienes, a veces es tan difícil volver a echar a andar tu proyecto, que al final no lo llevas a cabo.

Para mantener la inercia es necesario que incluyas la técnica de la acción continua (TAC) en tu planeamiento. Primero define las metas y objetivos en términos de las actividades que necesitas realizar para alcanzarlos, y luego sé disciplinado y acostúmbrate a hacer todos los días algo que te acerque a la consecución de tu *propósito definitivo mayor*. Hay un viejo adagio que dice: "No hay ningún éxito como el que le sigue a otro éxito", lo que quiere decir que el hábito del triunfo se desarrolla cuando logras algo, cuando tienes un éxito, aunque sea modesto, pero continúas teniendo éxitos como ese diario.

Comienza cada día revisando tus metas y comprometiéndote a hacer algo, no importa qué, cualquier cosa que te acerque más a ellas. Puede ser algo sencillo o una acción más ambiciosa, pero para mantener la inercia y continuar sintiéndote positivo y motivado, debes realizar todo el tiempo acciones que sean congruentes con lo que esperas lograr.

> Comienza cada día revisando tus metas y comprometiéndote a hacer algo que te acerque más a ellas.

Usa la técnica de la acción continua todos los días hasta que te conviertas en un ser humano capaz de fijarse y alcanzar sus metas en una suerte de movimiento perpetuo. Asegúrate de tener todos los días un logro de algún tipo, de preferencia, temprano por la mañana, eso te permitirá comenzar el día de la manera correcta. Otro elemento esencial para el éxito es el ritmo, que debe ser rápido, es decir, entre más cosas hagas e intentes, y entre más rápido las pongas a prueba, más energía y entusiasmo tendrás, y más objetivos podrás lograr.

A continuación, te daré otro ejercicio de acción. Elige un propósito definitivo mayor y recorre, paso por paso, la metodología de establecimiento de metas que acabo de explicar. Si no tienes aún un propósito definitivo mayor, proponte como propósito definitivo mayor definir uno, y usa la misma metodología. ¿Es posible tener más de un propósito definitivo mayor? ¿Puedes andar en dos bicicletas al mismo tiempo? Por supuesto que no. Tal vez suene complicado, pero un segundo propósito definitivo mayor de ninguna manera es un propósito definitivo mayor.

Para completar este ejercicio, una vez que hayas diseñado un plan detallado para tu propósito definitivo mayor, haz lo mismo para una meta de cada una de las categorías: física, mental, emocional, espiritual, financiera y social. Establecer metas y diseñar planes para lograrlas de manera sistemática te pondrá en la supercarretera que lleva al éxito y, créeme que una vez que estés ahí, no volverás a mirar atrás.

Los puntos más importantes

- Un deseo ardiente por lograr algo puede desencadenar la inercia.
- La clave para lograr tus metas es establecer metas creíbles.
- Escribe tus metas para concretarlas en tu mente.
- Para lograr cualquier cosa que valga la pena necesitarás la ayuda de mucha gente.
- La gente exitosa hace más de lo que se espera de ella.
- Continúa trabajando en tu plan hasta que hayas eliminado todas las fallas.

Capítulo 6

La supraconciencia: el secreto de las eras

Este libro está diseñado como una serie de lecciones en secuencia y cada una va complementando a la anterior. Dado que has leído hasta aquí, podríamos decir que ahora eres una persona más reflexiva que antes, tu habilidad para usar tu mente de manera constructiva deberá haber incrementado de forma dramática. Has aprendido a aplicar ciertas leyes mentales que te ayudarán a obtener más de las cosas que quieres en la vida. Ahora comprendes el papel de tu concepto de ti mismo y la manera en que tus actitudes mentales interiores dan forma a los aspectos exteriores de tu realidad. Has aceptado la responsabilidad completa de la persona que eres y de todo lo que llegas a ser. Ahora también entiendes la importancia de tener metas claras y específicas, y deberías haber realizado ya un plano completo y detallado de lo que quieres hacer, tener y llegar a ser en el siguiente período de entre dos y cinco años. Has empezado a utilizar tus metas y aspiraciones para programar de manera sistemática y continua tu mente subconsciente y lograr que se materialicen más rápido en tu mundo. Te estás volviendo una persona más positiva y optimista, y estás aumentando la confianza que tienes en tu habilidad de cumplir tus metas y objetivos.

Estás listo o lista para aprender el secreto de las eras, un secreto que ha sido encontrado y perdido varias veces a lo largo de la historia, pero que es muy sencillo: *existe un poder y una inteligencia que están a tu disposición y que, si usas de la manera adecuada, te permitirán resolver cualquier problema, superar cualquier obstáculo y lograr cualquier meta que anheles con sinceridad durante el tiempo suficiente y con la fuerza necesaria.* Muchos de los grandes pensadores se han quedado asombrados ante este poder y han escrito al respecto. El poeta y filósofo Ralph Waldo Emerson le llamaba la *superalma* y decía: "Yacemos en el regazo de una inteligencia inmensa que responde a nuestros pensamientos".

Emerson comparó esta inteligencia con un mar y dijo que cuando recibimos sus mensajes reconocemos que provienen de un lugar más allá de nosotros y de nuestra limitada mente. Napoleon Hill le llamaba a este poder la *inteligencia infinita*, decía que era una bodega universal de conocimiento, la fuente de toda la imaginación y la creatividad. Aseguraba que la capacidad de acceder a dicha inteligencia era parte esencial del éxito del que disfrutaban cientos de hombres y mujeres adinerados a los que estudió. Carl Jung, psicólogo y psicoanalista suizo, le llamaba *inconsciente colectivo* y sentía que en su interior se encontraba toda la sabiduría, pasada, presente y futura, de la raza humana. A este poder también se le ha llamado *mente subconsciente universal* o *mente universal*. Mucha gente se refiere a él como la "Mente de Dios" o el subconsciente creativo, pero yo prefiero llamarlo *mente supraconsciente*. No importa cómo decidas referirte a este poder, cuando tengas acceso a él y empieces a usarlo de manera regular, no habrá límite para tus logros.

> La inteligencia infinita es la bodega universal del conocimiento y la fuente de toda la creatividad.

Si no estuvieras familiarizado con ella, te sería difícil explicar la manera en que funciona la mente supraconsciente, pero a lo largo de tu vida la has usado en muchas ocasiones de manera azarosa y desorganizada. De hecho, buena parte de lo que ya lograste es atribuible a tu uso accidental de este poder. Mi propósito aquí es mostrarte cómo aprovecharlo de manera sistemática para aumentar en gran medida la calidad y cantidad de felicidad y prosperidad que están a tu disposición.

La mente supraconsciente es la fuente de toda la creatividad pura. Todo el gran arte clásico, la música y la literatura provienen del supraconsciente. Emerson, cuyos ensayos son considerados de los más hermosos e inspiradores escritos en lengua inglesa, confesó que parecían redactarse por sí solos, que se sentaba en su escritorio y las palabras pasaban a través de él hacia el papel. Mozart empezó a componer música desde pequeño, podía ver y escuchar las melodías en su mente y era capaz de escribirlas a la perfección, nota por nota, desde el primer intento. En la película *Amadeus*, Salieri, un compositor que envidiaba a Mozart, dice: "Escribe la música más hermosa del mundo como si estuviera tomando dictado". Beethoven, Bach, Brahms y Stravinsky tuvieron acceso a esta mente y poder cuando escribieron sus grandes obras musicales. Cada vez que escuchas música, ves una gran pintura o lees literatura que parece eterna y te conmueve de manera profunda, estás experimentado una creación del supraconsciente.

La mente supraconsciente también es responsable de importantes inventos y logros tecnológicos. Thomas Edison aprovechaba su mente supraconsciente con frecuencia para encontrar las soluciones que condujeron a cientos de sus exitosos inventos. Nikola Tesla, quien fue tal vez el genio de la electricidad más importante de su época, logró construir modelos de motores eléctricos en su mente, desensamblarlos, volver a ensamblarlos y repararlos hasta que quedaban perfectos, y todo lo hacía en su cabeza. Luego iba a su taller y construía una máquina nueva o un motor que funcionaba a la perfección desde la primera vez que lo encendía.

La mente supraconsciente también es una fuente de inspiración y motivación, es la emoción que sientes cuando tus planes van muy bien en verdad. Es la fuente de tus corazonadas, tu intuición, la vocecita inmóvil en tu interior y los chispazos de genialidad. Cada vez que has tenido que lidiar con un problema y de repente se te ocurre una idea que resulta ser la solución perfecta, es porque tuviste acceso a tu mente supraconsciente.

Cada vez que has tenido un estallido de creatividad espontánea que te ha proveído una respuesta o una nueva reflexión, e iluminado el desafío con que estás lidiando, ha sido porque tu supraconsciente entró en acción. Cuando tu mente supraconsciente examina un problema o trabaja concentrándose en una meta, tiene acceso a toda la información almacenada en tu subconsciente, a cada fragmento y dato que has asimilado en tu vida.

Cada vez que has tenido un estallido de creatividad espontánea, ha sido porque tu supraconsciente entró en acción.

La mente supraconsciente también puede diferenciar entre información válida e información inválida. Todas las personas tienen almacenado en su banco de memoria subconsciente una cantidad enorme de información que, sencillamente, es incorrecta o falsa. Una parte de esa información es relevante y otra no, pero en todos los casos, la mente supraconsciente solo usa la que es cierta y precisa. Por eso te puede proveer respuestas y soluciones adecuadas y perfectas para tu situación. A veces tienes una idea que parece inconsistente con lo que crees que es verdad, pero luego resulta que tu conocimiento era incompleto o que se basaba en información falsa. En este caso, la idea o solución que parece ser contradictoria terminará siendo la correcta.

La mente supraconsciente ha tenido acceso a conocimiento e información que van más allá de tu experiencia personal. Esto se debe a que está fuera de tu cerebro, fuera de las mentes consciente e inconsciente de los individuos. En una ocasión, el británico Michael Faraday, quien nunca recibió educación formal en ciencias, despertó a medianoche y se dio cuenta de que su cerebro estaba realizando cálculos científicos. Escribió varias páginas de fórmulas matemáticas y cálculos que parecían flotar en su interior como un río de energía. Cuando terminó de escribir se volvió a quedar dormido, estaba exhausto. Después les mostró esas anotaciones a algunos de los científicos más connotados de Inglaterra, quienes determinaron que había producido conocimiento que no existía hasta entonces. El trabajo de Faraday fue la base para el desarrollo del tubo de alto vacío o tubo de rayos catódicos, y de la era electrónica en que vivimos en la actualidad. Todo fue producto de la mente subconsciente.

> La mente supraconsciente ha tenido acceso a conocimiento e información que van más allá de tu experiencia personal.

Es como si nos rodeara una mente universal que contiene toda la inteligencia, ideas y conocimiento que han existido o existirán. Con frecuencia, distintas personas en diversas partes del mundo tienen la misma idea al mismo tiempo. Uno de los graduados de nuestros seminarios trabajó con un equipo en el Consejo de Investigación de Energía Atómica de Canadá para desarrollar un artefacto para medir brotes de rayos gama. Les tomó dos años perfeccionar el aparato, pero la clave para lograrlo fue una idea que tuvo el graduado mientras trabajaba en el proyecto. Algunos meses después, en un simposio internacional en el que participaron científicos de la Unión Soviética y todos compartieron sus investigaciones, se descubrió que un científico soviético tuvo la misma idea casi al mismo tiempo, y que, gracias a ella, los soviéticos desarrollaron un aparato casi idéntico. Como ambos proyectos permanecieron en secreto antes de ser presentados al público, no había manera de que la información hubiese sido compartida por otro medio que no fuera la mente supraconsciente.

Cuando empieces a usar tus habilidades supraconscientes de forma sistemática, tendrás ideas que parecerán ajenas a los conocimientos y la experiencia que poseas en ese momento. Tal vez ya te ha sucedido que se te ocurre una buena idea para crear un nuevo producto o servicio, pero la descartas porque forma parte de un campo en el que no tienes experiencia, y luego, un par de años después, te enteras de que una empresa lanza el mismo producto o servicio y hace una fortuna con él. La diferencia entre la persona que tuvo la idea y la ignoró, y la que la tuvo y se puso a trabajar en ella, es que esta última tuvo un nivel más elevado de confianza en sí misma y en su capacidad para concretar lo que imaginó.

A menudo ignoras tus propias ideas porque das por sentado que no son muy valiosas, esta actitud es resultado de un condicionamiento que se formó en tu infancia. Sin embargo, en cuanto empieces a aceptar y asumir tus poderes creativos y tus habilidades supraconscientes, te sorprenderá ver las ideas que se te ocurrirán. Y, esta vez, ¡seguro harás algo al respecto!

Tu mente supraconsciente funciona en un nivel inconsciente 24 horas al día, los 365 días del año. En cuanto programas una meta o un problema en tu mente subconsciente y lo liberas, este es transferido a tu computadora supraconsciente, la cual se pone a trabajar de inmediato. Luego puedes seguir con tu vida diaria, sabiendo que tus energías consciente y subconsciente están enfocadas en el problema programado, mientras que tu mente supraconsciente se encuentra ocupada calculando y preparando todo para ofrecerte la respuesta que necesitas. Primero, la mente consciente identifica, analiza, decide y ordena; luego, la mente subconsciente almacena y recupera información, y obedece las órdenes de la mente consciente. La mente supraconsciente funciona en el exterior, más allá de las mentes consciente y subconsciente, pero el acceso a ella es posible a través de las dos primeras.

> Tu mente supraconsciente funciona en un nivel inconsciente 24 horas al día, los 365 días del año.

ACTIVA EL SUPRACONSCIENTE

Tu mente supraconsciente es capaz de generar motivación hacia tus metas, es la fuente del entusiasmo y emoción que sientes cuando empiezas a fijarte y lograr objetivos. Para generar esta motivación, sin embargo, la mente supraconsciente requiere de metas claras y específicas con las que te hayas comprometido de forma total. Una vez que tenga la información, liberará ideas y energía para que cumplas tus propósitos. Tu mente supraconsciente es una fuente de energía libre, es la energía mental y física a la que tienes acceso en períodos de gran emoción, deseo intenso o, incluso, peligro extremo. Cuando te esfuerzas por lograr algo que te importa mucho, a menudo experimentas un flujo inagotable de energía que te permite trabajar día y noche sin dormir gran cosa. A este flujo se le suele llamar "energía nerviosa" a pesar de que los nervios no cuentan con energía propia.

¿Alguna vez te ha sucedido que te despiertas por la noche debido a una emergencia y te das cuenta de que estás perfectamente despierto y alerta, y que puedes funcionar con eficacia a pesar de que apenas poco antes estabas muy cansado y dormías? Este es un ejemplo de lo que sucede cuando usas la energía libre del supraconsciente.

Cuando te sintonices por completo con tu mente supraconsciente notarás que cuentas con un flujo continuo de salud, energía y fortaleza que te permite producir, en unas cuantas horas, más de lo que muchos producen en una semana. Empezarás a entrar de manera regular en un estado de *flujo*, en el que te parecerá que el mundo desacelera mientras tu mente funciona con más agilidad. En ese tiempo tendrás la capacidad de producir enormes cantidades de trabajo casi sin esfuerzo y percibirás una maravillosa sensación de bienestar. Tu mente brillará y producirá un flujo constante de ideas que te parecerá que se ponen a tu disposición justo cuando las necesitas.

La mente supraconsciente responde mejor cuando recibe afirmaciones positivas u órdenes claras y autoritarias. Cada vez que afirmas una meta o un deseo y lo pasas de tu mente consciente al subconsciente, activas la mente supraconsciente para que libere las ideas y energía que necesitas para hacer realidad tu deseo. Por eso, uno de los rasgos más importantes de los hombres y mujeres exitosos es la firmeza, la resolución. Cuando dejes de titubear y tomes una decisión clara e inequívoca, cuando decidas que harás algo sin importar lo que cueste, de repente todo empezará a operar a tu favor. Cuando digas cosas como: "Me agrado a mí mismo", "Puedo hacerlo", "Peso tal cantidad de kilos" o "Gano tal cantidad de dólares al año", estarás encendiendo el interruptor maestro de todos tus poderes mentales. Cuando hagas todo esto, te asombrarás a ti mismo y a los demás todo el tiempo.

Una de las principales razones por las que la gente no alcanza su máximo potencial es porque no es seria, porque se niega a tomar las decisiones que debe tomar si lo que desea es que su vida cambie para bien.

Te asombraría ver cuán eficaz podrías ser si tomaras decisiones firmes y quemaras todos los puentes que tienes detrás. Termina ya con esos pensamientos sobre rendirte, dar marcha atrás o dedicarte a otra cosa, solo decide que harás lo que sea necesario para alcanzar tu meta y que nada te detendrá. Si lo haces, incluso un objetivo modesto puede transformarse en una extraordinaria herramienta de logro. Tu mente supraconsciente resolverá de manera automática y continua todos los inconvenientes que se presenten en el camino, siempre y cuando tu meta sea clara. Si tu objetivo es ganar mucho dinero y tienes certeza absoluta sobre la cantidad que deseas ganar y ahorrar, tarde o temprano lo lograrás.

La historia de la raza humana se ha escrito con base en las historias de vida de hombres y mujeres que se fijaron metas ambiciosas y emocionantes, y que persistieron, a veces durante muchos años, con un espíritu indómito hasta que las lograron. Peter Drucker, autor de *El ejecutivo eficaz*, dice que siempre que llegues a un lugar en donde en verdad estén pasando las cosas, será porque ahí hay un monomaníaco con una misión en la vida. Siempre que notes un gran logro, descubrirás que detrás hay un individuo con claridad absoluta sobre lo que quiere y dispuesto a hacer lo necesario durante todo el tiempo que se requiera.

> Los grandes logros son producto de individuos con claridad absoluta sobre lo que quieren lograr y dispuestos a hacer lo que sea necesario.

Tu misión consiste en mantener la mirada fija en el balón, en concentrar tu mente en tu objetivo. Cuando hagas esto, tu mente supraconsciente empezará a resolver, de manera automática y continua, todos los contratiempos que se presenten en tu camino a la meta. La Biblia dice: "No os afanéis por el día de mañana, el día de mañana su propio afán traerá. Que los problemas de hoy os basten para este día" (Mateo, 6:34). De cierta manera, esto significa que puedes confiar de manera absoluta en que el poder supraconsciente te funcionará en el momento que lo necesites, no antes.

Tu mente supraconsciente funciona mejor en un clima mental de fe y aceptación, de expectativas positivas y confianza. Creer con fe ciega que tus problemas se resolverán, que los obstáculos serán eliminados y que lograrás tus metas intensifica el índice de vibraciones de tu pensamiento y hace que tu supraconsciente funcione a su máxima capacidad. Aunque al principio es difícil operar así, verás que solo cuando te relajes por completo respecto al resultado de cualquier situación, esta empezará a resolverse sola y, a menudo, de la manera que menos lo esperas. El resultado, sin embargo, siempre será todo lo que pudiste pedir y, a veces, mucho más. Entre más te esfuerces en *no* esforzarte, entre más practiques la habilidad de dejar pasar las cosas sin inquietarte demasiado, más poder del supraconsciente se pondrá a tu disposición.

Todos los hombres y mujeres excelentes han sido gente de fe, personas que fueron capaces de confiarle su vida y su futuro a la bondad del universo de una manera casi infantil, teniendo fe en que todo se desarrollaría como debería y en el momento adecuado. El resto de la gente, en cambio, suele ser impaciente y exigente. La irritación de estas personas genera emociones negativas que hacen que la mente supraconsciente se cierre y les limite el acceso a sus poderes.

LAS EXPERIENCIAS QUE NECESITAS

La mente supraconsciente te permite vivir las experiencias que requieres para tener éxito. Como no es posible lograr en el exterior algo para lo que no estés preparado desde el interior, cada vez que te fijes una meta tendrás que aprender, crecer y cambiar para estar listo para lograrla. La única forma en que los humanos aprendemos es a través de la experiencia y, en general, de experiencias difíciles y desafiantes. Por esta razón, la mente supraconsciente te enseñará las lecciones que necesitarás aprender para que, cuando por fin llegues a tu destino final, casi te parezca un anticlímax. Para ese momento habrás desarrollado el equivalente mental de la realidad externa correspondiente que deseas.

Este punto es muy importante, si alcanzas cualquier nivel de logro sin estar preparado en el aspecto mental, no serás capaz de permanecer ahí o mantenerlo. Si de repente ganas mucho dinero, pero el concepto que tienes de ti mismo no es equivalente a la experiencia, de manera subconsciente empezarás a tener comportamientos que harán que te deshagas de ese dinero. Por eso dicen: "Fácil vino, fácil se fue". En cambio, si trabajas con paciencia y de forma gradual, creciendo como persona al mismo tiempo que tu productividad aumente, cuando por fin llegues a la posición que deseas estarás listo o lista para permanecer ahí de forma indefinida. Echa un vistazo atrás y piensa en el pasado, verás que a casi todo lo que lograste le antecedieron dificultades, desilusiones y fracasos temporales. A menudo tuviste que dar un paseo en la montaña rusa del miedo, la ansiedad y la preocupación, pero cuando miras atrás, te das cuenta de que esas experiencias, en apariencia negativas, fueron esenciales para lograr tu meta final y llevarte adonde te encuentras ahora.

> Si alcanzas cualquier nivel de logro sin estar preparado en el aspecto mental, no serás capaz de permanecer ahí o mantenerlo.

Tu mente supraconsciente establece una serie de trabas o experiencias de aprendizaje con el objetivo de entrenarte para que seas capaz de ganar a final de cuentas. Tu mente supraconsciente también es muy paciente, si no aprendes la lección, ya sea sobre las relaciones, los negocios, el dinero o la salud, te enviará de vuelta, una y otra vez, a esa parte de la carrera donde estaba el obstáculo y a las experiencias de aprendizaje hasta que por fin aprendas lo que tienes que aprender. Solo en ese momento obtendrás permiso para continuar a la siguiente etapa de tu desarrollo.

Napoleon Hill descubrió que casi todos los hombres adinerados a los que entrevistó lograron su mayor éxito solo un paso después de lo que pareció ser su más grande fracaso. Cuando todo en el exterior parecía indicarles que había llegado el momento de darse por vencidos, era porque estaban a muy poco de llegar a la meta. Es como si la mente supraconsciente te impusiera una última prueba antes de llegar a tu destino. Cuando estés atravesando las experiencias de aprendizaje más difíciles, deberás usar tu habilidad para controlar tu mente, deberás tener fe y recordar que las dificultades solo son parte del proceso que, de manera inevitable, te llevará a la consecución de tu objetivo.

Los hombres y las mujeres exitosos nunca usan la palabra *fracaso*, solo ven cualquier derrota temporal o contratiempo como otra manera de aprender a triunfar. En el centro de cada obstáculo o desilusión, estas personas encuentran la semilla de un beneficio de iguales dimensiones o incluso mayores. Aprenden de cada una de sus experiencias, pero, sobre todo, mantienen su mente en calma, positiva y enfocada en su objetivo. Por todo esto trata, como ellos, de mantener una actitud positiva y todas tus habilidades supraconscientes encendidas.

LA SINCRONICIDAD Y LA SERENDIPIA

En la experiencia humana existe un fenómeno llamado *sincronicidad*. La sincronicidad se presenta cuando dos sucesos al parecer no relacionados se presentan al mismo tiempo y, por coincidencia, ambos te ayudan a avanzar hacia tus metas. Un día en la mañana, antes de ir al trabajo, podrías, por ejemplo, pensar en tomar vacaciones e ir a Hawái. Más tarde, ese mismo día, recibes una oferta para viajar a Hawái a un precio reducido. O quizás el fin de semana decidas que necesitas ganar más dinero y el lunes tu jefe te ofrece un ascenso con más responsabilidades, pero también un mejor salario. El único vínculo entre estos sucesos simultáneos es el significado que tu mente y tu meta les imponen. Se trata de otra forma de actividad supraconsciente. Otra palabra que a menudo se usa para describir este tipo de coincidencia es *serendipia*. Serendipia es el hecho de hacer descubrimientos gratos.

Todas las personas que experimentan la serendipia parecen tener algo en común: están buscando algo de manera activa. Parecen tener metas claras y las cosas increíbles que encuentran se relacionan con algo que quieren lograr. Después de empezar a usar su mente supraconsciente, la gente con frecuencia me dice: "No va a creer lo que me sucedió". He escuchado esta frase cientos y cientos de veces.

Hay otras personas que, cuando experimentan la serendipia, suelen descartar los sucesos como coincidencias inexplicables, les llaman suerte o accidente. Sin embargo, vivimos en un universo gobernado por leyes: nada sucede al azar. Todo lo que pasa es resultado de leyes y principios definitivos, incluso si cuando se presentan no podemos identificarlos con claridad.

Tu mente supraconsciente opera mejor bajo dos condiciones: (1) cuando se concentra al 100% en la dificultad o meta y, (2) cuando tu mente consciente está concentrada en otra cosa. Pon a prueba ambos métodos para resolver problemas.

EL PROCESO DE LOS CINCO PASOS

Este sencillo proceso tiene cinco pasos y sirve para que todos los poderes de tu mente consciente se enfoquen en una sola dificultad.

1. Define con claridad el problema o meta, de preferencia por escrito.
2. Reúne toda la información que puedas. Lee, investiga, haz preguntas y busca de manera activa la respuesta que necesitas.
3. Trata de resolver de forma consciente la dificultad revisando toda la información que reuniste.

4. Si aún no has podido resolver el asunto de manera consciente, transmíteselo a tu supraconsciente. Solo libéralo con confianza, de la misma manera que soltarías un globo de helio para que se vaya volando.
5. Ocupa tu mente en algo más.

Toma cualquier dificultad con la que estés batallando en este momento y pon a prueba este método, los resultados podrían sorprenderte. Tu mente supraconsciente te dará la respuesta perfecta para ti en el momento idóneo. Cuando la respuesta llegue, deberás actuar de inmediato con esta información porque es material con fecha de caducidad. Si sientes la urgencia de llamarle por teléfono a alguien o hacer algo específico y te parece que es lo correcto, actúa y sigue tus instintos. Casi siempre será el curso de acción correcto. Si estás teniendo problemas con alguien y de pronto te llega una idea clara de lo que deberías hacer o decir, obedece tu corazonada y hazlo, incluso si esto implica algún tipo de confrontación o momento incómodo. De acuerdo con mi experiencia, el resultado siempre será igual o mejor a lo que esperabas.

LA LEY DE LA ACTIVIDAD SUPRACONSCIENTE

Esto nos lleva a la ley más importante que presentaré aquí. Se llama *ley de la actividad supraconsciente*. Esta ley dice que la mente supraconsciente deberá materializar cualquier pensamiento, meta, plan o idea que se mantenga de manera continua en la mente consciente, sea positivo o negativo. Como ya lo mencioné, tú creas tu propio mundo con la calidad, cantidad e intensidad emocional de las ideas que permites que dominen tu pensamiento. Si sacas de tu mente las cosas que temes y conservas las que deseas, con el tiempo tus metas se materializarán y se convertirán en tu realidad.

> La mente supraconsciente deberá materializar cualquier pensamiento, meta, plan o idea que se mantenga de manera continua en la mente consciente.

Al igual que todas las otras, esta ley es neutral y aplicable a toda persona. Es la manifestación más elevada del principio de la causa y efecto. Si usas este poder para bien, a tu vida solo llegará el bien, pero si la usas de manera negativa, atraerá enfermedad, infelicidad y dificultades económicas. Tú eres quien decide, tú tienes libertad de elegir el tipo de mundo en que quieres vivir, recuerda que te conviertes en lo que piensas. Una vida exitosa solo es una serie de días, horas y minutos en los que piensas y hablas de tus metas y deseos, de tu salud, tu felicidad y tu prosperidad, un tiempo en que te niegas a concentrarte en lo que no deseas.

Hay varias maneras de estimular la actividad supraconsciente, pero la más predecible y confiable consiste en pensar todo el tiempo en lo que quieres. Esto permitirá que tu mente se mantenga positiva y que las energías supraconscientes fluyan a través de ti bajo la forma de ideas y motivación, y se dirijan a su consecución.

La segunda manera más poderosa de estimular al supraconsciente es a través de la soledad, es decir, quedándose en silencio. Siempre que leo las biografías de grandes hombres y mujeres, descubro que, casi sin falla, empiezan a volverse grandes cuando toman algún tiempo para estar a solas consigo mismos. La soledad es un maravilloso tónico que le imbuye equilibrio y claridad al pensamiento, la soledad te ofrece una oportunidad de reflexionar sobre quién eres y lo que te importa. Y, sobre todo, la soledad ofrece el medio mental de la calma y la serenidad que permite que las soluciones supraconscientes salten a tu mente completas y desarrolladas en detalle.

Si nunca has practicado la soledad, solo siéntate durante una hora completa en un lugar en absoluto silencio y sin moverte. No bebas café, no tomes notas, no fumes, no escuches música ni hagas nada, solo siéntate inmóvil una hora. Si nunca has intentado esto, te resultará muy difícil. Los primeros 20 o 30 minutos sentirás la irresistible necesidad de levantarte y caminar, pero si tienes la autodisciplina suficiente para sentarte sin moverte 30 minutos, algo maravilloso sucederá. En casi todos los casos te empezarás a sentir calmado, relajado y en paz contigo mismo y con el mundo. Tu mente se desacelerará y relajará, y tú sentirás que un flujo de energía proveniente de todas direcciones entra a tu cuerpo. Te sentirás feliz y comprenderás que constituyes una unidad con el mundo, te dará gusto haberte dado ese tiempo y reconocerás que es una valiosa inversión que debes hacer para tu desarrollo personal interno.

Visualizar tu objetivo o meta como si ya se hubiese materializado es otra manera de desencadenar la actividad supraconsciente. Muchas personas han descubierto que la ensoñación o relajarse en la banca de un parque desencadena la actividad supraconsciente. Asimismo, escuchar música clásica, solo o en compañía de la gente con que disfrutas estar, a menudo hará que se te ocurran ideas maravillosas. Tal vez una de las maneras más disfrutables de encender tus poderes supraconscientes es saliendo a dar un paseo o a comulgar con la naturaleza. Los sonidos del mar en la playa parecen tener un impacto muy fuerte en el supraconsciente. La relajación profunda o meditación también es muy útil para estimular tu mente supraconsciente.

En esta vida tan acelerada que llevamos, el mayor peligro para quien desea desarrollar todo su potencial es la tendencia a descartar las ideas que se le ocurren porque se encuentra demasiado ocupado u ocupada. Sin embargo, una buena idea o reflexión supraconsciente podría ahorrarte meses o incluso años de trabajo arduo. Si estás demasiado ocupado para detenerte, es justo en ese momento que necesitas parar con más urgencia.

LA SOLUCIÓN SUPRACONSCIENTE

Una solución supraconsciente vendrá a ti a partir de una de tres fuentes. La primera y más frecuente es la intuición: la vocecita inmóvil en tu interior. A veces, la vocecita interna te gritará con tanta fuerza que sabrás que lo que te dice es justo lo que debes hacer. El mejor consejo que yo podría darte es que siempre confíes en tu intuición, nunca vayas en su contra porque tu intuición es tu línea directa a la mente supraconsciente y a la inteligencia infinita. Los hombres y mujeres pueden llegar a ser grandiosos en la medida en que escuchen a su intuición y confíen en ella.

La segunda fuente de soluciones supraconscientes son los encuentros con otras personas o con fuentes de información. En cuanto tengas una meta clara o un problema específico que resolver para alcanzarla, empezarás a conocer gente que podría ayudarte. Te toparás con libros, revistas y artículos que contienen los datos precisos que necesitas.

Empieza cada mañana diciendo: "Creo que hoy me sucederá algo maravilloso". Si sales a la calle y andas por ahí con la idea de que algo maravilloso te sucederá, conocerás a gente y encontrarás información que harán que tu expectativa se vuelva una profecía autocumplida.

La tercera fuente de soluciones supraconscientes son los sucesos impredecibles. Peter Drucker dice que las principales fuentes de innovación en los negocios son los éxitos y los fracasos inesperados. A menudo se trata del suceso no anticipado que contiene en sí la solución supraconsciente que buscas.

El suceso inesperado suele presentarse como una desventaja importante o un fracaso. Sir Alexander Fleming estaba efectuando ciertos experimentos en su laboratorio de Londres y, un día, un hongo cayó en sus cajas de Petri y arruinó su experimento. Estaba a punto de tirar a la basura el medio de cultivo para empezar de nuevo, cuando notó que el hongo había matado a las bacterias en las cajas. Empezó a estudiar el hongo, descubrió la penicilina y así ganó el premio Nobel de Medicina y salvó la vida de millones de hombres y mujeres durante la Segunda Guerra Mundial.

El autor motivacional Norman Vincent Peale dice: "Siempre que Dios quiere enviarte un regalo, lo envuelve en un problema o dificultad. Entre más grande sea el problema, más grande será el regalo en potencia". La pregunta que separa a los ganadores de los perdedores es: ¿cómo piensas responder a esta situación? El ser humano ganador siempre busca, en incluso la situación más complicada, el bien que podría contener.

CARACTERÍSTICAS DE LA SOLUCIÓN SUPRACONSCIENTE

¿Cómo diferenciar una solución supraconsciente de una solución que podría provenir de las mentes consciente o subconsciente? Te lo diré. La solución supraconsciente tiene tres características.

1. Cuando llega está completa al 100% y se hace cargo de todos los aspectos del problema. Siempre se encuentra entre los recursos y capacidades con que cuentas en ese momento. Siempre es sencilla y fácil de implementar.
2. Parece un destello cegador de lo obvio. Se ve tan simple y evidente que a menudo te hace tener un momento "¡Ajá!" o una reacción tipo "¡Eureka!". Te preguntas por qué no pensaste en ello antes, y tal vez fue porque no estabas listo o porque el momento no era idóneo.
3. Una solución supraconsciente siempre viene acompañada de un estallido de alegría y energía, de una sensación de júbilo que te inspira a actuar de inmediato. Si una solución supraconsciente te llega en la madrugada, no podrás dormir hasta que no te levantes y la escribas o hagas algo al respecto.

> Una solución supraconsciente siempre viene acompañada de un estallido de alegría y energía.

Hay una famosa historia sobre el científico griego Arquímedes. Un día estaba tomando un baño y de pronto le llegó la solución supraconsciente que le permitió determinar la cantidad de oro que contenía la corona del rey. Se emocionó tanto que corrió por las calles desnudo gritando: "¡Eureka, eureka!", palabra griega que significa: "¡Lo encontré, lo encontré!". Cuando la solución supraconsciente llega a ti, incluso después de un largo período de trabajo físico y mental, sentirás el mismo gozo y entusiasmo que Arquímedes y querrás apresurarte y poner la solución en acción.

Esta maravillosa ley que combina todos los poderes de la mente humana dice que la mente supraconsciente deberá materializar cualquier pensamiento, meta, plan o idea que se mantenga de manera continua en la mente consciente, sea positivo o negativo. Cuando tengas metas claramente definidas y planes detallados respaldados por una actitud mental positiva e imperturbable y una confiada expectativa de éxito, activarás tu mente supraconsciente para que te dé todo lo que siempre quisiste en la vida.

UN EJERCICIO PARA ENTRAR EN ACCIÓN

Realiza el siguiente ejercicio. Programa una hora de soledad en la que irás a algún lugar donde te puedas sentar y permanecer 60 minutos sin moverte. Es decir, programa una cita de una hora contigo mismo. Disciplínate para hacerlo lo antes posible. En ese período de silencio tendrás ideas y reflexiones que te lanzarán de lleno hacia tu meta y que podrían ahorrarte mucho tiempo y dinero.

Decide sintonizarte con tu mente supraconsciente de forma continua y confiar en ella, escuchar sus respuestas con una expectativa apacible y positiva. Tu supraconsciente te guiará y dirigirá para que hagas y digas las cosas correctas en toda situación.

A partir de ese momento empezarás a avanzar muy rápido. Asegúrate de que todo lo que digas y hagas sea congruente con lo que deseas y con el lugar adonde quieres ir. En muy poco tiempo tu vida empezará a despegar y te encontrarás en la súper carretera al éxito y la felicidad. Atrévete. Buena suerte.

Los puntos más importantes

- Tienes a tu disposición un poder y una inteligencia que te permitirán lograr cualquier meta: la mente supraconsciente.
- La mente supraconsciente responde mejor a las órdenes claras y autoritarias, o a las afirmaciones positivas.
- La fe, la aceptación y esperar algo con confianza permiten que tu supraconsciente funcione de la mejor forma posible.
- La búsqueda activa desencadena la sincronicidad.
- Pasar tiempo en soledad es una excelente manera de activar el supraconsciente.

Capítulo 7

La administración del tiempo

La administración del tiempo es una de las habilidades más importantes que debes aprender para lograr todo de lo que eres capaz. La administración del tiempo es, en realidad, la administración de tu vida, es una capacidad tan esencial, que todo lo demás gira alrededor de ella. La calidad de tu administración del tiempo determina la calidad de tu vida, ninguna otra habilidad puede recompensarte tanto con beneficios, felicidad, aumento en tu eficiencia y el placer de saber que puedes lograr tus objetivos.

La administración del tiempo es una habilidad, es como saber mecanografiar o andar en bicicleta, es algo que puedes aprender con la práctica y la repetición. Puedes usar la administración del tiempo como una herramienta para tener una vida maravillosa y una carrera admirable, la puedes ver como un vehículo, como un autobús que te llevará de dondequiera que te encuentres adondequiera que desees llegar. Todos los hombres y mujeres exitosos son expertos en la administración del tiempo, de hecho, entre más subas en el escalafón del éxito, más probable será que te vuelvas muy hábil para organizar y aprovechar tu tiempo de la manera más efectiva posible.

> Todos los hombres y mujeres exitosos
> son expertos en la administración del tiempo.

La administración del tiempo es la prueba externa de la autodisciplina, es decir, es todo acto que fortalezca tu carácter y aumente tu capacidad de alcanzar las metas que te importan. Y, de manera inversa, todo incidente de pereza socavará tu eficacia, disminuirá tu autoestima e interferirá con tu capacidad de lograr objetivos.

Una de las cualidades de los hombres y las mujeres más exitosos de Estados Unidos es su intensa inclinación a los resultados. La calidad y la cantidad de los resultados que obtengas para ti mismo y para otros determinarán tus recompensas, tanto las tangibles como las intangibles. Todo lo que hagas para incrementar tu capacidad de lograr resultados de calidad también aumentará la probabilidad de que te vuelvas rico a lo largo de tu carrera.

> La calidad y la cantidad de los resultados que obtengas
> determinarán tus recompensas.

Algunas personas dicen que no tienen tiempo para todas las cosas que necesitan hacer para tener éxito, pero eso es una tontería. Tú y yo tenemos todo el tiempo que hay: 24 horas al día, siete días a la semana y 365 días al año. La pregunta es: ¿cómo vamos a aprovechar este recurso? ¿Cómo nos organizaremos para invertir la mayor cantidad de tiempo posible en nuestras actividades que más lo ameritan? La capacidad de organizar tu tiempo y usarlo de manera eficaz determinará casi todo lo que logres.

El tiempo es inelástico e inflexible, no puedes alargarlo. El tiempo con que cuentas es todo lo que hay, no puedes conseguir más. Y, sin embargo, es el ingrediente indispensable del triunfo. Ningún logro es posible sin invertir tiempo, pero el tiempo es irremplazable, en especial en las relaciones, no hay nada que pueda sustituirlo, ni con dinero, ni con esfuerzo, ni con conocimiento y ni siquiera con habilidades. Necesitas tiempo para todo lo que quieres hacer, tener o llegar a ser.

Por último, el tiempo es un recurso perecedero, no puedes guardarlo, preservarlo ni almacenarlo. Una vez que se va, se va para siempre. Es como una habitación de hotel, si no se renta una noche, no se puede guardar para otra ocasión. Entre más serio seas respecto a tu tiempo como una expresión de ti mismo y de tu vida, más probable será que te vuelvas un experto en su administración.

La buena administración del tiempo te permite desarrollar tu juicio, tu capacidad de previsión, la posibilidad de depender de ti mismo y tu valentía, en especial aquella que se requiere para tomar decisiones difíciles ante situaciones que parecen ser igual de urgentes. Todas estas, a su vez, son cualidades esenciales de un líder, son habilidades que necesitas para cerciorarte de que la gente lleve a cabo las tareas, y eso te incluye a ti y a tus colaboradores.

Utilizar bien tu tiempo te permite trabajar de una forma más inteligente, no solo con más vigor. Es probable que sepas que mucha gente que fracasa trabaja con más ahínco y más horas que otros que tienen éxito, sin embargo, produce menos y, por lo tanto, le pagan menos. Su habilidad para administrar el tiempo es nula y eso la obliga a terminar enfocándose en tareas de menor valor.

La buena administración del tiempo es una fuente de energía y entusiasmo, y te permite tener una actitud mental positiva. La verdadera motivación proviene de ese sentimiento de competencia y dominio en un área. Cuando usas tu tiempo de una forma que te permite producir a tu máxima capacidad, es imposible que no te sientas increíble respecto a ti mismo o ti misma.

La administración del tiempo empieza por definir metas y objetivos claros. La palabra clave es *claridad*. La gente suele perder de vista aquello que se propuso lograr en primer lugar, muchos suelen trabajar de manera frenética para lograr objetivos sobre los que no tienen certeza. Tal vez la peor manera de utilizar el tiempo sea usándolo para hacer algo que no necesita hacerse para empezar.

Ya he hablado sobre la importancia de clarificar tus valores y la declaración de tu misión, y dije que, a partir de ahí, es esencial que escribas tus metas y las organices en orden de prioridad, y que diseñes planes para lograrlas, planes muy detallados. En cuanto tengas un plan nítido de tu vida podrás empezar a organizar cada hora de cada día con la mayor eficiencia posible. Lo único que tienes para vender es tu tiempo. La manera en que planees y lo organices puede tener un impacto más fuerte en tu salud, tu riqueza y tu felicidad, que cualquier otra cosa que hagas.

ORGANÍZATE

Lo primero que debes hacer antes de iniciar cualquier labor productiva es organizarte. La función esencial de una buena administración del tiempo es que te permita planear, organizarte a ti mismo y a tu trabajo, de tal suerte que logres tu máxima productividad. El 3% en la cima de las personas con mejor desempeño son planificadores compulsivos, siempre están escribiendo y reescribiendo sus listas de metas y submetas. Piensan en papel y analizan y evalúan sus planes de manera continua, los ponen al día y los van mejorando a medida que avanzan.

Yo solía preguntarme por qué mucha de la gente exitosa pasaba tanto tiempo planeando, y con el tiempo aprendí que cuando inviertes horas y horas en planear y retrabajar tus planes, estos no solo mejoran, también se vuelven infalibles y son cada vez más creíbles y realizables. Al mismo tiempo, adquieres más confianza en tu capacidad para llevarlos a cabo.

Cuando desglosas la meta más ambiciosa en partes y las organizas en una serie de acciones específicas realizables paso por paso, la meta se vuelve más manejable. Por eso el sabio chino Lao-Tse dijo: "Un viaje de mil leguas empieza con un solo paso". Una vez que hayas determinado cuál es ese primer paso, el segundo lo darás de manera natural, y así sucesivamente.

Además, entre más planees, más profunda será la programación de tu meta en tu subconsciente, es decir, en el lugar donde adquiere un poder motivador propio que te impulsa a avanzar. La recompensa de planear bien es inconmensurable, se calcula que un minuto de planeamiento te ahorra por lo menos cinco minutos en la ejecución. Dicho de otra forma, tu inversión en el planeamiento te da un rendimiento de 500%. Como lo único que puedes vender es tu tiempo, si todas las variantes de la ecuación son equivalentes, entre más productivo y eficiente seas al usarlo, eventualmente podrás cobrar más. ¿Dónde más puedes obtener un rendimiento de 500% invirtiendo tu tiempo y energía?

A veces la gente dice que no tiene tiempo para sentarse a planear, pero el hecho es que, incluso si te fuerzas a hacerlo, será difícil que pases más de algunos minutos al día planeando, y la única manera en que puedes obtener el tiempo que necesitas es organizando con cuidado tus actividades con anticipación. Esta es la esencia de la autodisciplina en la administración del tiempo, es el punto de inicio para triunfar.

Asimismo, la acción sin planeamiento es la causa de todo fracaso. Si miras en retrospectiva y analizas los mayores errores que has cometido en la vida, verás que casi siempre tienen algo en común: es probable que te hayas metido en una situación con prisa y sin pensar las cosas bien. Puede ser que no hayas obtenido suficiente información o que, antes de actuar, no hayas tomado el tiempo necesario para sopesar las ventajas y las desventajas. Quizá no tomaste el tiempo que requerías para planear con minuciosidad y anticipación. Napoleón dijo: "Vístanme despacio que voy de prisa".

En ese análisis retrospectivo también te darás cuenta de que tus éxitos más importantes siempre estuvieron respaldados por un buen plan. Entre más tiempo pasaste pensando sobre las ramificaciones de tus acciones, más eficientes se hicieron esas acciones y más satisfactorio fue el resultado.

> Tus éxitos más importantes
> estuvieron respaldados por un buen plan.

Entre más detallados y completos sean tus planes, más probable es que tengas éxito. En una ocasión, alguien dijo que triunfar requería toneladas de disciplina. Uno de los mejores ejercicios para la autodisciplina consiste en tomarte el tiempo necesario para reflexionar y planear todo lo que vas a hacer antes de empezar. A continuación, te daré cuatro ideas que te ayudarán a controlar tu tiempo y organizarte.

LA LIMPIEZA CUENTA

En primer lugar, la limpieza es esencial para alcanzar niveles altos de productividad. Una de las maneras en que puedes incrementar tu productividad es limpiando y organizando tu espacio de trabajo de manera más efectiva.

Por ahí dicen que, en el cielo, el orden es la primera ley, pero también es la ley más importante en la tierra. Para sentirte relajado y en control, necesitas una sensación de orden porque, cada vez que organizas un aspecto de tu vida o tu trabajo, te invade un sentimiento de placer y satisfacción. Cuando limpias tu escritorio o tu oficina, cuando limpias tu automóvil, organizas tu bolso o portafolios, tu casa o tus armarios, enseguida te sientes como un ser humano más eficiente y te invade una oleada de energía y entusiasmo que te insta a trabajar en la siguiente tarea.

Un ejercicio muy recomendable consiste en pararte de tu escritorio y preguntarte qué tipo de persona trabaja ahí; revisa tu bolso o portafolios y pregúntate qué tipo de persona tendría ese bolso o portafolios; revisa tu automóvil, tu clóset, tu casa y tu patio, y pregúntate qué tipo de persona viviría de esa manera. ¿Qué dice tu entorno de ti como persona? ¿Qué señal les envía a las personas respecto a tu capacidad, eficiencia y eficacia? Observa tu entorno laboral como si lo estuvieras viendo a través de la mirada de una tercera persona, de un testigo objetivo, y pregúntate: ¿confiaría en alguien cuyo entorno de trabajo se viera de esta manera? ¿Le encomendaría una tarea importante? ¿Por qué sí o por qué no? Da un paso atrás y evalúate a ti mismo con honestidad, como si fueras tu jefe o un observador neutral. ¿Qué ves? ¿Cómo podrías mejorar la percepción que otra persona tendría de ti al ver tu espacio de trabajo?

En una serie de entrevistas recientes, 50 de 52 ejecutivos dijeron que no ascenderían de puesto a una persona con una zona de trabajo o escritorio desordenados, incluso si fuera competente y productiva. Dijeron que tampoco le confiarían un puesto de responsabilidad a alguien que no pareciera bien organizado.

Mucha de la gente que trabaja en un entorno desordenado o que tiene un escritorio desorganizado usa su inteligencia para justificarse, dice cosas como: "Sé dónde está todo" o algo gracioso como: "Un escritorio limpio es señal de una mente enferma". Sin embargo, todos los estudios realizados sobre la eficiencia en el lugar de trabajo muestran que estas justificaciones son, en realidad, ejercicios de autoengaño. Las personas que dicen saber dónde está todo usan demasiada de su capacidad mental y de su memoria, de su RAM, solo para recordar dónde pusieron las cosas, y pierden tiempo en eso en lugar de hacer su trabajo.

En general, quienes dicen que trabajan bien en entornos desordenados y llenos de objetos, se equivocan. Si trabajaran durante algún tiempo en un espacio limpio y bien organizado, se sorprenderían al ver cuán más productivos pueden ser. Si tú o alguien que conoces justifica trabajar en un escritorio desordenado, desafíate a ti mismo o a esa persona a trabajar en un escritorio limpio un día completo. Es probable que el resultado demuestre que el orden es mejor sin lugar a dudas. Quita de tu escritorio todo excepto aquello en lo que estés trabajando. De ser necesario, guarda cosas en los cajones o en un gabinete detrás de ti, tira lo que tenga que irse a la basura, guarda los objetos en anaqueles o incluso ponlos en el suelo. Antes de empezar a trabajar, haz lo que sea necesario para convertir tu escritorio en una zona de trabajo libre, limpia, ordenada, y solo deja sobre él una cosa: la tarea más importante que tengas que realizar.

ANTES DE EMPEZAR

La segunda idea para organizarte es continuación de la primera: antes de empezar, ten a la mano todo lo que necesitas. Como un buen cocinero, un artesano o cualquier profesional, reúne todas las herramientas de tu oficio antes de empezar a trabajar. Obtén toda la información que te hará falta, reúne las carpetas necesarias en tu computadora o tu teléfono celular. Pon cerca de ti las plumas, notas Post-it, la calculadora, la regla, el teléfono, los archivos y todo lo demás que requerirás. El objetivo es que, si lo deseas, puedas sentarte y llevar a cabo la tarea completa sin tener que levantarte. Esta misma regla es aplicable si trabajas con un portafolios, ten a tu alcance todo lo que necesitarás.

> Reúne todas las herramientas de tu oficio antes de empezar a trabajar.

La tercera idea para ayudarte a ser organizado consiste en proponerte lidiar con cada hoja de papel (o, en la actualidad, cada correo electrónico) solo una vez. En cuanto lo tomes, decide qué harás con ese documento, y no lo abordes a menos de que estés listo para trabajar en él. Es mejor que lo pongas en una pila de documentos y lo hagas a un lado para trabajar en él de la manera correcta un poco más tarde, que seguir tomándolo una y otra vez sin hacer nada al respecto.

EL SISTEMA TRAF

En su libro *Cómo organizarse*, Stephanie Winston recomienda el sistema TRAF para lidiar con el papeleo. TRAF es el acrónimo en inglés de una serie de acciones específicas: *toss, refer, action, file*. En español, estas actividades serían: arrojar, delegar, proceder, archivar: ADPA. Pero ¿cómo funciona este sistema?

La letra A de "arrojar" nos recuerda que una de las herramientas más útiles para la administración del tiempo es el cesto de la basura. La manera más rápida de ahorrar tiempo y no tener que leer algo es tirándolo al bote de la basura. Esto es aplicable a la correspondencia basura, las suscripciones y catálogos no solicitados, las circulares de ventas y cualquier otra comunicación irrelevante. Deshazte de todos estos anuncios y publicidad que llevan meses en tu oficina. Pregúntate lo siguiente: "Si no leyera esto, ¿habría consecuencias negativas?", y si la respuesta es "no", arrójalo al cesto lo antes posible. Contén tu curiosidad respecto a todo lo que te llega por correo postal o electrónico, esta acción podría, por sí misma, ahorrarte una cantidad inconmensurable de tiempo.

La letra D de "delegar" nos indica que siempre puedes delegar o *referir* las cosas a alguien más. Cuando tomes un documento o abras un correo electrónico, antes de hacer cualquier cosa con él, pregúntate si no debería alguien más hacerse cargo. ¿Hay una persona más calificada para tratar ese asunto? ¿Hay alguien a quien le puedas delegar esa tarea? Si eres un ejecutivo o ejecutiva, y tienes personal a tu cargo, usa la regla del 70%: "¿Hay alguien que pueda hacer este 70% tan bien como yo?". Si la respuesta es "sí", delega la tarea a esa persona. Si quieres tener tiempo suficiente para hacer las pocas tareas que en verdad son más importantes, será necesario que delegues cualquier cosa que alguien más pueda llevar a cabo. Pasa la tarea desde el principio en lugar de analizarla y volver a revisarla varias veces. Te sorprenderá la cantidad de tiempo que puedes ahorrar si solo refieres o delegas una tarea menor.

La tercera letra, P, es de *proceder* y se refiere a los correos electrónicos, cartas, propuestas y otras cosas que debes tratar de manera personal, que no puedes delegar. Abre una carpeta en el escritorio de tu computadora y nómbrala "Proceder". Ten a la mano carpetas como esta y, cuando te topes con algo respecto a lo que necesitas actuar o proceder, guárdalo ahí para trabajar más tarde en ello. De esta manera, habrás tomado al menos una decisión respecto a ese documento y dado un primer paso para resolver el asunto.

La última letra es A, de *archivar*, pero antes de archivar cualquier cosa, ya sea en papel o de manera electrónica, recuerda que el 80% de los documentos archivados no se vuelven a necesitar, usar o ver jamás. Decidir que archivarás algo genera trabajo para alguien más, así que, antes de tomar la decisión de guardar un documento en tus archivos, pregúntate qué pasaría si no pudieras encontrarlo después. ¿Cuáles serían las consecuencias negativas de no volver a tener esa información disponible? Si no hay consecuencias negativas, o son muy pocas, o si pudieras encontrar esa misma información en otro lugar, tira el documento a la basura. Simplifica tu vida siempre que sea posible.

El propósito de este sistema, TRAF en inglés, ADPA en español, es que actúes, de cualquier manera que sea necesaria, respecto a todo documento o correo electrónico que abordes. Haz algo, lo que sea, solo haz algo y avanza por lo menos un paso. Una de las cosas que más tiempo nos hacen perder es leer una y otra vez el mismo documento, dejarlo por ahí y luego tener que volver a él para seguir leyéndolo sin actuar.

Y CUANDO TERMINES...

La cuarta idea para organizarte es que, cuando termines con algo, lo hagas a un lado y completes tus transacciones. Empieza con un espacio de trabajo limpio y termina de la misma manera, verás que hay algo muy satisfactorio respecto a terminar una tarea, y eso implica no dejar nada botado por ahí.

Termina lo que empieces, anima a otros a terminar su trabajo y a guardar sus cosas. Guarda tus cosas y dales un buen ejemplo a tus hijos, a tu personal y a tus compañeros de trabajo. A la mayoría de la gente le cuesta trabajo formarse este hábito, pero es algo que te sirve para toda la vida.

HERRAMIENTAS PARA ADMINISTRAR EL TIEMPO

Además de todo lo que se ha dicho hasta ahora, hay varias herramientas y procedimientos para la administración del tiempo que necesitas usar si deseas alcanzar tu máxima productividad. La primera es algún tipo de sistema de planeamiento que contenga todo lo que necesites planear y organizar en todos los aspectos de tu vida.

Los mejores planeadores te permiten organizar por año, por mes, por semana y por cada día y hora. El primer requisito es que tu planeador sea una lista maestra en la que puedas escribir, conforme se vayan presentando, todas las tareas, metas o acciones que requieras llevar a cabo. Esta lista maestra se convertirá en la columna vertebral de tu sistema, a partir de ella asignarás tareas individuales a distintos meses, semanas y días. Con una lista maestra puedes registrar todas las tareas, obligaciones y responsabilidades, y escribirlas para no tener que preocuparte de recordarlas después.

La segunda parte de tu sistema de planeamiento deberá ser un calendario que te permita desplegar tu tiempo y planear tus actividades con varios meses y semanas de anticipación. El sistema ideal te permitirá transferir entradas individuales de tu lista maestra hacia el mes, semana y día en que planees llevar a cabo las actividades.

La tercera parte del sistema de planeamiento es una lista diaria que, quizás, es la herramienta más importante para administrar el tiempo. Algunas personas le llaman "lista de pendientes". Alan Laken, experto en administración del tiempo, habló con muchísimos ejecutivos eficientes y descubrió que todos usaban este tipo de lista. También descubrió que la gente ineficaz, quienes se sentían abrumados por todas las cosas que tenían que hacer y el poco tiempo que consideraban tener para hacerlas, no solo no usaban listas, también se resistían a la idea de escribir todas sus actividades antes de empezar.

> La lista de pendientes es la herramienta más importante para administrar el tiempo.

Uno de los mitos sobre la administración del tiempo es que estructurarlo y trabajar a partir de una lista limita tu libertad y espontaneidad. En realidad, sucede justo lo contrario, entre más cosas organices y planees, más libertad tendrás y más espontáneo podrás ser en otras áreas.

Escribe en tu lista diaria todas las tareas que tratarás de efectuar a lo largo del día. Mi experiencia me ha demostrado que puedes incrementar tu productividad en un 25% desde el primer día que empieces a utilizar una lista.

Si todavía no trabajas con una lista, debes saber que este sencillo elemento te puede hacer salir del caos, más rápido que cualquier otra herramienta de administración del tiempo. De hecho, siempre que te sientas abrumado por el trabajo, detente y toma el tiempo necesario para hacer una lista de todo lo que tienes que hacer. El simple hecho de organizar tus tareas y responsabilidades te permitirá controlarlas. Y recuerda que el sentimiento de control viene siempre acompañado de una sensación de mayor bienestar y paz interior.

A lo largo del día irán apareciendo nuevas tareas y responsabilidades. Tendrás que devolver llamadas y lidiar con la correspondencia. Acostúmbrate a escribir todas las actividades y pendientes de la lista antes de abordarlos. A menudo, cuando plasmas las tareas en papel, se revela el verdadero bajo valor de algo que al principio parecía urgente y podría distraerte de tu trabajo. A veces, cuando escribes algo en tu lista y lo ves al lado de todas las otras tareas y responsabilidades, de pronto ya no te parece tan esencial.

EL SISTEMA ABCDE

El siguiente paso en la administración del tiempo consiste en organizar tu lista de actividades diarias. La clave es reconocer la diferencia entre lo urgente y lo importante. En general, lo urgente rara vez es importante y lo importante rara vez es urgente. Las tareas más apremiantes de tu lista son las que son tanto urgentes como importantes. Están frente a ti, tienes que hacerlas de inmediato y, si no las llevas a cabo, podrían tener consecuencias importantes a futuro, positivas o negativas.

Las tareas o proyectos en tu lista que puedan tener el mayor impacto posible en tu futuro suelen ser importantes, pero no urgentes. Muy pronto descubrirás que organizar tu tiempo para poder trabajar más en esos proyectos importantes, pero no urgentes, te brindará las recompensas más considerables en cuanto a la satisfacción en tu vida y el éxito en tu carrera.

La mejor manera de organizar tu lista diaria es utilizando el sistema ABCDE:

A se refiere a algo que *tienes que hacer, que es muy importante y tendrá serias consecuencias si no lo terminas.*

B es para algo que *deberías hacer y es importante pero solo tendrá consecuencias negativas menores si no lo realizas en un período determinado.*

C es para las *cosas que sería agradable hacer, pero no tienen una importancia particular. Si no las efectuaras, no habría consecuencias negativas.*

D es para *delegar.*

E es para *eliminar.* Muchas tareas deberías eliminarlas de una vez por todas porque, aunque podrían ser disfrutables, le añaden muy poco valor a tu trabajo.

Cuando organices tu lista con el método ABCDE, asegúrate de también aplicar la regla 80/20: el 20% de lo que hagas contará por el 80% de los resultados que obtengas. Mira tu lista y pregúntate cuáles son las dos cosas que, quizá, sean más importantes que todas las demás en conjunto. Empieza por ahí.

Acostúmbrate a usar la lista como tu plano o mapa para el día. La lista está diseñada para mostrarte cómo llegar de la mañana a la noche de la manera más eficiente y productiva posible, es una guía de lo que tienes que hacer y de lo que es más o menos importante. Niégate a hacer cualquier cosa a menos de que la hayas escrito en la lista y organizado su valor en relación con los otros artículos que hayas incluido.

CUATRO GRANDES PASOS

En todas las áreas de un proyecto, el éxito viene de la mano de buenos hábitos laborales. Nada atraerá la atención de tus superiores con mayor rapidez que el hecho de hacerte la reputación de una persona con excelentes hábitos laborales. La manera en que trabajas determina la calidad y la cantidad de tus recompensas, también define cuánto ganas, cuán eficiente eres, cuánto te respetan en tu organización y cuánta satisfacción auténtica sientes respecto a tu empleo.

La base de los buenos hábitos de trabajo se puede resumir en dos palabras: *enfoque* y *concentración*. *Enfoque* significa claridad respecto a los resultados deseados y la prioridad relativa de cada paso hacia el objetivo. Cuando pienso en el enfoque, imagino a un fotógrafo ajustando su lente para mantener el objeto bien definido. Para en verdad ser eficaz en el trabajo, tienes que ajustar de manera continua tu lente, de tal forma que siempre estés enfocado en lo más importante que podrías estar haciendo para alcanzar tus metas prioritarias.

La *concentración* se refiere a ser capaz de permanecer trabajando en la tarea hasta que la completes al 100%, significa trabajar en línea recta sin desviarse ni distraerse, sin apartarse del camino para hacer cosas menos importantes.

Estos son los cuatro grandes pasos para lograr una mayor productividad y, créeme, no puedo insistir lo suficiente en ellos.

1. Establece metas y objetivos claros por escrito. Reflexiona antes de empezar. ¿Qué es lo que estás tratando de hacer? ¿Cómo estás tratando de hacerlo? Siempre que sientas

frustración de algún tipo, vuelve a estas preguntas: "¿Qué estoy tratando de hacer?", "¿Cómo estoy tratando de hacerlo?".

2. El segundo paso para aumentar tu productividad consiste en hacer un plan de acción detallado para lograr tus metas. El plan responde a la pregunta: "¿Cómo estoy tratando de hacerlo?". Cuando hayas clarificado tus metas y planes más importantes, tendrás la respuesta a las preguntas qué y cómo. Muy poca gente se da tiempo para pensar en esto.

3. El tercer paso para lograr una productividad elevada es establecer prioridades claras, es decir, organizar tus actividades en una jerarquía de valor e importancia respecto al resultado que deseas. Antes de empezar cualquier tarea o actividad, aplica la regla 80/20 una y otra vez, todos los días, hora por hora. La pregunta más importante al fijarte prioridades es: "¿Qué es lo más valioso en que podría usar mi tiempo en este momento?". Sea cual sea la respuesta a esta pregunta, piensa que, en comparación, cualquier otra cosa que pudieras hacer sería una pérdida de tiempo.

Dicho de otra manera, pregúntate: "Si pudiera hacer solo una cosa el día de hoy antes de tener que desaparecer un mes, ¿qué haría?". Cuando tengas la respuesta, pregúntate: "Si pudiera terminar una sola cosa antes de tener que irme un mes de aquí, ¿qué sería?".

Otra técnica útil para administrar el tiempo consiste en preguntarte: "¿Cuál es el paso que me impide ir de donde estoy a donde quiero llegar?". Ese paso limitante es el cuello de botella que determina la velocidad a la que puedes lograr tu meta o metas. El paso limitante de mucha gente es su falta de conocimiento respecto a las técnicas para la administración del tiempo. Para un vendedor o vendedora, por ejemplo, el paso limitante podría ser la cantidad de prospectos en los que trabaja. Para otro vendedor podría ser no contar con conocimientos sobre técnicas para cerrar tratos o no tener confianza suficiente para pedirle al cliente que haga una orden al final de la presentación. El paso limitante de muchas empresas es la eficacia de su publicidad.

Casi cada hora del día aparece un paso limitante que define cuán rápido puedes terminar el trabajo, por eso, a veces tu mayor prioridad, lo más importante que podrías hacer en determinado momento, es eliminar ese paso limitante.

Otra clave para descubrir qué es lo más valioso en que podrías emplear tu tiempo ahora es elegir el futuro en lugar del pasado y preguntarte cuál, de todas las acciones que podrías realizar, tendría el mayor impacto más adelante. Por lo general, esa acción es lo más importante que debes hacer. Aunque podría no ser una tarea urgente, representa la manera más meritoria en que deberías usar tu tiempo. Proyectos como terminar una propuesta de gran relevancia, escribir un libro o desarrollar un nuevo plan de negocios podrían no ser cosas urgentes, pero el impacto negativo que podría tener el hecho de no completarlas las convierte de pronto en lo más valioso que tienes que hacer.

> Pregúntate cuál, de todas las acciones que podrías realizar, tendría el mayor impacto más adelante.

4. El cuarto paso para alcanzar una mayor productividad es concentrarse por completo en la tarea que más recompensas

te pueda dar. Esta es la clave para hacer las cosas de una vez por todas. No terminar o dejar a medias proyectos de gran relevancia es una fuente enorme de estrés y, además, te desmotiva. Por otra parte, cuando trabajas en algo que no es relevante, incluso si lo terminas a tiempo no te sientes satisfecho ni emocionado.

Concentrarte en las tareas de mayor valor te ofrece grandes beneficios. Como ya vimos, completar una tarea significativa es fuente de energía, entusiasmo y autoestima. Cuando la terminas, sientes un estallido de energía y júbilo, te sientes motivado a trabajar incluso más. Te imbuye un sentimiento de confianza, capacidad, dominio personal y autocontrol, así como la sensación de que estás a cargo de tu destino. El hábito de terminar tus transacciones, de poner punto final a lo que comienzas, también es parte esencial del proceso de construcción del carácter. Si no eres capaz de terminar lo que empiezas, es imposible que te imagines a ti mismo o ti misma como un ser humano maduro y pleno.

VISUALIZACIÓN Y LENGUAJE CORPORAL

Una de las maneras en que puedes acelerar el proceso para convertirte en una persona súper productiva consiste en visualizarte una y otra vez enfocado y orientado hacia el alto desempeño. Debes verte como una persona con un gran nivel de productividad, muy eficiente. Imagina que ya eres la persona que deseas ser.

Hay un poderoso método de visualización que consiste en pensar en un incidente de tu pasado en el que, por la razón que sea, hayas tenido que forzarte a concentrarte en terminar una tarea significativa. Toma ese recuerdo y reprodúcelo sin cesar de la manera en que piensas respecto a ti mismo hoy en día. Tu mente subconsciente graba cada reproducción de las experiencias cargadas de emoción como si estuvieran sucediendo de nuevo en el presente. Si reproduces en la pantalla de tu mente una y otra vez esa ocasión en que terminaste una tarea, tarde o temprano programarás a tu mente subconsciente para que se concentre mejor y verás que, una vez que comiences a trabajar, te será cada vez más fácil mantenerte encarrilado.

Otra forma de acelerar el proceso para ser una persona con alto nivel de productividad es asumiendo el lenguaje corporal del alto desempeño. Casi todos los estados emocionales y mentales tienen una fisiología o postura corporal, y eso incluye los buenos hábitos laborales. Si trabajas en un escritorio y te sientas bien erguido e inclinado hacia el frente, desencadenarás una sensación de mayor productividad. Si caminas de forma vigorosa con la frente en alto, los hombros echados atrás y la barbilla levantada, te sentirás como una persona confiada y productiva. En cambio, si te encorvas en tu silla, tu productividad decaerá, si caminas lento y con la cabeza gacha, sentirás falta de confianza en ti mismo y el trabajo productivo no te entusiasmará.

SEIS PASOS PARA UNA CONCENTRACIÓN PODEROSA

A continuación, te daré seis pasos para desarrollar el tipo de concentración que tienen en común todos los hombres y mujeres de alto desempeño.

1. Antes de empezar tus labores, libera tu espacio de trabajo de todo excepto lo que necesites para realizar tu tarea prioritaria. A diferencia del desorden y la desorganización, la simplicidad y el orden te ayudan a generar trabajo verdaderamente productivo.
2. Planea tus días y organiza tu trabajo para crear bloques de tiempo. Encuentra maneras de robarles tiempo a otras actividades y consolídalo en bloques extensos de entre 60 y 90 minutos como mínimo. En menos tiempo que eso no es posible llevar a cabo tareas significativas. Al decir "tareas significativas" me refiero a trabajo creativo como reportes y propuestas, así como a discusiones con la gente sobre su labor, su vida y el futuro de la organización. Uno no puede apresurar las conversaciones importantes, necesitas invertir suficiente tiempo para que se vayan desplegando y desarrollando.

Por cierto, si trabajas aproximadamente entre un 20 o 30% más que tus compañeros, al final te terminarán pagando el doble, el triple y hasta cuatro veces más que a la persona promedio, basta con volverse más productivo de manera marginal. Esto se debe a que la calidad general de tu trabajo mejorará en la misma proporción en que aumente la cantidad.

A menudo las empresas de grandes dimensiones en ciudades grandes rentan departamentos cerca de las oficinas y los amueblan con escritorios, sillas y artículos de oficina para que los ejecutivos puedan ir ahí a trabajar sin interrupciones, alejados de los teléfonos y los visitantes inesperados. Saber que no te interrumpirán te permite concentrarte más y tener mayor productividad.

Hay otras tres maneras en que puedes llegar a generar mayores cantidades de trabajo. La primera es llegar a la oficina una hora antes de que empiece la jornada laboral. Con frecuencia, en esa sola hora puedes hacer el trabajo de un día entero. Si no puedes llegar más temprano, solo continúa trabajando sin parar a la hora del almuerzo, de 12 p. m. a 1 p. m. Esta es una excelente técnica de administración del tiempo. Casi toda la gente sale a comer a esa hora y el nivel de actividad y las llamadas telefónicas descienden de forma dramática. Tú almuerza antes, a las 12 p. m., o después, a la 1 p. m. De esa forma también podrás entrar y salir de cualquier restaurante, si comes fuera, y te darán mejor servicio. Regresarás a la oficina antes que los que comen justo a mediodía.

El tercer bloque de tiempo del que te puedes hacer durante la jornada laboral se encuentra al final, es decir, si te quedas una o dos horas después de que todos se han ido. Mucha gente de negocios, vendedores y empresarios han descubierto que esta es la mejor manera de aumentar su productividad.

La clave para aprovechar estos bloques de entre 60 y 90 minutos es usarlos completos, sin interrupción. Cierra tu puerta, desconecta el teléfono, deja de revisar el correo electrónico, agacha la cabeza sobre tus documentos y solo trabaja sin parar. La verdad es que, en un ambiente de oficina, con toda la distracción que representan los teléfonos y la gente que va y viene, se puede generar muy poco trabajo productivo.

También recuerda que en el último 20% de toda conversación se concentra el 80% de su valor. De la misma manera, el 20% final de tus bloques de trabajo suele ser el tiempo más productivo porque, para ese momento, tu mente está concentrada por completo en la tarea y ha empezado a trabajar a un alto nivel de productividad.

3. El tercer paso para desarrollar el hábito de la concentración consiste en recordar que el esfuerzo enfocado y mantenido es esencial para alcanzar un alto nivel de productividad y lograr lo que deseas. A todos los grandes logros en la historia de la humanidad los ha precedido un extenso período de esfuerzo de concentración profunda, un período de meses, incluso años. A todos los grandes logros profesionales los han precedido incontables horas de arduo trabajo que muy poca gente llega a ver o apreciar. A Miguel Ángel le tomó muchos años pintar el techo de la Capilla Sixtina. Cuando piensas en cualquier obra de arte u objeto de gran valor, reconoces que para crearlos se necesitó de mucha perseverancia y concentración. Lo mismo sucede con tu carrera.

4. El cuarto paso para mejorar la concentración consiste en desarrollar la obsesión por dar cierre, la urgencia por terminar las cosas. Eso lo puedes hacer creando un sistema de recompensas para cuando termines una tarea importante y negándote a recompensarte antes de que la tarea esté finalizada. Si puedes involucrar a alguien más en la recompensa, es decir, planear una salida a cenar, hacer un viaje o comprar un automóvil nuevo, tendrás una fuente adicional de motivación. Necesitas brindarte una serie de recompensas no solo por finalizar las tareas importantes, sino también por alcanzar todos los objetivos significativos a lo largo del camino. Darte recompensas de

manera sistemática y regular te permite entrenar a tu mente subconsciente para que te motive de forma continua.

5. El quinto paso para desarrollar la concentración implica programarte a ti mismo con órdenes para que, de manera inconsciente, te sientas obligado a seguir trabajando y concentrándote en tu tarea de mayor prioridad. El autor John Molloy, investigador de la administración del tiempo, recomienda desarrollar una frase de detonación que puedas usar cuando tu atención empiece a menguar y te distraigas de tu trabajo. Tal vez la mejor frase sea: "Vuelve al trabajo". Cada vez que notes que te estás distrayendo, solo dite a ti mismo de manera muy enfática: "Vuelve al trabajo, vuelve al trabajo, vuelve al trabajo". Te sorprenderá lo fácil que es retomar tus labores y concentrarte de nuevo.

Cuando empieces tu jornada laboral, a las 8 o 9 a. m., solo decide que trabajarás todo el tiempo que trabajes, es decir, todo el día. Esto significa que, a lo largo de toda la jornada laboral, solo harás aquello por lo que te pagan. No vas a socializar, no vas a babosear ni a recoger la ropa de la lavandería, no vas a llamar a tus amigos ni a hacer las compras de la semana. Solo vas a trabajar todo el tiempo que trabajes. Decidir esto de manera firme te ayudará a desarrollar tu concentración igual de rápido o incluso más que cualquier otra técnica.

> Trabaja todo el tiempo que trabajes.

6. El sexto paso para desarrollar el hábito de la concentración es a lo que, en su libro *The Time Trap*, Alec Mackenzie

llamó "manejo único" (*single-handling*). El manejo único es una técnica en que, una vez que empiezas una tarea, decides concentrarte en ella de manera exclusiva hasta que esté al 100% terminada. Si comienzas a escribir una carta, un reporte o una propuesta, o si empiezas una llamada de ventas, te debes obligar a quedarte ahí hasta terminar. Esta sencilla técnica puede incrementar tu productividad hasta en un 50% desde el primer día que la implementes. Llevo años aplicándola y todavía me asombra lo eficaz que es.

El manejo único también te permite aprovechar la curva de aprendizaje porque cuando realizas una serie de tareas similares de manera consecutiva, la cantidad de tiempo que te toma hacer la siguiente suele disminuir. Si tienes que hacer 10 o 20 tareas del mismo tipo, como escribir cartas, responder correos electrónicos o llenar reportes, la curva de aprendizaje te permitirá disminuir hasta en un 80% el tiempo necesario para completar cada una. ¿Por qué? Porque siempre y cuando las hagas de una sola vez, de manera consecutiva, con cada tarea que lleves a cabo te volverás más eficiente.

CÓMO SUPERAR LA PROCRASTINACIÓN

La última parte del proceso para llevar a cabo las tareas implica superar la procrastinación. La procrastinación es un ladrón de tiempo y, por lo tanto, de vida. Es la principal razón por la que la gente vive en una desesperación silenciosa y se retira siendo pobre.

Una manera de superar la procrastinación consiste en usar el poder de la afirmación positiva para programar una noción de urgencia en tu subconsciente. Al principio de cada tarea, afirma y repite una y otra vez la frase: "Hazlo ahora. Hazlo ahora. Hazlo ahora". W. Clement Stone amasó una fortuna de más de 500 millones de dólares en la industria aseguradora y, de acuerdo con lo que escribió, repetir la frase "Hazlo ahora" fue esencial para pasar de ser un muchachito sin un centavo que vendía periódicos en las calles de Chicago, a ser uno de los hombres más ricos de Estados Unidos.

Tú puedes desarrollar cualquier hábito mental que desees, solo necesitas hacer, de manera repetida, sugerencias bajo la forma de afirmaciones e imágenes mentales, y enviarlas de tu mente consciente a tu subconsciente. Con el tiempo, el subconsciente aceptará la orden como las nuevas órdenes de operación y tú sentirás una urgencia parecida a la de tu hábito de cepillarte los dientes o el cabello.

Debes negarte a racionalizar o dar excusas para procrastinar.

La racionalización es una práctica que acompaña a la procrastinación, la mejor manera de definirla es como un intento por darle una interpretación socialmente favorable a un acto que, en realidad, es inaceptable. Racionalizar es explicar para salir del problema y dar excusas para justificar un comportamiento improductivo. Tal vez hayas notado que la gente que procrastina siempre tiene lo que considera una buena razón. No te permitas el lujo de inventar excusas, solo di que harás las cosas y quema tus puentes mentales. Niégate a considerar la posibilidad de no hacer las cosas o de dar una razón que justifique su postergación.

Hay una peculiar técnica que puedes usar para vencer la procrastinación: la procrastinación creativa. Esta consiste en decidir de manera consciente las cosas en que procrastinarás. Si no decides de manera consciente procrastinar en tus tareas de baja prioridad, terminarás haciéndolo en las tareas de alto valor porque nunca tendrás tiempo suficiente para todo lo que necesitas hacer. Tendrás que procrastinar en algunos aspectos de tu vida. La clave para el logro personal es elegir de manera consciente aquello en lo que procrastinarás, o sea, las tareas poco importantes. De esta forma podrás concentrarte en terminar aquellas que te darán las mayores recompensas.

CINCO TÉCNICAS MÁS

A continuación, te hablaré de cinco técnicas más que puedes usar para evitar la procrastinación.

1. "Rebana" la tarea. Nunca intentarías comer todo un salchichón de salami de una sola mordida, ¿cierto? A veces, la mejor forma de terminar una tarea imponente consiste en tomar una pequeña rebanada y completarla. Seguro has escuchado la pregunta: "¿Cómo puedes comer un elefante?", y la respuesta es, claro, mordida a mordida. También hay un antiguo proverbio español: "Poco a poco, hila la vieja el copo". Tomar una pequeña parte de la tarea, hacerla y dejarla atrás suele ser una manera muy eficaz de vencer la procrastinación.

2. Empieza tu día haciendo la tarea que más miedo o ansiedad te cause. Estas tareas suelen involucrar a alguien más o tienen que ver con el miedo al fracaso o al rechazo. En el área de ventas, por ejemplo, podrían ser las tareas que implican prospectar; en la administración, podrían ser las que te obligan a meter en cintura o despedir a un empleado. En las relaciones personales podría ser la necesidad de confrontar una situación incómoda o triste. En todos los casos desarrollarás más eficacia si te obligas a lidiar primero con el asunto que más angustia te cause. Después de esto, verás que todo lo que hagas a lo largo del día te parecerá hasta cierto punto más sencillo.

3. También puedes vencer la procrastinación si empiezas el día con la tarea más desagradable. En un estudio reciente compararon a dos grupos de personas, el primero empezó un programa de ejercicios que realizaba por la mañana. El segundo grupo empezó el mismo programa, pero lo hacía en la tarde, después del trabajo. Los investigadores descubrieron que quienes se ejercitaban en la mañana fueron mucho más propensos a continuar en el programa, incluso seis meses después. Empezar el día haciendo ejercicio aumentó la probabilidad de que los participantes se hicieran el hábito de ejercitarse temprano en lugar de dejar la actividad física para el final del día, momento en que se les hacía más fácil dar excusas y procrastinar.

4. Deshazte del perfeccionismo. El perfeccionismo es una de las mayores causas de procrastinación, así que, de una vez por todas, decide no preocuparte por hacer las cosas a la perfección, solo empieza y trabaja de manera constante.

Siempre puedes volver más tarde y hacer correcciones y revisiones. De todas formas, nada que haya valido la pena fue perfecto desde el principio.

5. Conserva un ritmo rápido. Tener un ritmo rápido es esencial para alcanzar el éxito. Trabaja con vigor, camina veloz, muévete con agilidad, escribe a toda velocidad, actúa enseguida, ¡haz las cosas! Y una vez que hayas alcanzado un ritmo adecuado, mantenlo. Recuerda la teoría de la inercia, la cual dice que para que algo se mueva para empezar, se requiere de un esfuerzo enorme, pero para mantenerlo en movimiento exige mucho menos. Decide de manera consciente acelerar todas tus acciones habituales. Te sorprenderá descubrir cuánto puedes lograr si te presionas a moverte más rápido en lugar de avanzar al paso normal, que suele ser más lento.

Los elementos clave para hacer las cosas son el enfoque y la concentración. Alcanzar tu máximo desempeño te exige:

- Definir tus metas y objetivos con claridad.
- Hacer planes de acción para lograrlos.
- Hacer una lista de todo lo que tienes que hacer todos los días.
- Establecer prioridades claras en tu lista.
- Concentrarte de manera absoluta en acabar tus tareas más importantes.

Si adoptas este método y lo respaldas con la firme decisión de trabajar todo el tiempo que trabajas, de volver a tus labores cada vez que te distraigas y de desarrollar una noción de urgencia, podrás producir el doble o triple de las tareas que realiza una persona común, y lograr que tu carrera despegue.

UN EJERCICIO PARA ENTRAR EN ACCIÓN

Aquí tienes otro ejercicio para actuar. Voy a dar por sentado que, para este momento, has seguido mis recomendaciones: escribir tus metas y objetivos, diseñar planes de acción para alcanzarlos y usar un sistema de planeamiento que garantice que usarás cada minuto del día, todos los días, de manera eficaz.

Ahora elige un área en que la procrastinación te tenga estancado o estancada. Casi siempre procrastinas en algo muy importante, algo que puede tener consecuencias positivas e importantes para tu futuro.

Elige esta área y decide vencer a la procrastinación en ella. Establece prioridades en tus áreas de procrastinación y luego concéntrate en el aspecto de tu vida en que superar esta resistencia representaría la mayor contribución a tu éxito.

Primero ataca las tareas más difíciles y desagradables. Desafíate a ti mismo a confrontar los elementos más desafiantes de tu trabajo y termínalos antes de hacer cualquier otra cosa. La recompensa que recibirás si controlas tu tiempo, te organizas y te concentras en las tareas esenciales puede ser enorme.

Estos hábitos de la administración del tiempo y el éxito financiero van de la mano. También te permiten disfrutar de mayor autoestima, de más confianza en ti mismo y de un fuerte sentimiento de orgullo respecto a tu capacidad para llevar a cabo las cosas. Ninguna otra decisión será más satisfactoria ni mejorará tanto tu vida como la de establecer metas y objetivos, marcar prioridades firmes y hacer las cosas ahora mismo. ¡Manos a la obra!

Los puntos más importantes

- La esencia de la buena administración del tiempo es el planeamiento y tu capacidad para organizarte y alcanzar tu máximo nivel de productividad.
- La limpieza cuenta.
- Un buen sistema de administración del tiempo implica la utilización de planificadores, calendarios y listas de pendientes diarias.
- Entiende la diferencia entre lo urgente y lo importante.
- Concéntrate de manera absoluta en la tarea que más recompensas te dará.
- Vence la procrastinación diciéndote todo el tiempo: "Hazlo ahora".

Capítulo 8

Optimiza tu vida

En este capítulo hablaré sobre la manera de optimizar tu vida y aumentar tu satisfacción y felicidad haciendo menos cosas y, a menudo, haciendo cosas distintas por completo.

EL MODELO DE DUCTO

El modelo de ducto para el desempeño personal es una de las estrategias que estudiaremos. Si puedes imaginar un ducto que vaya del punto A al B, podrás verlo como una analogía de tu vida laboral. El punto A sería donde te encuentras ahora y el punto B sería equivalente a las metas que quieres alcanzar. La manera en que se despliegue el ducto tendrá mucho que ver con la cantidad de material que fluya a través de él, la velocidad y el nivel de producción. Podría ser un ducto recto o torcido, e ir de A a B de manera directa o indirecta. Por todo esto, es esencial que, antes de empezar, seas muy preciso respecto a dónde quieres terminar.

La capacidad productiva del ducto puede compararse con tu desempeño personal, y la determinan dos factores. El primero es el tamaño del ducto, es decir, el diámetro. Un ducto con un diámetro extenso puede transportar más material que uno pequeño.

En esta analogía, el tamaño de tu ducto lo determinan tu conocimiento y tus habilidades, en pocas palabras, tu capacidad productiva. Entre más alto sea tu nivel de conocimiento y habilidades, más productivo serás y más cosas fluirán hacia ti. Si eres un vendedor o ejecutivo competente, seguro has desarrollado la habilidad de producir grandes cantidades de trabajo de alto valor. Esta capacidad se reflejará en tu estilo de vida, tus ingresos y tus posibilidades y oportunidades para el futuro. Si una persona tiene habilidades limitadas, su capacidad productiva es bastante escasa, y, en ese caso, no importará cuán claras sean sus metas ni cuán sinceras sean sus intenciones: no podrá lograr gran cosa.

Por todo esto, lo primero que hay que saber es que, para aumentar la calidad y la cantidad de las cosas que fluyen hacia tu vida, debes trabajar de manera continua en mejorar y acrecentar tu capacidad productiva, o sea, tu conocimiento y habilidades.

El segundo factor que determina el flujo a través del ducto es la velocidad del material al transportarse. Si el valor o suministro que fluye a través del ducto se mueve a 8 kilómetros por hora, del otro lado saldrá cierta cantidad a cierto ritmo. Pero si se logra aumentar la velocidad del material en el ducto gracias a bombas, maquinaria, la gravedad y otros factores, en ese mismo tiempo saldría más material del otro lado.

En tu ducto personal, tu velocidad la determinan tu eficacia, es decir, lo que haces, y tu eficiencia o qué tan bien lo haces. La administración del tiempo aumenta la calidad y la cantidad de tus resultados porque te vuelve más eficaz y eficiente. Si deseas que salga más salud, riqueza y felicidad del ducto de tu vida, necesitas pensar de manera continua en aumentar el diámetro del ducto (tu capacidad productiva) y la velocidad del flujo a través del mismo (tu eficacia y eficiencia). Actualmente, la cantidad y la calidad de vida que tienes son resultado de la capacidad productiva y de la velocidad que ha tenido tu ducto hasta ahora. A medida que mejoras alguno de estos aspectos, o ambos, también aumenta la calidad de tu vida.

EL MODELO DE FÁBRICA

El segundo modelo que te ayuda a entender el tiempo es el llamado "modelo de fábrica". Si alguna vez has visitado una gran planta manufacturera, habrás notado que son muy largas. Una planta de automóviles, por ejemplo, puede medir kilómetro y medio o más. Por uno de los extremos llegan los materiales en bruto, como el acero, listo para que le den forma, lo presionen, lo preparen, lo pinten y taladren. Conforme los materiales en bruto avanzan a lo largo de la planta, los van ensamblando para formar motores, transmisiones, parachoques, llantas, acabados interiores y otros componentes. Al final del proceso, el automóvil terminado sale por el otro extremo de la fábrica.

Tu vida es similar a una fábrica en el sentido de que los materiales en bruto entran por un lado, y todos los aspectos de tu vida salen por el otro. El material en bruto es el tiempo, todos los días recibes 24 horas, ni más ni menos que las otras personas.

En la fábrica de tu vida procesas tu tiempo y del otro lado salen tu casa, tu automóvil, tu cuenta bancaria, tu nivel de salud y energía, tus amigos y tus relaciones, así como tu presente y tu futuro. Cuando das un paso atrás y contemplas lo que produce la fábrica con el material en bruto que es el tiempo, a veces no te sientes feliz al ver lo que sale del otro lado. Si eso te sucede, necesitas entrar a la fábrica y modificar el proceso de producción, necesitas intervenir y hacer algo distinto. A veces, si lo que quieres es producir algo mejor en tu vida, debes hacer modificaciones importantes. Ya conoces el dicho: "Entre más hagas lo que haces, más obtendrás de lo mismo". Algunos han definido la locura como continuar haciendo las mismas cosas de la misma manera y esperar resultados distintos.

TIEMPO Y DINERO

También podemos comparar el tiempo con el dinero. El tiempo, al igual que el dinero, se puede gastar o invertir. Si lo gastas, se irá para siempre, pero si lo inviertes con sabiduría, obtendrás rendimientos. Una buena inversión de tiempo o dinero puede darte un rendimiento considerable durante un período sostenido. Si una persona ahorra su dinero y compra una propiedad para rentar, por ejemplo, puede recibir ingresos durante décadas e incluso transferirles esa riqueza a sus hijos y nietos. En cambio, si la persona gasta el dinero en vacaciones o automóviles costosos, perderá su dinero para siempre.

Otro aspecto paralelo entre el tiempo y el dinero es que son intercambiables hasta cierto punto: puedes intercambiar tiempo por dinero, y dinero por tiempo. Por ejemplo, si usas tu dinero para comprar libros o programas de aprendizaje en audio, o para tomar cursos adicionales, puedes incrementar tu capacidad de aprendizaje, es decir, tu capacidad de producir resultados valiosos por los que la gente te pagará. El dinero que inviertes en el aprendizaje no solo lo recuperas muchas veces, también te puede ahorrar meses o incluso años de arduo trabajo para llegar al mismo punto en tu vida financiera.

MODIFICADORES DEL PARADIGMA

Yo he invertido miles de dólares y muchos años de mi vida en estudiar la administración del tiempo. He comprado y leído la mayoría de los libros sobre el tema, he escuchado casi todos los programas de audio, comprado prácticamente todos los planificadores disponibles en el mercado y asistido a varios seminarios. Con mucha frecuencia encuentro ideas que tienen un poderoso impacto en lo que pienso sobre el tiempo y la vida, les llamo "modificadores del paradigma". Estos modificadores del paradigma son como consejitos sabios que han cambiado la manera en que veo el tiempo. De hecho, ya te he presentado muchos de ellos a lo largo del libro, pero ahora quiero hablar de tres más.

El primer cambio de paradigma para mí fue aprender que toda acción u omisión implica una elección entre lo más y lo menos importante. Cada vez que llevas algo a cabo, también estás haciendo una declaración respecto al lugar que ocupa esa actividad en tu jerarquía de valores. De hecho, toda tu vida es reflejo de las decisiones que has tomado hasta ahora. Una persona exitosa y feliz ha tomado buenas decisiones, en tanto que una persona infeliz y frustrada seguro tomó malas decisiones. Elegir con mayor cuidado conduce de manera inevitable a un aumento en tu calidad de vida y un mejoramiento de tus resultados. Recuerda que, en todo lo que haces, siempre estás eligiendo entre una cosa y otra.

El segundo modificador del paradigma que descubrí fue la *ley de la alternativa excluida*. Este principio dice que, de manera invariable, hacer algo significa no hacer algo más. Cada decisión de compra que tomas implica el rechazo de todas las demás opciones y, de manera similar, siempre que te decantas por una actividad rechazas todas las otras actividades posibles realizables en ese momento. Cuando eliges casarte con una persona, estás rechazando al mismo tiempo a todas las personas a las que podrías desposar en el mundo.

Solo puedes hacer o tener una cosa a la vez. Y, al igual que la gente que te rodea, siempre puedes dilucidar qué es lo que consideras más importante: solo tienes que fijarte en lo que haces, las acciones que realizas y las decisiones que tomas en todo momento. Una de las principales razones por las que algunas personas triunfan es porque eligen de manera deliberada hacer cosas que mejoran su vida en lugar de lo contrario. Asimismo, la gente fracasa porque elige hacer cosas que no mejoran su vida o, incluso peor, porque eligen lo que daña su vida y sus relaciones más que si no hubieran elegido nada.

PRIORIDADES Y POSTERIDADES

El tercer modificador del paradigma que descubrí fue que establecer prioridades también significa establecer posterioridades. Cada vez que eliges hacer algo, para hacerlo bien debes decidir qué *dejarás* de hacer, es decir, cuál es tu posterioridad. Dicho de otra manera, apropiarse de algo significa dejar ir algo más. Entrar significa salir, empezar algo te obliga a dejar de hacer algo más.

> Cada vez que eliges hacer algo, para hacerlo bien debes decidir qué *dejarás* de hacer.

La mayoría de la gente se siente abrumada por el ritmo de la vida moderna. Se ha calculado que tomamos más decisiones en un mes promedio de las que tomaban nuestros abuelos en toda su vida. Si vives en una ciudad, estás expuesto a hasta 5 000 mensajes comerciales al día. Tienes decenas de canales de radio y televisión entre los cuales elegir; la correspondencia y las llamadas telefónicas te inundan. Estás ocupado del amanecer hasta que anochece y lo más probable es que no duermas lo suficiente. En un estudio que se realizó, 62% de las mujeres reportó que su principal problema en la vida era la fatiga. Lo primero en que pensaban cuando se levantaban por la mañana era a qué hora podrían volver a dormir en la noche.

Tu agenda está repleta, hace tanto tiempo que *no* te aburres, que no recuerdas cuándo fue la última vez. Estás sumergido en trabajo y actividades. Tienes que ir lugares, encontrarte con gente y cumplir con compromisos. No te queda un minuto libre, lo más probable es que vivas corriendo. El punto es que, si aceptas hacer algo adicional a lo que ya estás haciendo, no te queda tiempo libre. Tal vez, en un pasado muy lejano, lo tuviste, pero ahora, eso nunca sucede.

Por todo esto, antes de aceptar llevar algo a cabo, debes pensar qué vas a dejar de hacer para cumplir con tu nuevo compromiso. La mayoría de la gente solo añade de manera continua a su vida actividades que consumen tiempo sin pensar en las otras actividades que tendrán que eliminar.

Con todas las fusiones comerciales, adquisiciones, recortes de personal y de nivel, y con la velocidad de los cambios tecnológicos, se le pide a la gente que desempeñe cada vez más funciones en su trabajo. Una de las mejores cosas que puede hacer un empleado es ir a la oficina de su jefe con una lista de lo que ya está haciendo y decirle que no puede hacer todo. Si te encuentras en esta situación, dile a tu jefe o jefa que deseas realizar el mejor trabajo posible y pídele que establezca prioridades para tus tareas. ¿Qué es lo que quiere que hagas antes que todo lo demás? Aclárale que hacer algo adicional significa que no podrás llevar a cabo otras tareas de la lista. El día tiene tiempo limitado, así que, ni siquiera implementando las mejores técnicas de administración del tiempo podrías hacer más que una cantidad limitada de tareas.

EL PENSAMIENTO BASE CERO

Lo anterior nos conduce a una de las herramientas conceptuales más relevantes en la vida moderna: el *pensamiento base cero*. Peter Drucker, quizás el más admirado asesor de negocios del siglo xx, ha hecho énfasis en la importancia de este concepto. El pensamiento base cero implica que traces una línea mental debajo de todo lo que estás haciendo y de las decisiones que has tomado en el pasado, y que te hagas la siguiente pregunta: "¿Hay algo que esté haciendo ahora, en lo que, sabiendo lo que ahora sé, no me involucraría?".

Para la mayoría de las personas, esta es una pregunta muy difícil, preguntarte algo así y responderte requiere una tremenda cantidad de valentía. Yo puedo, por ejemplo, hablar de este concepto con un público de unas mil personas y preguntar si hay alguien ahí que *no* se encuentre en una situación en la que no le gustaría estar si pudiera hacer las cosas de nuevo. Y entre toda esa gente, no habría una sola persona que pueda levantar la mano y decir que no cambiaría nada si tuviera que vivir todo otra vez.

Administrar tu tiempo para ser una persona más productiva ni siquiera es posible si, en el fondo, desearías no estar en la situación de vida en que te encuentras, si te gustaría regresar el tiempo, recomenzar y cambiar las cosas. No tiene ningún caso tratar de ser más eficiente si, de entrada, no te agrada tu empleo o no eres adecuado para el puesto que ocupas. No tiene sentido tomar clases sobre cómo ser más productivo para sobrevivir en una situación que te desagrada. El peor caso es cuando estás en una relación sentimental en la que, sabiendo todo lo que ahora sabes, no te habrías involucrado para empezar.

Sabiendo lo que ahora sabes, pregúntate si hay alguna situación en la que no te meterías si pudieras empezar de nuevo. Si la respuesta es sí en algún aspecto de tu vida, la siguiente pregunta que te debes hacer es doble: "¿Cómo puedo escapar de esta situación y qué tan rápido?".

Mucha gente está desperdiciando su tiempo, manteniendo su vida en pausa y tratando de hacer funcionar una situación en la que preferiría no estar. Sin embargo, todo avance y mejoría requieren cambio, y el cambio casi siempre significa dejar atrás lo viejo para poder recibir lo nuevo. Implica dejar atrás algo de menor valor para poder recibir algo más preciado.

Empieza por hacerte esta pregunta respecto a tus relaciones. Sabiendo lo que ahora sabes, ¿qué relación elegirías no tener para empezar? Contestar esta pregunta requiere de una increíble valentía porque mucha gente está involucrada en relaciones que reconoce que no funcionan y lo más probable es que nunca lo hagan, pero le teme al conflicto y a las confrontaciones. Si eres gerente o director en una empresa, observa a tu personal y pregúntate, sabiendo lo que ahora sabes, ¿hay alguien a quien no contratarías si tuvieras que volver a hacer las cosas de nuevo? Casi todos los directores que conozco admiten tener empleados a los que no elegirían si pudieran volver a hacer el proceso de contratación.

¿Hay alguna inversión que hayas hecho o has comprado algo que, sabiendo lo que ahora sabes, no harías o comprarías? De ser así, ¿puedes minimizar tu riesgo? ¿Cómo puedes salirte de estas inversiones? ¿Estás involucrado en alguna actividad que no te interese en particular? Sabiendo lo que ahora sabes, ¿volverías a involucrarte en ella? Si la respuesta es no, ¿cómo puedes dejar de realizarla y qué tan rápido?

Este concepto es un elemento muy importante de la administración de tu tiempo y tu vida. Una manera de saber si hay algo en lo que no deberías estar involucrado es examinando tu nivel de estrés. De manera invariable, una situación inadecuada te causará mucho estrés y ansiedad. Estarás pensando en ella casi todo el tiempo. Hablarás de ella en casa, será lo primero que te venga a la cabeza y a menudo surgirá en tus conversaciones casuales. Una situación equivocada drena tu energía emocional y, con frecuencia, lo hace a un ritmo impresionante. Como tú eres la persona responsable de maximizar los rendimientos de tu energía emocional, debes admitir que esta situación representa una inversión malísima, así que escapa de ella cuanto antes.

Una situación inadecuada te causará mucho estrés y ansiedad.

DETERMINACIÓN DEL VALOR

Este es otro de los modificadores del paradigma que descubrí: el valor de cualquier cosa se puede determinar con base en cuánto de tu tiempo y tu vida estés dispuesto o dispuesta a dar a cambio de ella. La expresión clave aquí es *dar a cambio*. Como solo tienes cierta cantidad de horas y minutos al día, cada vez que elijas hacer algo, sea lo que sea, estarás dando parte de tu vida a cambio de realizar esa actividad. Debido a la ley de la alternativa excluida, cuando haces algo también estás tomando tiempo de otras áreas de tu vida. Todo lo que compras y haces requiere a cambio un trozo de vida que se te va para siempre y no regresará nunca.

Mírate, piensa en tus horas, tu vida y tus actividades en términos de cuánto de tu precioso tiempo estás dispuesto a dar a cambio, sabiendo, claro, que no podrás intercambiarlo por algo más. La perspectiva que tienes de tu tiempo, de cuánto lo valoras y de cuánto de él asignas en proyectos a corto y largo plazo determina todo lo que te sucede en la vida.

El trabajo del científico político Edward Banfield sobre el éxito en Estados Unidos muestra que este depende en gran medida de la actitud, o sea, de la perspectiva de cada persona respecto a su tiempo. Una persona con una perspectiva extensa respecto a su tiempo, alguien que toma en cuenta la visión a largo plazo cuando toma sus decisiones cotidianas, tiene muchas más probabilidades de tener éxito económico que alguien que ignora esta visión. Esto a menudo implica hacer sacrificios a corto plazo para poder disfrutar de recompensas más abundantes en el futuro.

Lo anterior no significa que no debas desarrollar una perspectiva a corto plazo, es decir, asignar tu tiempo en pequeñas cantidades. Los profesionales mejor pagados en nuestra sociedad, los médicos, abogados, dentistas, arquitectos o ingenieros, por ejemplo, asignan su tiempo en bloques de décimos de hora. Si cobran 200 dólares por hora cuando ofrecen sus servicios, te cobran por la cantidad de bloques de 6 minutos que utilicen en tu caso. Si pasan 5 minutos en una conversación telefónica, recibirás una factura por un décimo de hora, es decir, por 20 dólares.

La gente que ocupa un nivel alto en su profesión, ya sean vendedores, ejecutivos u otras personas con ingresos elevados, también aplica un planeamiento de su tiempo muy ceñido. Estos profesionales asignan su tiempo en bloques de entre 10 y 15 minutos, piensan muy bien cómo van a usar su tiempo y, por ejemplo, cuando tienen que conducir para ir a un lugar o viajar por otro medio, usan cada minuto de forma muy productiva.

Es triste, pero uno siempre puede averiguar si alguien más tiene problemas financieros con solo preguntarle cómo programó su día. La gente que no hace mucho dinero tiene una agenda bastante holgada. Las investigaciones muestran que los trabajadores u obreros promedio piensan en términos de períodos de dos semanas de paga y rara vez imaginan lo que sucederá después de esas dos semanas. A medida que ascendemos en el escalafón socioeconómico, los horizontes temporales se vuelven cada vez más estrechos. A la gente que le va mal en ventas, por ejemplo, piensa en términos de la mañana y la tarde; en cambio, a la gente que le va bien piensa en bloques de 15 minutos que empiezan a las 8:00 u 8:30 a. m., o a veces más temprano, y que se extienden hasta las 6:00 p. m., e incluso más tarde. Estos vendedores pueden hasta tener planes para seguir trabajando cuando lleguen a casa.

Tú puedes aumentar tus ingresos si empiezas desde ahora a organizar tu tiempo de la manera más ceñida posible todos los días y a aplicar algunas de las ideas que hemos discutido.

> Puedes aumentar tus ingresos si organizas tu tiempo de la manera más ceñida posible.

CENA O POSTRE

Se ha realizado una infinita cantidad de trabajo e investigaciones sobre el éxito y el fracaso, la autoestima y la imagen de uno mismo, las metas, la productividad personal y el desempeño. La conclusión de toda esta labor, sin embargo, no ha cambiado para nada. Si pudieras resumir todo en un solo término, este sería *autodisciplina*. La gente feliz y exitosa tiene más autodisciplina que la gente infeliz y fracasada, quienes ascienden con rapidez son más organizados que quienes se quedan estancados. Las personas que están logrando cosas que valen la pena tienen una capacidad mayor para organizar su tiempo y limitar su apetito que las que se dejan llevar por la corriente. A lo largo de la historia, los individuos con mayor autocontrol y autodisciplina siempre han dominado a quienes actúan por impulso y no tienen orden en su vida.

Dicho de manera metafórica, la autodisciplina es la habilidad de cenar antes de comer el postre. De hecho, buena parte de la vida puede dividirse en las actividades de la cena y las actividades del postre. A todos nos bombardean miles de voces que exigen nuestra atención todos los días, y casi todas animan a comer el postre antes de cenar o, incluso peor, en lugar de cenar. Muchos anuncios te dicen que puedes comprar ahora y no empezar a pagar sino hasta enero o seis meses después.

El postre se sirve en un momento específico, después del platillo principal, no al principio, si primero te comes el postre, arruinas tu apetito. Además, el postre contiene mucha azúcar y grasas. Si comes demasiado postre en lugar de un platillo principal elaborado con alimentos sanos, con el tiempo dañarás tu salud física, mental y emocional. Si todas las noches vuelves a casa y comes pastel de chocolate y helado, acumularás sobrepeso, harás menos ejercicio y solo querrás echarte en el sofá y ver más televisión. El azúcar hará que te sientas deprimido, tendrás menos energía y entusiasmo, y desarrollarás una personalidad sosa y poco atractiva. Y, al contrario, si cenas algo saludable que incluya alimentos naturales, no sentirás tantos deseos de comer postre. En muchos casos, ni siquiera se te antojará.

Cuando llegas a casa por la noche, sabes que las actividades relacionadas con la cena incluyen hablar con tu cónyuge y jugar con tus hijos, y que las actividades relacionadas con el postre incluyen ver televisión, abrir una cerveza y leer el periódico. Siempre que llegas a casa puedes elegir entre una actividad de la cena y una actividad del postre. ¿Qué harás primero?

El gran autor motivacional Elbert Hubbard definió la autodisciplina como la habilidad de forzarte a ti mismo a hacer lo que deberías hacer en el momento en que deberías hacerlo, tengas ganas o no. La frase clave aquí es *tengas ganas o no*. Cualquier persona puede hacer algo si tiene ganas de ello, pero cuando no tienes ganas, cuando te parece difícil, cuando estás cansado y drenado, pero de todas formas haces lo que tienes que hacer porque es lo correcto, estás mostrando que tienes carácter.

De hecho, todo esto se reduce al carácter. Uno de los grandes objetivos de la vida es desarrollarlo, volverse un ser humano admirable a lo largo de su evolución personal. Los sellos distintivos del individuo con carácter son la autodisciplina y la capacidad de controlarse y limitarse. Entre más practiques la autodisciplina, mejor te sentirás respecto a ti mismo y mejor persona serás; entre menos la practiques, peor te sentirás respecto a ti mismo y menos admirable serás.

> Los sellos distintivos del individuo con carácter son la autodisciplina y la capacidad de controlarse.

Siempre pregúntate si una actividad pertenece a la cena o al postre. Luego elige realizar las relacionadas con la cena hasta que las termines y puedas hacer algo relacionado con el postre. Recuerda que todos los resultados que obtienes en la vida son producto de esta simple decisión.

ECONOMÍA EN UNA LECCIÓN

Hace algunos años, Henry Hazlitt escribió un breve libro llamado *La economía en una lección*. Hazlitt escribió para *The Wall Street Journal* y otras publicaciones durante muchos años. Analizó en gran detalle a la gente, las personalidades, la economía y la política, y, al final, escribió este libro que vendió más de un millón de ejemplares. Muchas de las personas que lo leyeron cambiaron su actitud y su perspectiva para siempre.

Hazlitt dijo que la sabiduría es el análisis preciso de las consecuencias secundarias de un acto o decisión particular. Explicó que las consecuencias primarias casi siempre son positivas, y por eso una persona se involucra en ciertas actividades. No obstante, esa persona tiene que vivir con las consecuencias secundarias de su decisión, las cuales suelen provocar muchísimo más daño que si no se hubiera hecho nada para empezar.

> La sabiduría es el análisis preciso de las consecuencias secundarias de un acto o decisión particular.

Por ejemplo, las consecuencias primarias de salir y beber un par de copas después del trabajo son el disfrute inmediato, la socialización, la gratificación personal, el relajamiento y un poco de diversión. Las consecuencias secundarias son que, después del momento de convivencia, la persona estará demasiado aturdida para estudiar algo que le ayude o para relacionarse con los otros de manera inteligente. El bebedor no volverá a ser sí mismo sino hasta el día siguiente. Las consecuencias primarias incluyen diversión, pero las secundarias son negativas. Sucede lo mismo con la gente que decide hacer ejercicio o no, comer de manera sana o consumir alimentos llenos de azúcar y grasa.

Las consecuencias secundarias surgen cuando una persona decide pasar sus noches viendo televisión en lugar de asistir a una escuela comunitaria y tomar un curso para incrementar sus habilidades. Las consecuencias secundarias se presentan cuando alguien pasa demasiado tiempo en el boliche, socializando con sus amigos o tratando de terminar el trabajo que no hizo en la oficina porque no organizó bien su tiempo.

En cada uno de estos casos, las consecuencias primarias suelen ser divertidas y disfrutables, pero las secundarias pueden ser desastrosas. En todas las situaciones, una persona sensata piensa mucho más en las consecuencias secundarias de sus acciones.

La capacidad de tomar en cuenta las consecuencias secundarias es el sello de la autodisciplina y el carácter, es la prueba de que un individuo ha desarrollado su perspectiva a largo plazo. La proyección precisa de las consecuencias secundarias y la certeza de que las actividades que se realizarán son las mejores, son prerrequisitos del éxito, la felicidad y el triunfo.

Esto es como una partida de ajedrez, antes de tomar una decisión debes preguntarte que podría suceder a largo plazo. ¿Cuáles son las consecuencias posibles? Si pudieran ser positivas, entonces tal vez sea bueno decidir hacer eso, pero si pudieran ser negativas, tal vez debas tener cuidado al tomar una decisión.

Hoy en día, alguien con un título universitario gana entre un 30 y 50% más por mes que alguien que solo terminó la preparatoria. Esto significa que esos, entre dos y cuatro, años adicionales de estudio se pagarán por sí mismos en casi el mismo tiempo que tomó obtener el título. A partir de ese momento, la persona con preparación académica ganará más y más a medida que avance en la vida, en tanto que una persona que no realizó estudios suficientes se quedará estancada, atrapada en un empleo de bajo nivel y destinada a seguir ganando un salario bajo. Y las cosas no cambiarán hasta que no eleve su nivel educativo.

Es obvio que a una persona que se esfuerza en la preparatoria para obtener buenas calificaciones, que economiza y ahorra para estudiar una carrera universitaria, le preocupan las consecuencias secundarias de su comportamiento. Mientras todos sus amigos y amigas se pasan el tiempo de fiesta en fiesta divirtiéndose, esa persona está planeando con una visión a largo plazo. Después de algún tiempo de arduo trabajo, estará viviendo en una casa grande en una colina y conduciendo un automóvil hermoso, mientras que sus compañeros de antaño seguirán estancados.

En la administración de los asuntos personales hay una ley respecto a la eficiencia forzada: aunque nunca se tiene tiempo suficiente para hacer todo, siempre hay tiempo para hacer lo más importante. Tu labor consiste en pensar antes de actuar y en asegurarte de hacer las cosas más relevantes en lugar de las que solo son divertidas, fáciles, urgentes o convenientes. Da un paso atrás y mira tu vida de forma objetiva, pregúntate todo el tiempo, ¿estoy usando bien mi tiempo al hacer esto?

> Aunque nunca se tiene tiempo suficiente para hacer todo, siempre hay tiempo para hacer lo más importante.

La peor manera de perder el tiempo es haciendo muy bien algo que no necesita hacerse para nada. Muchas personas pasan tantas horas haciendo tareas carentes de importancia, que confunden la actividad con el logro. No dan un paso atrás para examinar su vida, no se dan cuenta de que están siempre ocupadas haciendo cosas que no importan en realidad, cosas que, si no se llevaran a cabo, no implicarían una gran diferencia en su éxito o fracaso a largo plazo. Por ejemplo, una persona podría planear sus jornadas laborales de forma que le permita tener los descansos para el café más prolongados y disfrutables, o los almuerzos más largos que alguien pudiera desear, y, de todas formas, eso tendría un impacto casi nulo en los proyectos de importancia que desee realizar en su vida. Alguien podría leer todas las páginas de la sección de deportes de todos los periódicos, todos los días durante los próximos 25 años, y eso tendría un impacto nulo en su vida, su carrera y sus relaciones.

Lo más importante en la administración del tiempo es elegir bien, esta es la prueba más fehaciente de inteligencia y sabiduría. Tu capacidad de tomar las decisiones correctas es la clave para lograr todo lo demás. Tu vida está donde está y es lo que es debido a la manera en que usaste tu tiempo en el pasado, pero, a partir de este momento en adelante, tú puedes cambiar tus resultados y tus logros: basta con que modifiques la manera en que usas tu tiempo. Y recuerda: siempre tienes la libertad de elegir.

> Tú puedes cambiar tus resultados y tus logros:
> basta con que modifiques la manera en que usas tu tiempo.

EL EQUILIBRIO VIDA-TRABAJO

Con frecuencia la gente me pregunta cómo puede mantener un equilibrio entre su trabajo y su familia. Todos sienten que tienen mucho que hacer, pero muy poco tiempo para hacerlo, sienten que sus relaciones, en especial la que tienen con sus hijos, se ven afectadas debido a las incesantes exigencias que el trabajo impone sobre su tiempo, y no saben qué hacer al respecto. Les preocupa conservar su empleo, pero también quieren mantener la calidad de su vida en el hogar.

El problema del equilibrio no se va a acabar, al contrario, la velocidad del cambio y las exigencias del trabajo solo aumentarán en los próximos años. Este continuará siendo un dilema fundamental el resto de tu vida, así que debes efectuar algunos cambios en tu corazón, tu mente y tu actitud.

He estudiado filosofía, psicología, religión y metafísica a lo largo de toda mi existencia y he llegado a la conclusión de que tu nivel de felicidad es el mejor indicador de si tu vida va bien o no. En cualquier momento puedes mirar alrededor y descubrir que las mejores áreas de tu trabajo y tu hogar son aquellas en que te sientes más contento, satisfecho y en paz. De manera inversa, los aspectos que te causan tristeza, miedo o ansiedad son tu mayor problema y fuente de estrés.

Por todo lo anterior, deberías organizar tu vida para tener más y más zonas que te hagan feliz y menos de las que te angustian.

Esta idea de usar la felicidad como un barómetro de lo que es correcto para ti les incomoda a muchos porque desde que eran niños les dijeron que su propia felicidad no era algo prioritario.

A lo largo de mi infancia y mi juventud me dijeron que el propósito de mi vida era hacer felices a otros, y que si en el camino lograba tener un poco de felicidad para mí mismo, sería muy afortunado. La idea de establecer mi propia felicidad como el centro de mi existencia parecía egoísta, incorrecta e inaceptable, pero Abraham Lincoln escribió que uno no puede ayudar a los pobres siendo pobre. Asimismo, no puedes ayudar a la gente a ser feliz si no eres feliz. La noción de que alguien deba sufrir para que otros sean dichosos, es bastante ridícula, no puedes dar algo que no tienes, no puedes hacer felices a otros a menos de que tú también lo seas.

Si en verdad amas a tu cónyuge, trabaja en tu persona para convertirte en alguien positivo y alegre, alguien que genere gozo y deleite en las personas que lo o la rodean. Si en verdad amas a tus hijos, sé un padre o una madre feliz para que les den ganas de verte todos los días.

Investigaciones recientes muestran que los niños se sienten mucho mejor con un solo padre o madre que es feliz, que con un matrimonio que se está matando todo el tiempo. La antigua idea de quedarse juntos por el bienestar de los niños no podría ser más equívoca. Tal vez no haya nada que destruya más el alma de un niño que vivir en un hogar desbordante de animosidad y disputas.

La naturaleza es maravillosa, nos da todo lo que necesitamos para disfrutar de la vida. La naturaleza construye en nuestro interior un mecanismo que nos permite saber si algo es bueno o malo para nosotros, si es correcto o incorrecto. Si tocas algo caliente, por ejemplo, tu mano se alejará de inmediato para que no te quemes. Eres adulto y has tenido suficientes experiencias para saber que las superficies calientes son peligrosas. La naturaleza te da la sensación del dolor físico para evitar que te lastimes.

De la misma manera, la naturaleza ha instalado en tu interior un mecanismo que te dice lo que es conveniente para los distintos aspectos de tu vida personal, emocional y profesional, y lo que no lo es. Es una noción de felicidad contra infelicidad, lo único que tienes que hacer es escucharte a ti mismo. Cuando dices y haces algo que es correcto para ti, por ejemplo, te sientes tranquilo, cómodo y feliz. Cuando haces, dices o experimentas algo que te hace mal, te sientes nervioso, enojado o temeroso. En todas las situaciones puedes cerrar los ojos y escuchar a tu sentido interior de la felicidad. Siempre sabrás qué es lo que debes hacer.

A pesar de lo anterior, una persona que jamás consideraría sentarse en una estufa encendida y dejar que su cuerpo se queme, podría permanecer en una situación en la que lo que se está quemando es su alma, su vida emocional, durante meses e incluso años. En lugar de escuchar a sus sentimientos de infelicidad y aceptarlos como una guía, los ignora y reprime, usa mecanismos psicológicos para no lidiar con el hecho de que su vida es miserable.

Los hombres y mujeres más exitosos tienen una regla respecto a la que son muy claros: solo hacen las cosas que los hacen felices. También insisten de la misma forma en negarse a involucrarse con gente o en situaciones que los hacen infelices, y si llegan a caer en algo así, lidian con ello de manera directa y acaban con la situación o escapan de ella para volver a sentirse en paz.

> Los hombres y mujeres más exitosos son muy claros respecto a solo hacer las cosas que los hacen felices.

Muchas personas permanecen en situaciones desagradables porque piensan que, de alguna manera, en algún momento ganarán algo que los compensará de más por soportar esa vida miserable, pero eso sucede muy rara vez. Si piensas en retrospectiva y analizas las ocasiones en que has sido infeliz porque estabas en una relación terrible, porque tenías un empleo horrible o porque estabas en una mala situación de negocios, seguro recordarás que, después de eso, nunca obtuviste nada que valiera la pena. De hecho, si lo piensas bien, nunca te habrías metido en esa situación y, si por alguna razón hubieras caído en ella de forma involuntaria, habrías escapado mucho más rápido.

Nada bueno sale de algo malo. Gracias a su experiencia, la gente superior aprende que, de todas formas, estar en una mala situación nunca ofrece recompensas. Quienes se niegan a someterse a algo que los hace sentir infelices por un período breve o prolongado, siempre cambian la situación o se van. Pagarán el precio que sea necesario, pero no sacrificarán su vida ni su integridad emocional por alguien o algo más.

Cuando hayas decidido usar tu propia felicidad como una guía para tomar tus decisiones, te darás cuenta de que el 85% de tu dicha proviene de tus relaciones con otros. Y, claro, también el 85% de tu infelicidad proviene de la misma fuente. La mayor parte de nuestra alegría viene de la gente, pero también la mayor parte de nuestras penas. La gente no está al margen de una buena vida, es la esencia de una vida correcta y feliz.

DISEÑA TU VIDA IDEAL

Para poner tu vida en equilibrio y mantenerla así, es esencial que reflexiones sobre quién eres, a dónde te diriges y qué es lo que en verdad te importa. De la misma manera que sucede con el pensamiento estratégico, para poner tu vida en equilibrio tienes que empezar por tus valores. Todo el tiempo debes preguntarte: "¿Qué es lo que en verdad me importa? ¿Qué es relevante para mí? ¿Por qué hago lo que hago?".

La gente con frecuencia pierde el equilibrio porque deja de pensar y enmascara este hecho con una actividad frenética. Muchas personas solo encuentran la manera de estar cada vez más ocupadas, más cansadas, y de hacer más cosas de menor importancia. Sienten que están en una rueda para hámsteres, acelerando todo el tiempo sin llegar a ningún lugar, y no saben cómo detenerse porque perdieron de vista el hecho de que su habilidad para pensar es la herramienta más poderosa con la que cuentan para garantizarse una vida feliz y saludable. Algunos necesitan sufrir un ataque al corazón para desacelerar, hacer una pausa y pensar. Otros necesitan enterarse de que tienen una enfermedad que podría ser fatal. Otros prefieren esperar a que su matrimonio se desmorone. Los seres humanos somos muy graciosos en ese sentido: para poner atención, necesitamos una buena bofetada.

Cuando hayas decidido cuáles son tus valores, date un poco de tiempo, toma una libreta y describe tu estilo de vida ideal. Si pudieras diseñar la vida perfecta, del amanecer al anochecer, de lunes a viernes, del 1 de enero al 31 de diciembre, ¿cómo la vivirías? Siéntate con tu pareja o tu cónyuge, y juntos diseñen la vida de sus sueños. ¿Dónde les gustaría vivir? ¿Qué les gustaría hacer en su tiempo libre? Si la empresa para la que trabajan colapsara y ustedes se quedaran en la calle, libres para decidir lo que querrían hacer respecto a sus carreras en el futuro, ¿qué les agradaría hacer? ¿Con quién querrían hacerlo? ¿Cuánto les gustaría ganar?

Revisa tus distintas listas de metas. Decide cuál sería tu nivel ideal de salud y condición física, tu peso ideal, las materias sobre las que te gustaría aprender más, las actividades en que te agradaría involucrarte, la gente con que te gustaría socializar y, en especial, la manera en que te gustaría pasar tu tiempo con tus seres queridos.

Una vez que hayas descrito tu estilo de vida ideal, examina dónde te encuentras ahora, imagina que tienes una libreta de papel y que dibujas un círculo en el lado izquierdo y otro en el lado derecho. Dentro del primer círculo escribe: "Ahora", y dentro del segundo escribe: "En cinco años". Luego pregúntate: "¿Qué tendría que hacer, empezando hoy, para pasar de donde me encuentro ahora a donde quiero estar, en cada área de mi vida, en cinco años?".

La mejor manera de predecir tu futuro es diseñándolo. La mejor manera de garantizar que dentro de cinco años estés donde quieres estar es diseñándolo de la misma manera que diseñarías una casa. Luego empieza a construir tu vida paso a paso, día a día, para que dentro de cinco años llegues al destino que planeaste.

Para alcanzar el equilibrio en tu vida, establece tu tranquilidad mental como tu meta fundamental y organiza tu tiempo y tu vida con base en ello. Tu voz interior y tu intuición son tus guías internas hacia la paz y la tranquilidad, nunca te desviarán de tu camino. Si estableces tu tranquilidad mental como tu meta abarcadora y organizas todas tus otras metas y actividades en torno a ella, será mucho menos probable que cometas errores trascendentes.

UN EJERCICIO PARA ENTRAR EN ACCIÓN

Imagina que solo te quedara una hora de vida. ¿Qué te vendría a la mente? ¿En qué pensarías? ¿Qué harías en tus últimos 60 minutos? Supongo que te vendrían a la mente uno o varios rostros, que pensarías en la persona o personas con las que te gustaría hablar, con quienes querrías tener contacto físico.

No sé qué rostros visualizaste, pero de una cosa estoy seguro: si solo te quedaran 60 minutos de vida, no estarías pensando: "Me gustaría ir a la oficina y devolver algunas llamadas telefónicas". El propósito principal de la administración del tiempo es permitirte cumplir con tus responsabilidades con el mundo exterior, para tener más tiempo y pasarlo con las personas fundamentales de tu vida, con aquellas cuyo rostro te vendría a la mente si te enteraras de que te queda poco tiempo en este mundo. El objetivo de la administración del tiempo es permitirte pasar más horas con la gente que amas y hacer más de las cosas que en verdad disfrutas, así que empieza ahora mismo.

Los puntos más importantes

- Toda acción u omisión implica una elección entre lo que es más importante y lo que es menos importante.
- Pregúntate: Sabiendo lo que sé ahora, ¿hay algo que esté haciendo que no haría?
- Autodisciplina es hacer lo que deberías hacer en el momento en que deberías hacerlo, tengas ganas o no.
- Tu vida está donde está y es lo que es debido a la manera en que usaste tu tiempo en el pasado.
- Usa la felicidad como el barómetro para medir lo que es correcto para ti.
- Date algo de tiempo, toma una libreta y describe tu estilo de vida ideal.

Capítulo 9

Aumenta tu habilidad de ganar dinero

Para aprovechar tu potencial al máximo debes comprometerte a mejorar tu habilidad de ganar dinero a lo largo de toda tu vida. No importa quién firme tu cheque de nómina, siempre serás un autoempleado, eres el presidente de la corporación que ofrece tus servicios personales. Eres 100% responsable de tu propia investigación y desarrollo, lo que significa que, si quieres aumentar el valor de tu contribución, tienes que trabajar de manera permanente en ti mismo. Más que cualquier otro factor, tu capacidad de obtener resultados valiosos determinará cuánto ganes. En la actualidad, el aprendizaje a lo largo de toda la vida es el requisito mínimo para triunfar en cualquier área, es el trampolín para alcanzar ganancias más elevadas y la seguridad en tu empleo, es el antídoto contra perder tu trabajo en medio de una economía que muta a toda velocidad.

Pero entonces, ¿por qué la gente no trabaja en su desarrollo personal y profesional? Principalmente porque no tiene metas ni planes. Alguien que no tiene una noción clara de su dirección no cree tener ninguna razón urgente para aprender nada nuevo. No tener metas te permite no tener compromisos, en especial contigo mismo y con tu futuro.

Anteriormente señalé que para medir la importancia de todo lo que haces necesitas evaluar el impacto que cada cosa podría tener en tu futuro. Si algo pudiera cambiarlo de manera extraordinaria, es importante que empieces a trabajar en ello en el presente. En cambio, si notas que una acción podría tener muy poco impacto, no es necesario que la realices ahora y, quizá, tampoco más adelante. La perspectiva a largo plazo garantiza el éxito en el futuro, pero exige hacer las cosas a corto plazo que tendrán un impacto trascendental más adelante.

El aprendizaje es una de las actividades más valiosas, me refiero a desarrollar tu mente e invertir en aumentar tu capacidad de aprender. Cuando lees un libro, escuchas una grabación motivacional en audio o asistes a un seminario, puedes aprender algo útil que podría tener un impacto en tu carrera durante décadas. Incluso podría tener un impacto positivo en el futuro para ti, tu familia, tus hijos y tus nietos. Cada vez que aumentas tus ingresos y te mueves a un grupo socioeconómico más elevado, también les das a tus hijos la oportunidad de ascender a ese mismo grupo. Dentro de una generación, los hijos de tus hijos podrían todavía beneficiarse de que inviertas en ti mismo ahora.

¿QUÉ NECESITO SABER?

Yo me he convertido en un firme creyente del desarrollo personal y profesional. Creo que puedes llegar a ser cualquier cosa que te propongas, solo tienes que identificar con claridad lo que quieres ser, y estudiar y aprender lo que necesitas saber.

Me parece que ya mencioné que debes preguntarte lo siguiente: "¿Qué conocimiento o información adicional necesito para lograr mi meta?". Si te propusiste alcanzar la independencia financiera, tienes que volverte muy bueno en lo que haces. ¿Qué necesitas hacer para ser el mejor en tu campo? La única manera de garantizar que cumplirás tus metas es comprometiéndote a caminar cualquier distancia, hacer cualquier sacrificio e invertir cualquier cantidad necesaria de tiempo para aprender lo que te hace falta para ser el mejor.

Tu habilidad para obtener resultados valiosos por los que alguien más esté dispuesto a pagar es comparable a una cubeta con agua. Cuando empiezas tu carrera, la cantidad de resultados que puedes obtener es mínima, tienes conocimiento y experiencia limitados y, por lo tanto, también la cantidad que puedes ganar es limitada. Tu cubeta de la capacidad de ganar está casi vacía al principio, pero a medida que pasa el tiempo, viertes más conocimiento y experiencia en ella. Conforme tu conocimiento aumenta, el nivel en tu cubeta se eleva, tu nivel de ingresos también. Si continúas vertiendo conocimiento y experiencia, con el tiempo los resultados se acumularán hasta un punto en el que tu nivel de ingresos también será más alto.

Sin embargo, tu cubeta tiene un pequeño problema: tiene un agujero. Esto significa que todos los días, se fuga una parte, tu conocimiento y experiencia se vuelven obsoletos o inútiles. Si no haces nada para remediar esto y continuar mejorando, tu capacidad de ganar dinero disminuirá con el tiempo. Para contrarrestar esta pérdida, debes verter todo el tiempo información en la cubeta, aunque chorree de la parte de abajo. Las personas que dejan de aprender no se mantienen en su sitio, empiezan a caer de la misma forma en que su capacidad de ingreso se fuga como el agua de la cubeta.

La gente exitosa no es necesariamente más inteligente que la que no tiene éxito, es solo que sabe una cantidad mayor de cosas importantes. Ha pagado el precio necesario para avanzar porque ha aprendido más sobre su campo de acción y experiencia. A veces, un poco de conocimiento adicional puede modificar por completo la dirección de tu carrera y permitirte dar un gran salto hacia adelante.

Toda mejora empieza cuando asimilas información nueva, cuando comprendemos con mayor profundidad o nos vemos desde otra perspectiva a nosotros mismos o a nuestro trabajo. Los hombres y mujeres exitosos bombardean de forma constante su mente con ideas nuevas provenientes de fuentes variadas. Se sumergen en el río del entendimiento y abren su mente a un flujo continuo de información.

Para ganar más, debes aprender más. Nadie te pagará más de lo que estás ganando ahora a menos de que aprendas y practiques algo nuevo. En este momento estás en una meseta, has llegado a tu máximo nivel de ingresos en tu etapa actual de conocimiento. Cada pequeño paso que logres avanzar a partir de ahora dependerá de que aprendas algo nuevo o distinto, y de que emprendas acciones al respecto.

> Para ganar más, debes aprender más.

APLICACIÓN DE LAS LEYES MENTALES

Ya hablé de la ley de la correspondencia que dice que tu mundo exterior es reflejo de tu mundo interior. Tu mundo exterior de la riqueza y el logro suele tener una correspondencia con tu mundo interior del aprendizaje y la preparación. Por esta razón, rara vez aprendes algo nuevo y valioso sin que poco después llegue la oportunidad de ponerlo en práctica.

Esto nos lleva de nuevo a la ley de la atracción, la cual dice que todo lo que hay en tu vida lo has atraído debido a la persona que eres. Pero aún puedes atraer más porque puedes cambiarte a ti mismo. La ley de la atracción es tan poderosa que, si te comprometes a aumentar y mejorar tus habilidades, casi de inmediato empezarás a atraer a tu vida a las personas, circunstancias, ideas e incluso ofertas de trabajo que te permitirán usar ese nuevo conocimiento. Establecerás un campo de energía que atraerá lo que otros llaman "suerte", pero que, como descubrirás, es resultado directo del trabajo que realices en ti mismo.

Otra ley importante es la de la causa y efecto, y su ley subsidiaria, la ley de la siembra y la cosecha. La ley de la causa y efecto dice que, por cada efecto en tu vida, real o deseado, hay una causa específica. La causa de la riqueza, el éxito y los grandes logros es múltiple, incluye tres elementos: trabajo arduo, compromiso y preparación incesante. La ley de la siembra y la cosecha dice que cualquier cosa que estés cosechando hoy es resultado de lo que sembraste en el pasado, en especial en tu mente. Para cosechar algo distinto en el futuro, siembra algo diferente ahora. Una vez que hayas sembrado las semillas del nuevo conocimiento, aparecerá la cosecha, es decir, la oportunidad de ponerlo en práctica.

Tal vez la ley más importante respecto al desarrollo personal y profesional sea la ley de la acumulación, la cual dice que todo gran logro es una acumulación de cientos, o incluso de miles de horas y esfuerzo que nadie más ve o aprecia. Esta noción se resume de una manera muy bella en un poema de Henry Wadsworth Longfellow:

> Las alturas que los grandes hombres alcanzaron,
> No fueron conquistadas en el vuelo repentino,
> Mientras sus congéneres dormitaron,
> Ellos se afanaron en su ascenso clandestino.

La ley de la acumulación dice que todo cuenta. Todo lo que haces o no haces en un día cuenta. Todo está siendo escrito en un gran libro de contabilidad y va al lado del crédito o al de débito. Todo lo que estás haciendo te acerca o aleja de tus metas, cada hora que escuchas una grabación de audio, cada hora que pasas en seminarios y conferencias cuenta. Cada hora se añade a una gran vida o a una mediocre: el reloj no deja de hacer tictac.

Ahora te daré un consejo que cambiará tu vida para siempre: a partir de hoy, invierte el 3% de tus ingresos anuales en tu desarrollo personal y profesional. Benjamin Franklin dijo: "Vacía las monedas de tu bolsillo en tu mente y tu mente llenará tu bolsillo de monedas". Si inviertes esta cantidad de tus ingresos en ti mismo, en muy poco tiempo verás que no tendrás que preocuparte nunca más por el dinero. Solo toma en cuenta que también puede suceder lo contrario: si *no* inviertes parte de tus ingresos en ti mismo, lo más probable es que la falta de dinero te angustie de por vida. Si sigues este consejo, llegará un momento en el que no tengas suficientes días ni semanas al año para gastar todo el dinero adicional. Si empiezas ahora mismo a invertir el 3% de tus ingresos anuales en tu mente, te asombrará lo rápido que tu vida comenzará a transformarse.

TRES ÁREAS DE DESARROLLO

Hay tres áreas principales de desarrollo personal y profesional. La primera consiste en leer todo texto que llegue a tus manos y creas que puede ayudarte.

Por desgracia, muchas personas salen de la escuela sin poder leer, la lectura se les dificulta mucho y tratan de evitarla siempre que pueden. Están acostumbradas a recibir su información de manera pasiva, a través de la televisión, la radio e Internet, es decir, evitan el medio activo de la palabra escrita.

Si eres un lector deficiente, hay una infinidad de maneras en que puedes aprender a leer. Muchas empresas tienen programas remediales de lectura, como la YMCA, los centros educativos comunitarios, las preparatorias y las universidades. También hay un programa nacional de alfabetismo que está en crecimiento y que de manera activa busca estudiantes para ponerlos en contacto con tutores entrenados. Si quieres aprender a leer bien, nada en el mundo podrá detenerte.

Todos los líderes son lectores, y solo la lectura es lectura: nada puede sustituirla. La lectura es para la mente lo que el ejercicio para el cuerpo. Nada hace que tu cerebro se involucre tanto en el acto del aprendizaje como concentrarte en la palabra escrita. Mucha gente da excusas para no leer, pero son solo ejercicios de autoengaño. Si tienes un problema de lectura, fíjate en este preciso instante la meta de llegar a ser un lector extraordinario en uno o dos años a partir de ahora. Tus problemas de lectura quedarán en el pasado y tú recibirás más recompensas de las que podrías imaginar.

¿Cuánto deberías leer? Si lees una hora al día cosas sobre tu campo de acción y tomas notas, en tres años serás una autoridad en cualquier área que elijas. En cinco serás un experto a nivel nacional y, en siete, serás un experto internacional.

Leer una hora al día se traduce en, más o menos, un libro a la semana. Un libro a la semana significa unos 50 libros al año, y 50 libros al año suman unos quinientos en los próximos 10 años. El estadounidense promedio lee menos de un libro de no ficción al año y el 58% de los estadounidenses nunca vuelven a leer un libro de no ficción al salir de la preparatoria. Tomando en cuenta lo anterior, si leyeras solo un libro al mes que te ayudara a crecer en el aspecto personal o profesional, formarías parte del 1% de los adultos que aprenden algo en el país. Si inviertes una hora al día en lecturas de tu área de trabajo, estarás oprimiendo el acelerador de tu propio potencial y, gracias a la ley de la correspondencia, tu vida exterior empezará a cambiar de forma dramática.

APRENDIZAJE EN AUDIO Y VIDEO

La segunda manera en que puedes invertir tus ingresos en tu mente es a través del aprendizaje en audio y video. Las mentes más agudas de nuestro tiempo han resumido sus mejores pensamientos en audios producidos de manera profesional. De hecho, la invención del aprendizaje en audio es, quizá, la innovación más trascendente en la educación desde la invención de la imprenta.

He conocido y hablado con miles de hombres y mujeres que experimentaron profundos cambios en su vida debido a que escucharon audios educativos. Por desgracia, la mayoría de la gente nunca ha escuchado un audio de este tipo. Por alguna razón, muchos piensan que este medio no es para ellos, que los audios son demasiado costosos o que no les ayudarán.

De acuerdo con la Asociación Estadounidense de Automóviles (AAA, por sus siglas en inglés), el conductor promedio en Estados Unidos maneja entre 20 000 y 25 000 kilómetros anuales. Tomando en cuenta el tráfico, esto se traduce en, más o menos, entre 500 y 1 000 horas sentado en tu automóvil en un año, el equivalente a entre 12.5 y 25 semanas pagadas. Imagina lo que sucedería si tu jefe te diera entre 12.5 y 25 semanas pagadas, es decir, entre tres y seis meses al año, para que continuaras tu educación. ¿Crees que eso tendría un efecto en tus ingresos? Te aseguro que sí. Esta cantidad de tiempo se transforma en uno o dos semestres universitarios, lo que significa que puedes convertirte en uno de los individuos con mayor preparación académica y mejor pagados de tu generación, y que puedes lograrlo con solo escuchar audios mientras conduces. Transforma tu automóvil en una universidad sobre ruedas y haz que tu tiempo de manejo se convierta en tiempo de aprendizaje.

SEMINARIOS Y TALLERES

La tercera manera de invertir tu 3% anual es asistiendo a seminarios, talleres y cursos permanentes de estudio. Solo toma cursos con expertos, con hombres y mujeres que hayan logrado el éxito en sus campos respectivos y ahora enseñen a otros a hacer lo mismo.

Cuando asistas a talleres y seminarios, siéntate lo más al frente que puedas y toma todas las notas posibles. Aprovecha toda oportunidad que se presente para dar seguimiento a las sesiones por medio de preguntas y solicitando opiniones y consejos. A veces puedes hacer una pregunta y obtener información que te ahorrará miles de dólares y meses de arduo trabajo.

Aprovecha todas las oportunidades de conocer a los otros participantes de los seminarios. Intercambia tarjetas de presentación y aprovecha la sesión para robustecer tu red de contactos. Las personas que van a seminarios y talleres son ambiciosas e industriosas, están ansiosas por aprender y dispuestas a invertir en sí mismas. Es el tipo de gente a la que debes conocer.

DA INICIO A TU BÚSQUEDA

¿Dónde puedes empezar tu búsqueda permanente de conocimiento? Empieza justo donde estás. Analiza tu empleo actual y pregúntate: "¿Qué conocimiento o habilidades me sería útil tener si quisiera avanzar en este empleo?".

> Pregúntate: "¿Qué conocimiento o habilidades me sería útil tener si quisiera avanzar en este empleo?".

Empieza por el conocimiento más relevante y útil que puedas aplicar desde ahora, no te preocupes por cosas que tal vez necesites en uno o cinco años, eso solo te hará distraerte y escatimar tu esfuerzo. Enfócate y sé egoísta respecto a lo que decidas aprender a corto plazo. Solo aprende lo que puedas usar de inmediato para obtener mejores resultados.

Earl Nightingale dijo que siempre te pagan en proporción directa con lo que haces, con cuán bien lo haces y con lo difícil que sería remplazarte. Siempre debes pensar en términos de lo que estás haciendo ahora y lo que deseas hacer en el futuro. ¿Qué tendrás que aprender para estar preparado para hacer lo que quieres en dos, tres o cinco años?

> Siempre te pagan en proporción directa con lo que haces, con cuán bien lo haces y con lo difícil que sería remplazarte.

Una vez que hayas elegido tu campo, concéntrate en volverte un experto, en ser increíblemente competente en él. También debes esforzarte en volverte indispensable. Si logras hacer todo esto, tu futuro estará asegurado en buena medida, nunca tendrás que preocuparte por conseguir empleo ni angustiarte por el dinero.

Vivimos en una sociedad basada en el conocimiento. En promedio, 70% de todos los hombres y mujeres que trabajan en Estados Unidos en la actualidad están involucrados en alguna fase de la generación, procesamiento y distribución de información, y el porcentaje de trabajadores que trabajan en empleos con base en el conocimiento aumenta año con año. No tienes otra opción, debes incorporarte a la economía del conocimiento y la información, y la única forma de lograrlo es volviéndote sumamente diestro y competente en el área que hayas elegido. Lee revistas como *Success, Inc., Forbes, Fortune, Business Week* y cualquier otra publicación especializada que tenga que ver con tu profesión.

Compra libros escritos por gente exitosa en tu campo de trabajo, forma tu propia biblioteca y, cuando leas estos libros, toma notas y subraya para que puedas volver a las partes relevantes y encontrarlas con facilidad más adelante.

EL MÉTODO OPIR

Hay varias cosas importantes que puedes hacer para mejorar tu habilidad de aprender. De acuerdo con ciertos estudios realizados para investigar el superaprendizaje, escuchar música clásica en el fondo mientras lees o estudias acelera el aprendizaje y la retención de información.

Otra buena idea es contar con un lugar silencioso adonde puedas ir a estudiar de manera regular. Esto le permite a tu mente estar preparada para absorber información en cuanto te sientes y comiences tu sesión.

Para aprovechar un libro al máximo, usa los cuatro pasos del método OPIR:

O: Antes de empezar a leer un libro, haz una *Observación general*. Lee la portada y la contraportada, lee el índice y hojea el libro para ver cómo está dividido y presentado.

P: La *Preparación de lectura*. Lee el libro pasando lo más rápido posible las páginas, una por una, y tratando de encontrar las ideas principales en los títulos y subtítulos.

I: Haz una *Indagación*. Este paso te permite leer a profundidad. Una buena recomendación sería leer el libro en el orden que te interese de manera personal. Salvo si se trata de un libro de ficción, no tienes que seguir el orden que el autor propone, solo ve directo a los capítulos que más te interesen y, de ahí, a los que no te interesen tanto, y así sucesivamente. Tal vez descubras que en este momento solo te interesa uno y, en ese caso, solo lee ese capítulo y deja el libro cerca para otra ocasión.

R: Por último, haz una *Revisión*. Dado que en dos horas vas a olvidar el 50% de lo que aprendas, vale la pena que hagas una revisión rápida después de terminar de leer todo lo que te pareció valioso. De esta forma duplicarás o triplicarás tu nivel de retención.

También resulta útil subrayar las oraciones e ideas fundamentales con una pluma roja o un marcador fluorescente. Con este método, tal vez me tome entre cinco y seis horas leer un libro por primera vez, pero luego puedo releer todas las ideas clave en menos de una hora.

Algunos libros fueron hechos solo para escanearlos rápido. Otros, en cambio, deben leerse de un extremo a otro, pero no releerse. Hay otros que tienen tanta información relevante para lo que estás haciendo, que puedes releerlos una y otra vez para entenderlos a nuevos niveles de profundidad en cada ocasión.

Así como encuentras la manera de incorporar a tu vida diaria actividades como comer, dormir, hacer ejercicio y socializar, también busca la forma de que leer, aprender y estudiar formen parte de tu agenda. Designa un lugar específico en tu casa para estudiar y establece un horario regular para hacerlo.

La cantidad de tiempo que inviertas en alimentar tu mente te permitirá saber, con una precisión considerable, en dónde estarás y qué estarás haciendo en unos tres o cinco años. Mi amigo Charlie Jones dice que en cinco años estarás en el mismo lugar en que te encuentras ahora, salvo por los libros que habrás leído y la gente que habrás conocido.

Quizá, tu compromiso con tu desarrollo personal y profesional constante es lo más importante que podrías hacer por tu carrera. Este compromiso, además de estar bajo tu control absoluto, te abrirá puertas y te permitirá aprovechar muchas oportunidades. El compromiso con el desarrollo personal es una expresión externa de tu autodisciplina, tu control de ti mismo y tu perspectiva a largo plazo. Es el sello de carácter personal que distingue a todos los hombres y mujeres superiores.

LA FÓRMULA DEL 1 000%

Permíteme explicarte la fórmula del 1 000%. Se basa en la noción de que podrías aumentar tus ingresos en 1 000% 10 veces en los próximos 10 años. Se basa en la ley de la acumulación y es muy sencilla. Yo he usado este método para aumentar mis propios ingresos 100 veces en un período de 12 años, y muchos de mis estudiantes lo han usado para aumentar sus ingresos incluso más.

La primera pregunta que tengo que hacer es: si en verdad quisieras, si en verdad te concentraras, ¿podrías aumentar tu productividad, tu desempeño y tus resultados 0.5% en los próximos siete días? Si analizas esta pregunta, te darás cuenta de que, con solo aplicar un poco de lo que ya sabes sobre la administración del tiempo, podrías, de manera muy sencilla, volverte un 0.5% más eficiente en la siguiente semana.

> ¿Podrías aumentar tu productividad, tu desempeño y tus resultados 0.5% en los próximos siete días?

Ahora bien, después de haber mejorado tu eficiencia durante siete días, ¿podrías volver a hacerlo los siguientes siete? Claro que sí, si pudiste durante un período de siete, puedes repetir la hazaña. ¿Podrías hacerlo cada semana durante un mes? Tu respuesta tendría que ser "Sí" de nuevo.

Para el final de la tercera semana habrías desencadenado el principio de la inercia del desarrollo personal. Siempre y cuando persistieras en mejorar tu eficiencia un poco cada día, descubrirías que avanzas y creces más rápido cada semana.

Después de aumentar tu productividad el primer mes, ¿podrías hacerlo el segundo y el tercero? Una vez más, tu respuesta será: "Sí". ¿Podrías hacerlo a lo largo de todo un año? "Sí." Si en verdad quisieras, podrías mantener esta inercia de manera infinita. De hecho, entre más aumentes tu eficiencia personal, más fácil se volverá el proceso. Si ya lo hiciste todo un año, ¿podrías hacerlo el segundo, el tercero y el cuarto? Por supuesto.

Las cifras funcionan de esta manera: si mejoras tu eficiencia un 0.5% cada semana, tendrías un incremento en tu productividad de 2% a lo largo de 4 semanas. Este tipo de incremento, a lo largo de 13 periodos de 4 semanas, es decir, de 52 semanas, sumaría una mejoría de 26% en un año. Además, todo lo que hagas para aumentar tu eficiencia en cualquier área tendrá un impacto en las demás áreas. Esto significa que tu eficiencia tendría un incremento compuesto durante 52 semanas: 26% al año. Multiplica esta cifra por 10 y, tomando en cuenta el efecto compuesto, te daría como resultado 1 004% al final del décimo año.

En resumen, con solo aplicar la ley de la acumulación y mejorando a un ritmo de 0.5% por semana, podrías aumentar tu productividad total y tus resultados 1 004% en 10 años. Si tienes la autodisciplina necesaria para mantener este índice de mejoramiento, te garantizo que obtendrás estos resultados o incluso otros mejores.

LAS SIETE PARTES DE LA FÓRMULA

Casi todas las personas que han aplicado la metodología que describiré a continuación me han dicho que 26% al año es muy poco, ya que ellas han experimentado, en solo seis meses, incrementos de 50, 100 e incluso 300 y 400% en su productividad, desempeño e ingresos. Estas son las siete partes de la fórmula del 1 000 por ciento.

1. Levántate todas las mañanas temprano y lee material educativo, motivacional o inspirador entre 30 y 60 minutos. Si inviertes este tiempo en tu mente cada mañana, todo tu día será mejor, te sentirás más feliz y positivo. También serás más productivo. Si solo leyeras entre 30 y 60 minutos en la mañana, con eso bastaría para que tuvieras un incremento de 1 000% en 10 años, si no es que antes.

2. Todas las mañanas escribe y reescribe tus metas más importantes en tiempo presente. Usa un cuaderno de espiral e invierte entre 3 y 5 minutos escribiendo tus metas. Esto las programará de una manera cada vez más profunda en tu subconsciente y permitirá que estés más alerta y consciente de las oportunidades que se presenten a lo largo del día.
3. Planea cada día con anticipación. Escribe un plan antes de empezar y síguelo al pie de la letra, hora por hora.
4. Establece prioridades y siempre concéntrate en la mejor y más valiosa manera de usar tu tiempo. Si solo establecieras prioridades de forma minuciosa, con base en tus metas y objetivos más importantes, y si solo te concentraras en usar tu tiempo de la manera más valiosa posible, tal vez podrías tener un incremento de 1 000 por ciento.
5. Escucha audios educativos en tu automóvil. Nunca realices un trayecto sin escuchar algo de lo que puedas aprender, recuerda que todo cuenta. Cada minuto que pasas aprendiendo te acerca mucho más a la realización de tu meta de independencia financiera.
6. Hazte siempre dos preguntas. Después de cada situación, entrevista, llamada de ventas o tarea desafiante, pregúntate: "¿Qué hice bien?" y "¿Qué haría de manera distinta?". Estas preguntas te permitirán aprender a un ritmo acelerado.
7. Trata a todas las personas que conozcas como si fueran un cliente con un poder adquisitivo de un millón de dólares. Trata a cada persona, empezando cada mañana por los miembros de tu familia en casa y luego a la gente con que interactúes a lo largo del día, como si fuera la más importante del mundo. Todas las personas se consideran a sí

mismas de esa manera, y que tú lo reconozcas te facilitará el camino en las relaciones humanas mucho más que cualquier otra práctica.

La clave para tu futuro es un desarrollo permanente, continuo, persistente, personal y profesional. Si estás dispuesto a invertir tu tiempo y tu dinero en tu desarrollo intelectual y hacerlo durante el tiempo suficiente y con bastante ahínco para lograr tus metas, no habrá nada que no puedas ser, nada que no puedas lograr. No habrá ningún lugar adonde no puedas ir, no habrá nada que no puedas llegar a ser.

Los puntos más importantes

- Tu capacidad de obtener resultados valiosos determinará cuánto ganes.
- Utiliza el pensamiento base cero para definir qué actividades debes continuar realizando y cuáles deberías abandonar.
- Usa la fórmula de 1 000% para impulsar tu productividad al máximo.
- Invierte el 3% de tus ingresos anuales en tu desarrollo personal y profesional.
- Recuerda las tres áreas fundamentales del desarrollo personal: la lectura, los audios de aprendizaje y la asistencia a talleres y seminarios.
- Encuentra la manera de hacerte indispensable.

Capítulo 10

Obtén el empleo que deseas

Uno de los grandes secretos del éxito es hacer lo que amas porque tendrás más oportunidades de triunfar haciendo algo que disfrutas que haciendo cualquier otra cosa. De hecho, una de las mejores maneras de desperdiciar tu vida y anular cualquier probabilidad de ser feliz en tu carrera es trabajando en algo que no te gusta, solo por el dinero o la seguridad que ese empleo te puede ofrecer.

Hoy en día, el 80% de los hombres y mujeres que trabajan lo hacen en un empleo en el que no aprovechan por completo sus talentos y habilidades. Tal vez menos del 5% de las personas empleadas en Estados Unidos sienten que están explotando todo su potencial. Tu principal responsabilidad profesional es negarte de manera obstinada a trabajar en algo que no disfrutes. Para hacer esto, debes asumir el 100% de la responsabilidad que implica obtener y conservar el empleo que en verdad deseas.

La persona promedio empieza su carrera aceptando cualquier empleo que le ofrezcan al salir de la escuela y con frecuencia este es el inicio de un hábito que dura toda la vida: el hábito de permitir que otras personas controlen su camino profesional. Esta persona permanece en ese empleo hasta que la ascienden, la degradan o la despiden, y luego busca a alguien más que le dé trabajo. Es decir, permanece sometida y se encuentra a merced de quienquiera que le ofrezca un empleo y un cheque de nómina.

LA BÚSQUEDA DE EMPLEO CREATIVA

En este capítulo aprenderás a unirte a una minoría creativa capaz de encontrar el empleo que desea en la vida y de ganar más. Una de las maneras más rápidas de obtener un aumento de salario consiste en encontrar un empleo que pague más. La mejor combinación es algo que disfrutes, pero que te ofrezca una mejor paga y mayores oportunidades de progreso.

Por suerte, tienes a tu disposición miles de empleos. Estás en medio de un vasto mercado laboral que, al igual que las zonas del mar alejadas de la playa, tal vez sea invisible en gran medida, pero no deja de existir. Si puedes decidir con precisión qué es lo que quieres, hay toda una variedad de técnicas para establecer y lograr metas que te ayudarán en tu búsqueda de empleo. Esto es aplicable en especial a las búsquedas creativas. Si eres capaz de definir en detalle qué tipo de empleo quieres, aprenderás la manera de conseguirlo en el menor tiempo posible.

> Estás en medio de un vasto mercado laboral.

La búsqueda creativa de empleo empieza por ti mismo. Siéntate con una libreta y una pluma, y describe tu empleo ideal. Al pensar en tu trabajo soñado deberás considerar varias cosas:

1. ¿Qué es lo que más disfrutarías hacer?
2. ¿En qué has sido bueno en el pasado?
3. ¿Para qué tareas estás mejor calificado?
4. ¿Cuál es la actividad más exitosa para ti y tu empresa que has hecho en tu carrera?

Empieza tu búsqueda de empleo con una autoevaluación rigurosa, mírate a ti mismo y define quién eres, qué puedes hacer y, sobre todo, qué te gustaría hacer en el futuro en un mundo ideal. Puedes realizar algunas pruebas psicológicas para conocer mejor tu personalidad y tus intereses, pero también puedes preguntarles a otras personas, incluso a las cercanas a ti, qué creen que sería lo mejor que podrías estar haciendo. Con frecuencia, la gente que te rodea ve posibilidades que tú no has notado. Pregúntate cosas como: ¿En qué áreas soy excelente?, ¿Qué tipo de trabajo en verdad me interesa? Si me ganara la lotería y de pronto tuviera un millón de dólares, si pudiera trabajar en cualquier cosa que quisiera por el resto de mi vida, ¿qué empleo elegiría?

Cuando estés describiendo tu empleo ideal, escribe el tipo de trabajo que te gustaría hacer un día sí y el otro también. ¿Qué tipo de ingresos te gustaría ganar? ¿Con qué tipo de personas te encantaría colaborar? ¿Qué tipo de valores te agradaría que tuviera la empresa para la que trabajaras? ¿Dónde te gustaría trabajar y estar ubicado? Como tus habilidades son portátiles, puedes trabajar en cualquier país que desees, puedes mudarte del noreste al suroeste, o del noroeste al sureste. Puedes trabajar en cualquier clima, en cualquier parte del país que te permita disfrutar de un ambiente y estilo de vida que te agraden. El único límite es el que impongas con tu propia mente e imaginación.

¿Cuáles son las dimensiones de la empresa para la que te gustaría trabajar? ¿Te gustaría laborar para una empresa pequeña o grande? ¿En qué tipo de cultura corporativa te gustaría trabajar? ¿Preferirías trabajar para una empresa tradicional con una estructura jerárquica, o para una empresa innovadora y más relajada con una estructura de administración más horizontal? Y, por supuesto, ¿en qué tipo de industria te gustaría desempeñarte?

Si actualmente trabajas para alguien más o estás desempleado, este proceso te ayudará a conseguir un mejor empleo más rápido que cualquier otro. Este material se los he enseñado a miles de hombres y mujeres, y mis estudiantes tienen un índice de éxito del 90% en encontrar el empleo que quieren en seis semanas.

La búsqueda creativa de empleo empieza por asumir la responsabilidad absoluta del resto de tu carrera en lugar de permitir que cualquier empleador decida lo que harás y dónde lo harás. La búsqueda creativa exige mirar en tu interior y hacer autoevaluaciones con regularidad para saber con exactitud lo que quieres hacer, dónde quieres hacerlo y con quién quieres hacerlo.

DÓNDE ENCONTRAR EL EMPLEO QUE QUIERES

Hay millones de mercados laborales. Cada empresa, cada departamento de una organización y cada persona con poder de decisión y autoridad para contratar es un mercado laboral. En años recientes, también las fuentes en línea como LinkedIn se han vuelto relevantes. Para obtener el trabajo que anhelas, solo tienes que encontrar e impresionar a una persona, hacerle comprender que puedes proveerle un valor mayor de aquel por el que esté dispuesta a pagar. De esta forma puedes crear un empleo para ti mismo.

Más del 85% de todos los empleos disponibles no se anuncian ni se publican. Incluso si lees todos los periódicos y respondes a todos los anuncios, si envías tu CV a todas las direcciones que encuentres, solo te estarás dando a conocer en un 15% de todo el mercado laboral. Lo peor de responder a anuncios tradicionales de oferta de empleo y de enviar tu CV es que es una tarea muy competitiva y frustrante. Un estudio mostró que, para generar una oferta de empleo, se requería, en promedio, enviar 1470 currículos, pero la vida es demasiado corta para darte el lujo de participar en un proceso con esas probabilidades. Además, 85% de los empleos del mercado laboral invisible son asignados gracias a contactos. Es decir, ya sea que alguien a quien conoces tenga un amigo o socio que necesite a alguien con el talento y habilidades con que cuentas, o que tú hagas los contactos por ti mismo de forma directa o indirecta. Más adelante en este capítulo explicaré cuáles son las maneras directas de establecer contactos, y también los métodos indirectos y cómo funciona el *networking*.

Muchos empleos son creados cuando se presenta la persona idónea. La mayoría de las empresas se dan cuenta de que lo único que limita su crecimiento es la cantidad de personas talentosas a las que puedan atraer y conservar. Las empresas exitosas y progresistas siempre están en busca de individuos talentosos capaces de ayudarles a aumentar la calidad y la cantidad de los productos y servicios que ofrecen.

Muchas empresas contratan al mismo tiempo que realizan despidos. Hoy en día, en Estados Unidos es aceptable que si una persona llega a una empresa por azar, la empresa la contrate y se aferre a ella, aunque aún no tenga claro cuáles serán sus funciones por el momento. Tu misión es encontrar la forma de hacer que los empleadores te perciban como el tipo de persona a la que deberían contratar en ese instante, pagarle un sueldo competitivo y ofrecerle muchas oportunidades de crecimiento.

Entre más específico seas sobre el tipo de empleo que quieres, más fácil será que te contraten y menos competencia tendrás. Asimismo, entre más investigues antes de sentarte a hablar con un posible empleador, mayor será tu capacidad de presentarte como la persona ideal para un puesto.

> Entre más específico seas sobre el tipo de empleo que quieres, más fácil será que te contraten.

Podría suceder que tu noción sobre el empleo que quieres sea clara, pero que nunca hayas realizado ese tipo de labor. En ese caso, investiga bien a la empresa, la industria e incluso la ciudad o estado en el que quieres trabajar. Empieza por lo más general, haz una investigación exhaustiva a través de Google y otros motores de búsqueda similares. Ve a la biblioteca local y busca en las enciclopedias, reúne toda la información que puedas y haz notas sobre el tipo de trabajo, la industria y la zona del país en que quieres trabajar. Cuando tengas una comprensión general del campo, lee revistas de comercio, artículos y anécdotas de la industria, impresos y en línea. También puedes ir a la biblioteca y leer u hojear libros como *The 100 Best Companies to Work for in America*. Lee todo sobre el campo de acción que hayas elegido hasta que se te ocurran preguntas, y luego habla con personas y haz preguntas hasta que necesites leer de nuevo.

Si te interesa un área en particular, busca gente que trabaje en ella y pregúntale al respecto. A la mayoría de las personas que trabajan en una profesión particular les encanta hablar sobre lo que hacen. A través de tus contactos o de los de alguien más, encuentra a alguien bien informado e invítalo a comer, hazle todas las preguntas que puedas sobre el negocio o la industria que te interese. Usa tu agenda, diles a los miembros de tu familia que te gustaría obtener más información sobre cierta empresa o industria. Coméntales a tus amigos que estás pensando hacer un cambio profesional y que quieres adentrarte en esta nueva industria, pregúntales si conocen a alguien en ella o si tienen información al respecto. En tus conversaciones casuales menciona que estás buscando empleo. Te sorprenderá ver cuánta gente tiene información que puede acelerar tu proceso de búsqueda.

Sobre todo, asegúrate de pedirle referencias y recomendaciones a toda la gente. Recuerda que hay una relación directa entre la cantidad de gente que conoces y la probabilidad de que tengas éxito y encuentres tu empleo soñado.

> Asegúrate de pedirle referencias y recomendaciones a toda la gente.

ENTREVISTAS INFORMATIVAS

Esto nos lleva a la habilidad esencial para una búsqueda de empleo creativa: la entrevista informativa. Este es el proceso en el que seleccionas la empresa para la que te gustaría trabajar. El 5% en la parte superior de los buscadores de empleo en Estados Unidos usan la entrevista informativa porque es una herramienta que te permite averiguar mejor información, encontrar más y mejores ofertas de empleo, y más y mejores oportunidades de avanzar con rapidez. Todas las personas que han usado esta estrategia se han asombrado de lo pronto que obtienen resultados.

La entrevista informativa se basa en la premisa de que tu vida es valiosa, de que no vas solo a salir y trabajar para cualquiera que te ofrezca un empleo. Vas a seleccionar con cuidado el lugar donde quieres laborar y a determinar si la empresa te ofrece, o no, el ambiente humano y la cultura que buscas. Haz muchas preguntas y mantén tus opciones abiertas. Todos estos requisitos se cumplen gracias a la entrevista informativa.

Digamos que decidiste conseguir un empleo en una industria en particular. Ya fuiste a la biblioteca, hiciste una investigación en línea y leíste todo lo que pudiste sobre dicha industria. Ya hablaste con amigos y leíste todas las publicaciones que encontraste sobre el tema. A medida que tu investigación avance, descubrirás a las empresas líder en esa industria, en la ciudad donde decidiste que quieres vivir. Tu siguiente paso será contactar a esas empresas y solicitarle 10 o 20 minutos a un ejecutivo que esté en posición de contratarte para el empleo que buscas.

Cuando llegues a la entrevista, explícale al ejecutivo que estás llevando a cabo una investigación en ese campo porque tienes planeado hacer un cambio profesional, y dile que te gustaría hacerle algunas preguntas que te podrían ayudar a decidir.

Te daré un ejemplo de cómo funciona el proceso. Hace algunos años decidí que quería ser redactor creativo. En ese tiempo ni siquiera estaba seguro de entender lo que era un redactor creativo o *copywriter*, pero sabía que se trataba de un empleo en el que se tenía que escribir y crear publicidad para distintos productos. Primero visité una agencia de publicidad y hablé con el redactor principal. Le expliqué que me interesaba su campo. Luego él me hizo algunas preguntas y me dijo que, en ese momento, yo no contaba con las habilidades suficientes para que alguien me contratara. Le pedí que me aconsejara y me sugirió que averiguara más respecto a lo que implicaba la redacción creativa y sobre cómo redactar. En aquel tiempo yo trabajaba para una importante cadena de tiendas departamentales, pero me sentía insatisfecho y frustrado porque no ganaba mucho y el trabajo no me gustaba. Entonces fui a la biblioteca pública y revisé algunos libros sobre redacción creativa, leí libros sobre el desarrollo de esta profesión y sobre cómo redactar de manera eficaz. Durante un año redacté varios textos publicitarios de prueba y los llevé a varias agencias en la ciudad, empecé con las más pequeñas. Me presentaba con mi material, les mostraba lo que había hecho y les pedía consejos sobre cómo seguir avanzando. A lo largo de los siguientes seis meses solicité empleos en casi todas las agencias de publicidad de la ciudad y, después de cada entrevista, le preguntaba a la persona que me había rechazado qué podría hacer para mejorar. Para cuando pasaron esos seis meses, había aprendido lo suficiente para que me contrataran como redactor creativo *junior* en la agencia de publicidad más importante. Ahora que pienso en el proceso, me doy cuenta de que me topé con la metodología de búsqueda creativa de empleo sin siquiera darme cuenta. Así que, tú también puedes hacer que te funcione.

Estas son algunas de las preguntas que podrías hacer en una entrevista informativa:

- ¿Desde cuándo existe la empresa?
- ¿Desde cuándo ha operado en esta ciudad o estado?
- ¿Cuál es el producto o servicio más importante de la empresa?
- ¿Qué tipo de gente u organizaciones usan más sus productos o servicios?
- ¿Qué influencia está teniendo la economía actual en el negocio?
- ¿Cómo cree que se desarrollará la empresa en un año? ¿Cómo cree que se desarrollará en los próximos tres o cinco años?
- ¿Qué tipo de habilidades son las más solicitadas en este negocio?
- ¿En qué área cree que se abrirán oportunidades de contratación en un futuro cercano?
- Por último, si pudiera resolver un problema o dificultad que enfrente en este negocio, ¿cuál sería?

También puedes hacerle algunas preguntas personales a la persona que estás entrevistando, como, ¿cuánto tiempo lleva en este negocio? o ¿Desde cuándo ocupa este puesto? O podrías preguntar: ¿A qué se dedicaba antes? ¿Por qué cambió de empleo?

¿Cómo empezó a trabajar en esta área? ¿Le agrada este campo? ¿Se lo recomendaría a alguien más? ¿Qué consejo le daría a alguien interesado en iniciar una carrera en esta área? Y, por último: ¿Me podría sugerir algún libro o artículo que me ayude a entender mejor este negocio?

Hacer todas estas preguntas te da acceso a respuestas, así que asegúrate de escribir lo que te conteste el entrevistado en una hoja de papel que él o ella pueda ver sin problema. A veces, la gente que busca empleo entrevista a posibles empleadores como si estuviera planeando escribir un artículo sobre el tema discutido. Escribe notas claras para que el empleador constate que eres una persona seria: a los empleadores les impresionan los candidatos que hacen preguntas inteligentes y escuchan las respuestas con atención porque escuchar genera confianza.

La entrevista informativa te ayuda a conocer mejor al empleador y viceversa, es un ambiente relajado porque nadie tiene que tomar una decisión. Estas entrevistas no deben durar más de 20 minutos, cuando el tiempo se acabe, agradécele al empleador su tiempo y prepárate para salir. Sé educado y amigable con el ejecutivo, muéstrate agradecido todo el tiempo y, en cuanto llegues a tu casa u oficina, envíale una nota o correo electrónico de agradecimiento.

HAZ UNA LLAMADA DE SEGUIMIENTO

Cuando hayas encontrado alguien para quien te gustaría trabajar en una empresa específica, llama a esa persona y dile que te gustaría reunirte con él o ella para hablarle de tu investigación.

Si impresionaste al empleador y fuiste agradable durante la entrevista informativa, casi siempre te invitarán a tener una reunión de seguimiento poco después. Cuando te sientes a hablar con alguien en posición de tomar decisiones, háblale de lo que averiguaste y explícale cuál fue tu proceso de investigación, es decir, lo que te llevó a la conclusión de que desearías trabajar para él o ella en esa empresa, y ocupar un puesto en particular. Le puedes decir que, después de haberte reunido y hablado con personas de otras empresas, percibiste que la suya era la mejor en la industria y, por lo mismo, te gustaría trabajar ahí.

Si ya recibiste otra oferta de trabajo, asegúrate de mencionarlo, esto aumentará el valor percibido. Luego explícale a la persona que, con base en la entrevista que tuviste con él o ella, y en la información que averiguaste, sientes que podrías contribuir a su empresa de cierta manera. Di algo como: "Creo que tengo algunas ideas que podrían servir para mejorar en muy buena medida este negocio o departamento". Asegúrate de aclarar que lo que buscas no es un empleo y un cheque de nómina, sino la oportunidad de desempeñarte y obtener resultados. También señala que, debido a tu investigación, tienes muy buena idea de en qué áreas de la organización podrías hacer contribuciones valiosas. Puedes, por ejemplo, enumerar los problemas que estarías en posición de resolver para el empleador y las ventajas de contratarte.

Explica la manera en que tu experiencia, conocimiento y habilidad te permitirían llevar a cabo el trabajo de la manera que lo describiste, y señala las ventajas y beneficios específicos que tendría la empresa si te contratara. Véndete con base en la información y el conocimiento que tengas sobre la persona, la empresa y la industria.

Hay una regla llamada *principio universal de la contratación*, la cual dice que, en cualquier lugar donde logres convencer al empleador de que contratarte le permitirá ganar más dinero del que tendría que pagarte, es posible crear un empleo. Las empresas siempre están dispuestas a contratar personal extra si ven que los candidatos son capaces de aumentar los ingresos o reducir costos en una medida mayor que la suma de su salario y prestaciones. Muéstrale al empleador que el principio universal de la contratación es aplicable a ti. Recuerda que todo empleo ofrece la oportunidad de resolver problemas o explotar oportunidades. Dondequiera que haya empleadores con problemas no resueltos u oportunidades sin aprovechar, habrá vacantes de empleo. Incluso en medio de la peor depresión en la historia de Estados Unidos, el 75% de la población tenía trabajo.

> En cualquier lugar donde logres convencer al empleador de que contratarte le permitirá ganar más dinero del que tendría que pagarte es posible crear un empleo.

La entrevista informativa te permite obtener un empleo y conservarlo toda tu vida.

La búsqueda creativa de empleo tiene otros dos elementos importantes: la preparación y el uso del currículum o CV, y el comportamiento que te ayudará a aprovechar la entrevista al máximo.

LA FUNCIÓN DEL CURRÍCULUM

De acuerdo con todo lo que sabemos respecto a los currículos, nadie nunca es contratado con base en un currículum. El CV es muy parecido a una tarjeta de presentación, es algo que tienes que ir a dejar a un lugar en vez de enviarlo, a menos de que no tengas otra manera de hacérselo llegar a la persona en posición de tomar decisiones.

Si vas a enviar un currículum, debes incluir una carta personalizada con un resumen de tu carrera en una página. No envíes un currículum producido en masa ni fotocopiado y, en especial, no envíes cartas a ninguna empresa si no están dirigidas a una persona específica, capaz de tomar una decisión y cuyo nombre hayas conseguido llamando por teléfono a la empresa misma o a través de otro canal.

Hay dos tipos de currículum: el cronológico y el funcional. El cronológico enlista tus logros profesionales y competencias empezando con el más reciente y yendo hacia atrás, hasta el principio. El currículum funcional, en cambio, organiza tu historia laboral con base en los tipos de trabajo que has realizado.

En ambos casos, la información más importante que puedes incluir es una descripción precisa de tus logros y éxitos en otros puestos. Cuando una persona en posición de tomar decisiones revisa un currículum, busca solo una cosa: la transferibilidad de los resultados. El empleador potencial solo se pregunta una cosa: ¿qué podría ganar yo?, y al ver un currículum lo que trata de encontrar son logros que hayas tenido en otros lugares y contextos, pero que puedas reproducir en su empresa. Esto es lo único que hace que un empleador invite para una entrevista a alguien que le envió su currículum.

No le pidas a nadie más que redacte tu currículum. Un empleador puede detectar cuando un currículum ha sido preparado por profesionales, y esto le indica que el candidato no tiene ni la inteligencia ni la capacidad necesarias para redactar una descripción de sus propios logros sin recurrir a ayuda profesional. Para obtener una entrevista y generar una oferta de trabajo se requiere de muchos currículos, estos son solo una pequeña parte de la búsqueda creativa de empleo. Sin embargo, como lo mencioné antes, muy pocas personas son contratadas por su currículum, la mayoría de las decisiones se toman con base en la persona y, a menudo, el entrevistador solo mira el currículum después de reunirse con el candidato o de plano ni siquiera lo lee.

LA ENTREVISTA DE TRABAJO

Lo más importante en la entrevista de trabajo es presentarse de manera atractiva y deseable al entrevistador. Debes vestirte para el éxito, bien aseado y con prendas adecuadas para el empleo que solicitas. Una buena regla es vestirte como si fueras al banco a solicitar un préstamo con un estado financiero poco sólido. Preséntate de la mejor manera en todos los aspectos, siempre llega 10 minutos antes de la hora acordada. Muchos posibles empleadores jamás contratarían a una persona que llegue tarde a una entrevista de trabajo, y yo estoy de acuerdo en ello. Llegar tarde es señal de una falla esencial en el carácter de la persona en un momento en que debería esforzarse para causar la mejor primera impresión posible.

La gente te va a juzgar en los primeros cuatro segundos. De hecho, la mayoría de los entrevistadores profesionales coinciden en que, a dos minutos del inicio de la entrevista, ya tomaron una decisión. Por todo esto, cuando te presentes deberás haber descansado de forma adecuada, y mostrarte positivo, alegre y entusiasmado por el puesto vacante. En efecto, tus habilidades entran en juego cuando la decisión de contratación se toma, pero cuando Burke, una empresa de investigación de mercado, hizo una encuesta entre ejecutivos personales, descubrieron que los siguientes 10 factores eran esenciales para la decisión:

1. Personalidad o cómo te presentes en la entrevista.
2. Experiencia o preparación para el trabajo; transferibilidad de resultados.
3. Antecedentes y referencias: lo que otras personas escriben y dicen sobre ti.
4. Tu entusiasmo respecto al empleador potencial y a la posibilidad de obtener el trabajo.
5. Tus antecedentes educativos y técnicos.
6. Tu posible crecimiento: tu capacidad de evolucionar y convertirte en un empleado más valioso.
7. Tu compatibilidad con las otras personas que trabajan en la empresa.
8. Tu inteligencia y capacidad de aprender, aspectos que a menudo se notan en la manera en que pasas tu tiempo libre.
9. La manera en que el entrevistador se siente respecto a ti: cuánto le agradas o cuánto confiaría en ti.

10. Cuán industrioso o industriosa parezcas ser.

A los empleados que reciben sueldos más elevados los eligen de otra manera. Una segunda encuesta de Burke indica que la mayoría de los ejecutivos de alto nivel coinciden en que los siguientes siete factores influyen en la selección de los empleados mejor pagados:

1. Personalidad e inteligencia. Los ejecutivos *senior* en posición de tomar decisiones de contratación sienten que la persona correcta y una personalidad encantadora pueden compensar la falta de experiencia en un empleo específico.
2. Mostrar agresividad y carácter decidido durante la entrevista de trabajo. Años de investigación indican que el deseo intenso de obtener el empleo es un buen indicador de cuán bien te desempeñarás en el trabajo. Si en verdad deseas el empleo, mostrarás lo mucho que quieres trabajar para esa empresa, pero al mismo tiempo, también es buena idea mostrarte un poco despreocupado y dejar claro que, si no te dan el empleo, el mundo no se acabará para ti.
3. Que el entrevistado mire al entrevistador directo a los ojos en lugar de eludir su mirada.
4. Si es el único aspecto que tienes en contra, que te hayan despedido de un empleo anterior no impedirá de manera sistemática que te contraten.
5. Que seas divorciado no representa una desventaja desde la perspectiva de la mayoría de los empleadores.
6. Para la mayoría de los entrevistadores, las características más importantes son: un entusiasmo elemental por

el empleo, actitud mental positiva y una personalidad alegre.

7. Los ejecutivos de alto nivel leen casi todas las cartas no solicitadas que les llegan y, en la mayoría de los casos, las responden. Si le escribes una misiva personal a alguien en posición de decidir, puedes confiar en que, en un 80% de los casos, la leerá y hará algo al respecto. Entre el 2 y 10% de las cartas recibidas de esta manera provocan una reacción favorable y conducen a una entrevista.

La búsqueda creativa de empleo es un proceso constante. Tú tienes una responsabilidad contigo mismo: conseguir el tipo de trabajo en el que puedas volcar tu corazón y tu alma. Insiste en probar opciones y en cambiar de empleo hasta que encuentres el que te fascine, al que te puedas entregar con pasión. Como todo buscador creativo, tienes a tu disposición miles de empleos, pero debes asumir responsabilidad absoluta y asegurarte de trabajar en el mejor posible para ti, en el lugar correcto y en una empresa que aproveche todos tus talentos y habilidades, y que te dé abundantes oportunidades de movilidad para ascender y avanzar.

Si no te dan ganas de ir a trabajar, si no amas lo que estás haciendo, si no te agrada la gente con que trabajas ni los clientes a los que les vendes, lo más probable es que estés en el empleo equivocado y que corras el riesgo de desperdiciar tu vida laboral.

Insiste en trabajar exclusivamente en algo que disfrutes. Escribe la descripción de tu trabajo ideal y usa las técnicas que has aprendido para fijarte metas y pensar de manera estratégica para colocarte en el empleo y puesto que te llenarán de alegría. Insistir en trabajar en algo que disfrutes es un paso esencial para alcanzar la independencia financiera porque, de otra manera, nunca serás feliz ni exitoso.

UN EJERCICIO PARA ENTRAR EN ACCIÓN

Te tengo un nuevo ejercicio. Siéntate, relájate e imagina que puedes tener cualquier trabajo que desees. ¿Cuál sería? Si pudieras vivir y trabajar en el lugar que quisieras, ¿dónde sería? Si pudieras trabajar con cualquier tipo de personas, ¿a quiénes elegirías? ¿Quién tiene un empleo que te hace sentir un poco de envidia? ¿Qué hace esa persona, dónde trabaja? Por último, ¿qué paso específico podrías dar en este instante para empezar a buscar tu empleo soñado? Ahora todo depende de ti. Comienza ya. Haz algo hoy mismo.

Los puntos más importantes

- Niégate a trabajar en cualquier cosa que no disfrutes.
- Empieza tu búsqueda de empleo haciendo una autoevaluación rigurosa.
- La entrevista informativa es la base de cualquier búsqueda exitosa de empleo.
- Lo más importante durante la entrevista de trabajo es resultarle atractivo o atractiva al entrevistador.
- Obtén el tipo de empleo en el que puedas volcar tu corazón y tu alma.

Capítulo 11

El poder del apalancamiento

En este capítulo hablaremos de las distintas formas de apalancamiento que puedes desarrollar para acelerar tu avance, multiplicar tus resultados y alcanzar la independencia financiera. Vas a aprender técnicas y métodos bien conocidos, y otros no tanto, que usan todos los hombres y mujeres exitosos de nuestra sociedad. Estas técnicas pueden aumentar de forma dramática la cantidad de cosas que logres y la velocidad a la que lo hagas. Lo maravilloso es que casi todas son gratuitas y que para incorporarlas a tu vida solo se requiere de autodisciplina y un esfuerzo persistente.

Hay unos 10 tipos de apalancamiento que puedes desarrollar para ayudarte a alcanzar la libertad financiera.

CONOCIMIENTO

La primera forma de apalancamiento es el *conocimiento*. Hoy en día, el 70% de los estadounidenses trabaja en industrias que se basan en la generación, procesamiento y distribución de distintas formas de conocimiento. Estar en el lugar correcto en el momento correcto y contar con conocimiento privilegiado, te puede ahorrar semanas, meses o incluso años de arduo trabajo.

¿Recuerdas el viejo dicho? ¿El conocimiento es poder? Bien, pues no es del todo preciso porque solo el conocimiento práctico susceptible de aplicarse para lograr una meta o para que tú o alguien más se beneficie es poder. Mucho del conocimiento es interesante y disfrutable, pero no se puede aplicar para fines prácticos. Tu labor consiste en organizar tu vida de tal forma que puedas buscar, encontrar y asimilar conocimiento que te permita avanzar más rápido en tu carrera. Como lo mencioné antes, este conocimiento lo puedes adquirir a través del estudio continuo, pero también observando las actividades de otros. Los hombres y mujeres exitosos suelen ser más observadores que la demás gente, tienden a estar muy conscientes de lo que pasa en su vida laboral y personal, y acumulan sus observaciones para usarlas más adelante.

> Busca, encuentra y asimila conocimiento que te permita avanzar más rápido en tu carrera.

También puedes obtener conocimiento haciéndole preguntas a gente culta e informada. A veces, pasar algunos minutos con un experto te puede proveer más conocimiento práctico que invertir horas leyendo libros y buscando información por tu cuenta.

Siempre que notes que no estás avanzando porque te hace falta conocimiento de algún tipo específico, la primera línea de ataque será buscar a alguien que tenga o haya tenido el mismo problema y cuente con la información necesaria para resolverlo. Los expertos suelen estar dispuestos a hablar con cualquier persona que les haga preguntas y escuche con atención sus respuestas.

APALANCA TUS HABILIDADES Y EXPERIENCIA

La segunda forma de apalancamiento es la de las *habilidades* o *experiencia*. A la gente en la cima siempre le pagan más que a la gente promedio. En el área de ventas, es muy común que el 20% de los vendedores en el nivel superior realicen el 80% de las ventas y ganen el 80% de las comisiones. Esto significa que ese 20% gana en promedio 16 veces más de lo que gana el 80% de vendedores en la parte inferior.

En cualquier campo en que los ingresos promedio por ventas asciendan a 10 000 o 15 000 dólares al año, habrá hombres y mujeres que ganen 300 000, 400 000 y 500 000 anuales vendiendo los mismos productos o servicios al mismo precio, a la misma gente y bajo las mismas condiciones competitivas. La diferencia es que los vendedores en el 20% en la parte superior invirtieron tiempo en desarrollar las ventajas ganadoras esenciales en su campo de acción.

Un vendedor que vino a nuestro seminario estaba a punto de renunciar a su trabajo porque, por cada venta que realizaba, lo rechazaban 19 veces.

Sin embargo, en lugar de renunciar, decidió mejorar en dos áreas: la prospección (encontrar a los candidatos potenciales) y el cierre de ventas.

Al hacer esto, este individuo mejoró sus ventas disminuyendo la proporción de rechazo: pasó de 1 en 20 a 1 en 15. Con el tiempo bajó hasta 1 en 10, a 1 en 5 y luego a 1 en 3. Aumentando sus habilidades de prospección y cierre pudo duplicar, triplicar y, por último, cuadriplicar sus ingresos en menos de un año.

Tú también puedes desarrollar cualquier habilidad que desees, la información y el entrenamiento disponibles en todas las áreas es infinita, lo único que tienes que hacer es salir, entrenarte y poner en práctica lo que aprendas.

> Puedes desarrollar cualquier habilidad que desees.

CONTACTOS Y *NETWORKING*

La tercera forma de apalancamiento se encuentra en tus *contactos*, es decir, la gente que conoces y con la que trabajas en red. Tu éxito será directamente proporcional a la cantidad de personas que conozcas y que te conozcan a ti de manera positiva y favorable. Entre más gente conozcas, más elevada será la probabilidad de que encuentres a la persona que, en el momento preciso, te abrirá las puertas y te dará acceso a una oportunidad.

Si analizas tu vida en retrospectiva, te darás cuenta de que casi todas las oportunidades importantes o nuevas direcciones te llegaron debido a que conocías o encontraste a una persona en particular. La mayoría de los millonarios que han amasado sus propias fortunas son excelentes en el trabajo en redes o *networking*, siempre están buscando oportunidades de ponerse en contacto e interactuar con personas que puedan ayudarlos y a quienes puedan ayudar ellos a su vez.

> La mayoría de los millonarios que han amasado sus propias fortunas son excelentes en el trabajo en redes o *networking*.

Uno de los principios más poderosos del éxito es la ley de la reciprocidad, la cual dice que si haces algo bueno por otra persona, generarás una obligación o deseo inconsciente de retribución que la instará a hacer algo bueno por ti.

Hay muchas maneras de beneficiarte del trabajo en redes, una de ellas es uniéndote a una asociación profesional y participar de manera activa en sus funciones. En cuanto llegues en tu carrera a un momento en que tengas más tiempo que dinero, deberás salir con frecuencia y mezclarte y hablar con todo tipo de gente que pueda ayudarte y a la que puedas ayudar a cambio.

Si trabajas en ventas, por ejemplo, únete a la organización Sales & Marketing Executives International (SMEI). Esta asociación tiene una sucursal en casi todas las ciudades grandes. Si tu área es los negocios, únete a alguna asociación profesional de tu industria o gremio. Si tienes un negocio, únete a la Cámara de Comercio y, quizás, a algún club local de servicio como el de los Rotarios o el Club de Leones.

Cuando te unas a una de estas organizaciones, echa un vistazo a los nombres y funciones de los miembros de los comités y mesas directivas. Elige un comité importante para el éxito de la organización y a cuyos miembros valdría la pena que conocieras. Ofrécete como voluntario para trabajar en el comité, acepta responsabilidades y hazte cargo de la situación. Hazte la reputación de una persona capaz de realizar contribuciones valiosas. Proponte como voluntario para tareas adicionales y date a conocer asistiendo a todas las reuniones y participando en las asambleas generales semanales o mensuales. No les impongas tu presencia a otros, pero tampoco olvides lo que dijo Woody Allen: "80% del éxito depende de hacer acto de presencia". Esta forma de trabajo en redes te permitirá captar la atención de hombres y mujeres que podrían estar en posición de ayudarte, sin que parezcas una persona amenazante. Te da la oportunidad de hablar de lo que haces y demostrarles a otros de qué estas hecho sin pedirles nada a cambio.

> Ofrecerse como voluntario es una excelente manera de mostrar tus habilidades en el mercado de trabajo.

Otra excelente estrategia laboral consiste en involucrarte con los servicios y actividades comunitarias que te importen y en los que creas. Cuando me involucré de manera activa con United Way, mi vida profesional cambió por completo. Esta asociación me puso en contacto con la gente de negocios más importante de la comunidad y, con el tiempo, esto se tradujo en la posibilidad de hacer más negocios en tres meses que en los tres años previos. Todo fue resultado de mi disposición a donar tiempo y energía a una causa caritativa que lo ameritaba. Mis actividades me permitieron entrar en contacto de una manera asombrosa con personas que más adelante se convirtieron en mis clientes y compradores.

Para generar más contactos y relaciones puedes diseñar un plan estratégico para conocer a los 100 hombres y mujeres más influyentes de tu comunidad. Lee los periódicos y revistas locales, habla con gente, presta atención y apunta los nombres de quienes mueven las cosas en tu entorno. Luego redacta un plan para escribirles a todos. Involúcrate en las actividades que realicen y que la comunidad apoye, o en sus partidos políticos, y encuentra la manera de asistir a eventos o reuniones de *networking* en que participe gente que los conozca. ¿Crees que te resultaría útil conocer a las 100 personas más influyentes de tu comunidad y que ellas te conozcan a ti? Apuesto a que sí.

APALANCAMIENTO DE DINERO

La cuarta forma de apalancamiento que te puede ayudar a avanzar más rápido es el *dinero*. El dinero es demasiado importante por diversas razones. La primera es que, cuando tienes dinero en el banco, eres una persona muy distinta en tus relaciones con los otros, a la que eres cuando no tienes un dólar y siempre estás estresado por tus deudas y cuentas por pagar. Acumular dinero mejora tu carácter y te hace una persona más fuerte y con más confianza en sí misma. También te hace más eficiente y persuasiva.

La segunda razón por la que el dinero es importante es porque te permite aprovechar las oportunidades que se te presenten. Por ejemplo, si la mejor oportunidad para aumentar tu valor neto implicara que participaras en un nuevo negocio que vende un producto o servicio muy popular, pero tú no tuvieras dinero para invertir, no te serviría de nada.

En mis viajes por todo el país he conocido a una cantidad incontable de hombres y mujeres a los que se les presentaron oportunidades maravillosas, pero no pudieron hacer nada al respecto porque no contaban con ahorros. Estas personas tienen el hábito de gastar todo lo que ganan o incluso un poco más y, por lo tanto, están atrapadas en una rueda infinita de deuda y repago.

La tercera razón para acumular dinero es para que puedas renunciar a un mal empleo. La mejor manera de aumentar tus ingresos es renunciar y conseguir un empleo en otro lugar que te pague mejor, pero recuerda que tus opciones limitan tu libertad. El único momento en que eres libre es cuando aparece algo más que puedes hacer y otro lugar al que podrías ir. Tener que permanecer en un empleo que te desagrada es un desperdicio de vida. Alrededor del 80% de los estadounidenses que forman parte de la fuerza laboral están atrapados en empleos que no les gustan y encadenados con grilletes de oro. No pueden renunciar porque tienen deudas y facturas que pagar.

> La mejor manera de aumentar tus ingresos es renunciar y conseguir un empleo en otro lugar que te pague mejor.

BUENOS HÁBITOS LABORALES

La quinta forma de apalancamiento que puedes desarrollar la constituyen los *buenos hábitos laborales*, es decir, la habilidad de efectuar un trabajo de calidad. En un estudio en el que participaron 104 directores ejecutivos, los investigadores les pidieron que identificaran las cualidades que más le ayudarían a una persona joven a obtener un ascenso pronto, y 85% estuvo de acuerdo en dos cualidades por encima de todas las demás: la habilidad de distinguir entre lo relevante y lo irrelevante, y la habilidad de efectuar una tarea rápido y sin retrasos. Como ya vimos, una persona con buenos hábitos laborales es la que trabaja todo el tiempo que trabaja, es la que tiene la reputación de alguien que trabaja con más ahínco que sus colegas y pares. Nada atraerá la atención de tus superiores con mayor rapidez que hacerte la reputación de una persona que trabaja más duro que todos los demás.

ALTO NIVEL ENERGÉTICO

La sexta forma de apalancamiento que puedes desarrollar es la de tu *nivel energético*. Para llevarles ventaja a los demás necesitas la energía que te permita trabajar más tiempo y con más ahínco que ellos. Por ahí dicen que en Estados Unidos se trabaja 40 horas a la semana para sobrevivir, y cualquier tiempo adicional es para triunfar. Si nada más trabajas 40 horas a la semana, solo te estás manteniendo a flote, ganando lo suficiente para pagar gastos y facturas. Sin embargo, para avanzar tienes que aumentar el promedio de tu carga laboral por semana y pasar de 40 a 50 o incluso 60 horas, que es la carga promedio de un ejecutivo o empresario.

Hace algunos años, el presidente de la Cámara de Comercio de Estados Unidos se retiró y en su banquete de despedida compartió su secreto para el éxito del que disfrutó a lo largo de toda su vida. Dijo que fue algo que aprendió siendo joven y que se resumía en una frase que estuvo mucho tiempo pegada en la pizarra de boletines de su escuela: "Tu éxito en la vida será directamente proporcional a todo lo que hagas *después* de hacer lo que se esperaba que hicieras". Aquel expresidente usó esta máxima como principio guía y eso lo convirtió en uno de los hombres más respetados y exitosos de Estados Unidos.

Después de toda una vida de estudiar lo que hicieron hombres y mujeres que salieron de la pobreza y se volvieron ricos, Napoleon Hill llegó a la conclusión de que el hábito que les abrió la puerta de las oportunidades fue ir más allá y hacer más de lo que se esperaba de ellos. Hacer más que solo aquello por lo que te pagan e invertir más horas de las que se espera que trabajes es la clave para avanzar a gran velocidad. El Mar Rojo de las oportunidades solo se abre ante quienes están dispuestos a dar más de sí mismos que el resto.

> Hacer más que solo aquello por lo que te pagan es la clave para avanzar a gran velocidad.

Para ir más allá y trabajar más, debes tener fuerza, energía y vitalidad adicionales. Si quieres aumentar tu energía necesitas dormir entre siete y ocho horas diarias, comer alimentos sanos combinados de la manera adecuada y hacer ejercicio de forma regular. Toda práctica que adoptes y te permita tener más energía y vitalidad será una inversión en tu presente y tu futuro.

PERSONALIDAD Y COMUNICACIÓN

La séptima forma de apalancamiento es la de la *personalidad positiva* combinada con buenas *habilidades de comunicación*. Tal vez la manera más rápida de avanzar en Estados Unidos sea siendo una persona agradable, alegre y optimista, alguien que los otros consideren una compañía en verdad agradable. Ser simpático o simpática es uno de los factores más poderosos para influir en la gente y lograr que coopere contigo. Cuando les agradas a los otros, sienten deseos de hacer negocios contigo, de comprarte artículos, prestarte dinero, darte el beneficio de la duda, o ascenderte de puesto y ayudarte a avanzar más rápido de lo que lo harían si no les simpatizaras.

Contar con habilidades de comunicación no solo implica hablar bien, sino también contar con un vocabulario amplio. Algo que no puedes ocultar es el nivel al que dominas la lengua inglesa. Muchos estudios muestran que tu nivel de ingresos tiene una correlación con la cantidad de palabras que eres capaz de usar y reconocer al comunicarte. En cuanto abres la boca, la gente te encasilla dependiendo de lo que escuche.

> Contar con habilidades de comunicación no solo implica hablar bien, sino también contar con un vocabulario amplio.

Muchos hombres y mujeres decentes, talentosos y trabajadores pierden oportunidades de trabajo y ascensos porque tienen un manejo deficiente de su idioma. Como cada nueva palabra que aprendes está relacionada con 10 más, si te haces el hábito de aprender una palabra al día, en un año habrás aprendido 365. Y si cada una se relaciona con otras 10, habrás aprendido a reconocer y usar unas 3 650. Asimismo, como el vocabulario del estadounidense promedio incluye menos de 2 000 palabras, el tuyo podría colocarte en el 10% de la población que se encuentra en la parte superior en cuanto al manejo de la lengua.

El vocabulario también es importante porque las palabras son la herramienta del pensamiento, entre más palabras conozcas, más hábil serás como pensador. Un vocabulario más amplio te permite pensar y hablar con más claridad y precisión, y comprender y lidiar con asuntos e ideas más complejos.

A medida que desarrolles un vocabulario más amplio, también deberías pensar en aprender a hablar en público. Puedes, por ejemplo, unirte a tu sucursal local de Toastmasters International y, en seis meses, superar tu miedo a dirigirte a una audiencia. En ese tiempo serías capaz de entrenarte para ofrecer una charla pública, aunque solo tuvieras algunos minutos para prepararla. También puedes tomar un curso en algún centro Dale Carnegie Training para desarrollar tu confianza en ti mismo, tus habilidades de comunicación y la capacidad de hablar de manera eficaz frente a otros.

Ninguna inversión que hagas en ti mismo te ofrecerá tantos beneficios y recompensas como la de tomar un curso para convertirte en un comunicador hábil y eficaz en público. Muchos vendedores que no avanzan porque tienen miedo al rechazo han descubierto que un curso para aprender a hablar en público incrementa de manera dramática su confianza a la hora de efectuar la prospección y las llamadas en frío. Estos vendedores han visto que, en poco tiempo, esta nueva confianza se traduce en comisiones y cheques más nutridos. Invertir en el desarrollo de habilidades de comunicación de alto nivel y en un vocabulario más amplio siempre te recompensará con más éxitos.

IMAGEN POSITIVA

La octava forma de apalancamiento que puedes desarrollar es la que se basa en tener una *imagen positiva y exitosa*. La gente te juzga por cómo luces, por tu apariencia exterior. Digamos que, el 95% de las primeras impresiones que causas en las otras personas depende de la ropa que vistas, tal vez porque la ropa cubre 95% de tu cuerpo.

Algunas personas piensan que no es correcto que los otros las juzguen por su vestimenta o su apariencia, pero esto es solo un autoengaño: tú juzgas y catalogas a todos los demás por cómo lucen y ellos te juzgan a ti de la misma manera.

La mejor forma de lidiar con este fenómeno consiste en aceptar que tu apariencia y tu imagen tendrán un impacto excesivo en cómo te vean los otros. Es algo que afectará el tipo de empleo que consigas, tu capacidad de ser ascendido, el dinero que te paguen y la forma en que te tratarán tu jefe, tus compañeros de trabajo y tus subordinados. Como mínimo, lee el libro *Dress for Success* de John Malloy (hay una versión para hombres y otra para mujeres).

Lo ideal es que te vistas como si ocuparas dos puestos arriba del que ocupas ahora o, dicho de otra forma, deberías de vestirte de la forma que se viste el jefe de tu jefe. Se ha demostrado en innumerables ocasiones que a la gente le gusta trabajar con, ascender de puesto y pagarles más a personas que se visten como ella o mejor.

No cometas el error de buscar cómo vestirte en revistas de moda porque sus artículos sobre la ropa y el estilo fueron escritos para vender los artículos que aparecen en la publicidad que se presenta en la revista. Las recomendaciones que las revistas dan sobre la etiqueta aceptable en los negocios por lo general no sirven. Si tú crees que es correcto relajarte y vestir de manera casual porque lo leíste en una revista, es probable que no te tomen en cuenta para un ascenso o que ni siquiera te contraten para empezar.

Mejor observa a los hombres y mujeres exitosos a tu alrededor, fíjate cómo se visten los ejecutivos de alto nivel de la empresa para la que trabajas. También examina cómo se viste la gente del más alto nivel que aparece fotografiada en las revistas y periódicos. Si vas a obedecer las tendencias, sigue a los líderes, no a los seguidores y, sobre todo, no tomes en cuenta lo que propongan las revistas de moda.

CARÁCTER

La novena forma de apalancamiento que ejercerá una influencia tremenda en tu éxito en Estados Unidos es la de tu *carácter*. Ralph Waldo Emerson dijo: "Lo que haces se expresa en un volumen tan fuerte, que no puedo escuchar lo que estás diciendo". Tu carácter es la suma de tus valores, autodisciplina, moralidad y, en especial, de tu integridad.

> Tu carácter es la suma de tus valores, autodisciplina, moralidad y, en especial, de tu integridad.

A lo largo de los años he trabajado como asesor en cientos de corporaciones y, en casi todos los casos, constaté que los hombres y mujeres en puestos de responsabilidad poseían un carácter e integridad del más alto nivel. En casi todas las organizaciones de valor, las personas con carácter suelen ascender a puestos de autoridad.

Tu confiabilidad determina en parte tu carácter, es decir, el hecho de que hagas o no lo que dices que harás. Tu carácter también es juzgado con base en tu nivel de determinación, en cuánto anheles obtener un empleo específico. Otra cosa en que la gente se basará para juzgar tu carácter será en la manera en que trates a las otras personas, Thomas Carlyle dijo: "Un hombre muestra su grandeza por la forma en que trata a los hombres pequeños".

El carácter es algo que no puedes fingir, sin embargo, puedes desarrollarlo decidiendo cuáles son tus valores básicos y viviendo de manera congruente con ellos, sin comprometerlos por nada. Entre más ejerzas la autodisciplina y el control de ti mismo, más fuerte y refinado será tu carácter.

Por otra parte, la gente puede dilucidar con facilidad tu carácter, la suma de todo lo que eres. Un carácter sólido puede ayudarte a ascender en el escalafón del éxito, en tanto que un defecto importante en tu carácter, como la deshonestidad o la falta de confiabilidad, puede resultar fatal para tu plan de alcanzar el éxito.

SUERTE

La décima forma de apalancamiento de la gente exitosa en Estados Unidos es la *suerte*.

Resulta sorprendente ver cuántos hombres y mujeres exitosos le atribuyen su éxito a la suerte. Sin embargo, sabemos que, en este universo perfecto gobernado por leyes, nada es accidental.

La suerte es solo una manera en que una persona explica los sucesos que no comprende. Eso que parece suerte es en realidad una demostración de la suprema ley de la causa y efecto, en especial de la ley de la atracción. Ya dijimos que tú atraes a tu vida gente, ideas, circunstancias y oportunidades en armonía con tu carácter y tus pensamientos dominantes.

Cuando aumentas tu conocimiento práctico, desencadenas la ley de la atracción, cada vez que aumentas tus habilidades atraes más oportunidades para ponerlas en práctica. Cuando incrementas tu número de contactos, empiezas a atraer a gente que te puede ayudar a conseguir las cosas que deseas. Cuando ahorras dinero, vuelves a desencadenar la ley de la atracción, la cual atrae más dinero y oportunidades para usarlo. Si desarrollas buenos hábitos laborales, atraes oportunidades para aplicarlos y usarlos para la consecución de más y más logros importantes. Cada vez que te organizas para comer, dormir y hacer ejercicio con el objetivo de alcanzar niveles elevados de buena salud y vitalidad, atraes oportunidades que te permiten aprovechar tu energía para propósitos productivos. Cuando desarrollas buenas habilidades de comunicación y una personalidad positiva, atraes a tu vida a otras personas positivas que te pueden ayudar y a las que puedes ayudar a cambio. Desarrollar un carácter con base en un código elevado de principios morales, atrae a gente de la misma calidad que trabajará contigo para alcanzar tus objetivos.

Cuando haces todas estas cosas empiezas a tener eso que las otras personas llaman suerte. Tienes una serie notable de experiencias que aceleran tu avance en el camino hacia tus aspiraciones y deseos más íntimos.

UN EJERCICIO PARA ENTRAR EN ACCIÓN

Aquí tienes otro ejercicio. Haz una lista de las 10 formas de apalancamiento:

Conocimiento
Habilidades
Contactos
Dinero
Buenos hábitos laborales

Energía positiva
Imagen positiva
Personalidad positiva
Carácter
Suerte

Escribe estas 10 formas del lado izquierdo de una hoja de papel y deja tres renglones entre ellos, luego escribe por lo menos tres acciones específicas que podrías tomar para empezar a desarrollar cada una de las formas en tu vida. Elige la más obvia en cada categoría y empieza a trabajar en ella ahora mismo.

EL JEFE CORRECTO

Una de las claves para empezar a avanzar en el carril de alta velocidad es trabajar para la empresa y el jefe correctos. Una empresa correcta respeta a su gente y paga para premiar el desempeño. Es dinámica, tiene crecimiento, está abierta a ideas nuevas y les ofrece cuantiosas oportunidades a las personas ambiciosas y con iniciativa.

Es importante que elijas a tu jefe con cuidado y que te niegues a trabajar para una persona difícil y negativa. Buena parte de tu felicidad y satisfacción laboral depende de la relación que tengas con tu superior, si no te llevas bien con él o ella, haz todo lo que puedas para resolver la situación o ser transferido. Y si no logras nada de esto, prepárate para buscar otro empleo. Elegir el trabajo correcto, el lugar adecuado para realizarlo y la gente idónea con quien colaborar es la base del éxito.

LA ESTRATEGIA DE NICHO

Una vez que hayas establecido hábitos laborales superiores y encontrado el contexto adecuado para crecer en lo profesional, estarás listo para implementar la estrategia de nicho. Esta se basa en el hecho de que algunos empleos son más esenciales que otros para la salud de la organización.

Una estrategia de nicho es un área, empleo o puesto que tiene influencia sobre el flujo de efectivo de la empresa. En la mayoría de las organizaciones, lo que determina el flujo de efectivo son las ventas y la mercadotecnia. En la década de los sesenta, Buck Rodgers, el antiguo presidente de la División de procesamiento de datos de IBM, no el héroe de ciencia ficción, se convirtió en una de las personas más importantes de esta empresa informática porque estaba a cargo de la mercadotecnia, es decir, la sangre que fluía en las venas de la corporación.

Si quieres avanzar rápido en cualquier empresa, debes encontrar la manera de incorporarte a las funciones de ventas y mercadotecnia. Muchas personas que asisten a mis seminarios me preguntan cómo pueden hacer más dinero en su empleo y, cuando les pido que me digan qué puesto ocupan, el problema se hace evidente: trabajan en áreas que suelen ser consideradas de menor importancia. Sin importar cuán duro trabajen ni qué tan bien hagan sus labores, los servicios de estas áreas no son valorados de forma adecuada. Los incrementos en el sueldo de estos empleados solo cubren hasta un nivel que impedirá que renuncien, o que le permitirá a la empresa contratar rápido a alguien más en caso de que lo hagan. En pocas palabras, están atrapados en ese empleo.

Para aumentar tus ingresos debes estar en posición de aumentar las ganancias o reducir los gastos de la empresa. Examina tu organización y busca el nicho en donde podrías volverte más valioso. Cuando logres hacerte más valioso, ve más allá, haz mucho más de lo que se espera de ti y vuélvete indispensable.

Muchas empresas se niegan a pagarles mucho a sus vendedores porque sienten que nadie debería ganar tanto como los ejecutivos *senior*. Si te encuentras en esa posición y quieres ganar lo que en verdad vales, tu única opción será empezar a buscar una empresa que te pague con base en tu desempeño, no en las políticas o las egoístas necesidades de los ejecutivos *senior*. Si tu empleo implica trabajar para otra empresa, no importa cuál sea tu puesto, tienes la obligación contigo mismo de buscar todo el tiempo la manera de ascender más rápido. Tu misión es obtener los mayores rendimientos posibles a cambio de tu energía y tu habilidad para trabajar y generar resultados.

Si te enfrentas a este tipo de obstáculos en tu organización y no puedes ascender tan rápido como quisieras, la mejor estrategia es renunciar y echar a andar tu propio negocio. En Estados Unidos, el 74% de los millonarios que han amasado sus propias fortunas lo han hecho a través de la fundación y desarrollo de sus propios negocios.

10 FORMAS DE AVANZAR

A continuación, te presento 10 reglas excelentes para avanzar en tu carrera:

1. Desarrolla el poder de quedarte. Haz un compromiso con tu empleo y tu carrera. Déjale claro a tu jefe que estás en la empresa en un proyecto a largo plazo, que estás comprometido con el éxito de la organización y que eres un empleado dedicado y leal.
2. Nunca uses a tu familia o tus actividades extracurriculares como excusa para no dar el 100% en tu trabajo. Esto es señal de debilidad y hace que tus superiores duden de tus intenciones de permanecer en el proyecto a largo plazo.
3. Trabaja más tiempo que cualquier otro empleado. Llega un poco más temprano, trabaja con un poco más de ahínco y quédate hasta un poco más tarde. No hay nada más impresionante para un jefe que ver que ya estás en la oficina cuando llega y ver que te quedarás hasta después de que él o ella se vaya. Invertir 30 o 60 minutos adicionales cada día puede tener un impacto muy fuerte en la velocidad con que avances en tu empleo.
4. Trabaja en redes con otras personas para obtener información, consejos, asesoría y guía. Tu habilidad de trabajar en redes e interactuar de manera efectiva con la gente en el interior y el exterior de tu empresa podría ser la actividad más importante que desarrolles. No gastes tus horas del almuerzo y tus tardes socializando o en actividades ociosas, aprovecha esas horas para trabajar, trata de pasar tiempo

con personas que te puedan ayudar y a quienes puedas ayudar a cambio.

5. Especialízate y desarrolla un área valiosa de experiencia. Vuélvete importante para los otros, luego vuélvete indispensable.

6. Aprende a ser director. Inspecciona los proyectos que esperas, asume la responsabilidad total de los resultados y niégate a dar excusas. Si las cosas salen mal y se produce una crisis, avanza con rapidez.

7. Aprende a trabajar en equipo. Apoya a otros, coopera con ellos. La manera en que tus compañeros de trabajo te perciban tendrá un impacto fundamental en el hecho de que te asciendan de puesto o no.

8. Sé agradecido con la gente que te ayude. Expresa tu aprecio con notas de agradecimiento y detalles delicados. Cada vez que le agradezcas a alguien, hazlo o hazla sentir especial. Luego crea en esa persona el deseo de volver a ganar tu agradecimiento para sentirse especial de nuevo. Después imbuye en ella el deseo de volver a ganar tu agradecimiento para sentirse bien consigo misma.

9. Usa tu apariencia para generar una imagen de fortaleza y credibilidad. Vístete de manera profesional de pies a cabeza. Siempre luce, habla, camina y actúa como la persona exitosa que estás tratando de ser.

10. Sé leal con tu jefe, tu empresa, tu departamento y tus compañeros de trabajo, Nunca le digas a nadie, ni en el interior ni fuera de la empresa, nada que pueda ser percibido como crítico o desleal. La deslealtad, hablar mal de alguien, en especial de tu jefe, puede sabotear tu carrera

en la organización más que cualquier otra cosa que se te ocurra.

Te diré un importante secreto que debes recordar si quieres tener éxito: todos saben todo. Que no se te ocurra pensar, ni por un instante, que lo que le dices a otra persona permanecerá en secreto mucho tiempo. Si no quieres que algo que dijiste lo llegue a saber la persona menos indicada, entonces mejor ni siquiera lo digas.

El principio de operación para la política y la comunicación en tu organización debe ser que todos sepan todo. Aceptar esta firme regla te ahorrará una enorme cantidad de tiempo, problemas y explicaciones en el futuro.

También recuerda que tu cliente más importante es tu jefe, que fuiste contratado para complacerlo. Esto no es ni bueno ni malo, es solo un hecho. Tú y yo nos ganamos la vida a partir de la satisfacción del cliente y nos pagan en proporción directa a cuán bien lo satisfagamos, quienquiera que sea. Tu cliente número uno en tu carrera es la persona que te puso en el puesto que ocupas ahora. Mucha gente siente que su jefe es solo un mal necesario que tiene que eludir lo más posible, alguien a quien tiene que soportar, sin embargo, quienes saben avanzar rápido se dan cuenta de que su carrera se encuentra vinculada a su jefe y a la importancia de complacerlo o complacerla de manera permanente y en gran medida.

Avanzar por el carril de alta en tu carrera y mantenerte en él depende de que te consideres un autoempleado. Los hombres y mujeres que ocupan el 3% en la parte superior de todas las industrias son aquellos que actúan como si fueran dueños del lugar. Cuando se refieren a la empresa, usan palabras como *nosotros*, *nos*, *nuestro* y *mi*. Consideran que todo lo que pasa en la organización les afecta en lo personal, se involucran con lo que hacen de una manera emocional y están comprometidos con el éxito colectivo, el éxito de la empresa. Cuando tu jefe vea que, para avanzar, estás decidido o decidida a ayudarle a alcanzar sus metas y a aceptar la responsabilidad por la supervivencia y el crecimiento de la organización, pasarás al carril de alta velocidad y estarás en posición de obtener un salario más elevado y mayores responsabilidades.

Un último comentario: en cuanto empieces a esforzarte de la manera que lo he descrito y a disfrutar de las recompensas, descubrirás que el carril de alta velocidad del que tanto hablo, en realidad no es tan concurrido. La mayoría de la gente no está dispuesta a hacer el esfuerzo adicional necesario para sobresalir, ha recibido información equivocada y llegado a conclusiones erróneas. Cree que la mejor manera de trabajar es haciendo lo menos posible y salirse con la suya.

Cuando redefinas las condiciones de la competencia avanzarás, te colocarás al frente del grupo de competidores y entrarás al carril de alta. Estarás en el camino a ganar el tipo de salario que deseas y mereces, estarás en el camino a lograr la independencia financiera durante tu vida laboral.

Los puntos más importantes

- Tú puedes desarrollar cualquier habilidad que desees.
- Tu éxito será directamente proporcional a todo lo que hagas después de hacer lo que se esperaba que hicieras.
- Aprende a ser un comunicador eficaz frente a una audiencia.
- Tú atraes a tu vida a la gente, las ideas y las situaciones que están en armonía con tus pensamientos dominantes y tu carácter.
- El carácter no puede fingirse.
- Trabaja para la empresa y el jefe correctos.
- Utiliza la estrategia de nicho para avanzar.

Capítulo 12

Logra la independencia financiera

Tal vez tu responsabilidad más importante sea lograr tu independencia financiera para ti y tu familia. Aparte de los beneficios tangibles de ganar todo el dinero que necesites, hay razones aún más importantes para alcanzarla. Ya he hablado de la ley del control, la cual dice que solo te sentirás bien respecto a ti mismo en la medida en que percibas que tienes el control de tu propia vida. Tal vez ningún factor te despoje de la sensación de control tanto como el hecho de no tener suficiente dinero para pagar tus facturas o mantener tu estilo de vida.

> Tu responsabilidad más importante es lograr tu independencia financiera para ti y tu familia.

La necesidad humana más básica es la seguridad, y sentirse seguro incluye sentirse libre del miedo a la pobreza. El miedo a la pobreza y el miedo al fracaso están vinculados y causan más infelicidad y bajo desempeño que cualquier otro factor. Alcanzar la independencia financiera es esencial para llegar a ser todo aquello que eres capaz de ser. La gente a la que le preocupa el dinero todo el tiempo no tiene la oportunidad de disfrutar de las mejores cosas de la vida.

La independencia financiera empieza por el estado mental, y la riqueza comienza con una meta acompañada de afirmaciones, visualización y carga emocional. Todos estos elementos deberán repetirse hasta que la meta quede incrustada en tu subconsciente, el lugar donde activará todas las leyes de las que he hablado.

La libertad financiera solo es posible cuando asumes la responsabilidad total de tus condiciones económicas y te niegas a inventar excusas. Antes de que cualquier mejoría significativa pueda tener lugar, necesitas aceptar tu responsabilidad personal por todo lo que deseas lograr.

> La libertad financiera solo es posible cuando asumes la responsabilidad total de tus condiciones económicas.

La incapacidad de retrasar la gratificación es la razón principal por la que la gente pasa toda la vida preocupada por el dinero y se retira siendo pobre. La incapacidad de controlarte y no gastar todo lo que ganas y, a veces, incluso más, te obligará a vivir angustiado por los problemas económicos. Y, de manera inversa, si puedes soportar que la gratificación tarde en llegar, y si puedes evitar gastar a corto plazo para disfrutar de la independencia financiera a largo plazo, podrás ser libre en el aspecto económico.

La ley de la acumulación nos dice que todo gran logro es la acumulación de cientos o incluso miles de horas y esfuerzo que nadie más ve o aprecia. A una gran carrera siempre la anteceden miles de horas de trabajo arduo y de preparación en pos de la excelencia.

A la independencia financiera también la anteceden modestos esfuerzos por ahorrar y hacer sacrificios, los cuales se repiten cientos o miles de veces sabiendo que, con el tiempo, te permitirán acumular una gran cantidad de dinero. Esta noción te permitirá retirarte siendo rico, sin tener que volver a preocuparte por el dinero nunca.

La ley de la atracción dice que las cosas atraen cosas similares. Seguro has escuchado decir que el dinero atrae dinero. Cuando ahorras un poco, ese dinero empieza a irradiar una energía magnética que atrae más dinero a ti. Siempre y cuando tu actitud respecto al dinero sea positiva y respetuosa, continuarás recibiendo más y más. A medida que aumentes tus ahorros e inviertas tus emociones positivas en ellos, estos atraerán más y más recursos económicos a partir de una serie de fuentes inesperadas. Entre más dinero tengas, más fuerte será el campo magnético y más dinero te llegará.

En cambio, entre menos dinero tengas y, sobre todo, si no tienes nada, más débil será el campo magnético que lo atrae a tu vida. En resumen, continuarás teniendo problemas económicos siempre. El punto de inicio para la independencia financiera es el ahorro. Necesitas guardar una parte de tus ingresos todos los meses.

La regla básica para la acumulación financiera siempre ha consistido en pagarte a ti mismo o ti misma antes que a nadie más. Cada vez que recibas tu cheque de nómina, toma cierta cantidad y guárdala en una cuenta destinada a acumular recursos. Nunca toques ese dinero, excepto si se presenta la oportunidad de hacer una inversión conservadora y cuidadosa. La mayoría de la gente hace algo fatal para el éxito financiero: solo ahorra lo que le queda después de haber pagado todas sus facturas y gastos. Sin embargo, para alcanzar tu independencia financiera debes pagar tus gastos con lo que te quede *después* de haber ahorrado una cantidad, aunque sea mínima, de cada cheque de nómina.

> Págate primero a ti mismo.

La cantidad mínima que debes ponerte como objetivo para ahorrar al mes es el 10% de tus ingresos netos, es decir, si tus ingresos netos ascienden a 10 000 dólares mensuales después de impuestos y deducciones, deberás guardar 1 000 dólares en tu cuenta de ahorros cada mes antes de empezar a pagar otras cosas. Tienes que entrenarte para poder vivir con solo 90% de tus ingresos.

¿QUÉ PASA SI TIENES DEUDAS?

¿Qué tal si estás endeudado antes de empezar a ahorrar? ¿Qué pasa si no tienes suficiente dinero para cubrir tus gastos del mes incluso antes de tomar una cantidad para ahorros? Entonces comienza por ahorrar lo que puedas. Si haces un pequeño esfuerzo, puedes ahorrar entre el 1 y 2% de tu ingreso neto y puedes vivir con el 98 o 99% restante. Cuando te sientas cómodo viviendo con el 98% de tus ingresos podrás empezar a aumentar tu ahorro al 3 o 4% al mes, y luego pasar al 5 o 6% hasta que, con el tiempo, llegues al 10% mensual que te sugerí al principio.

Mientras tanto, recorta todos los gastos innecesarios y comprómete al mes un porcentaje mínimo de tus ingresos para reducir tu deuda. Ahora tendrás dos cuentas: una para acumular dinero y otra para reducir la deuda. En poco tiempo te acostumbrarás a vivir con el 98% de tus ingresos, luego con el 95, después con el 90 y, con el tiempo, 85, 80%, y así sucesivamente.

W. Clement Stone lo explicó muy bien: "Si no puedes ahorrar dinero, entonces en ti no hay semillas de grandeza". Tu plan para la independencia financiera comienza siendo disciplinado o disciplinada y obligándote a vivir con un poco menos de lo que ganas y, más adelante, con mucho menos de lo que ganas.

El mayor beneficio psicológico de ahorrar dinero es que te da un tremendo sentimiento de respeto por ti mismo y autoestima. Una persona que tiene dinero en el banco y en sus bolsillos es muy distinta a alguien que no tiene ahorros y que se pasa la vida angustiada por su situación económica.

Para volverte rico tienes que luchar contra el casi irresistible poder de la ley de Parkinson, la cual dice que los gastos siempre aumentan para alcanzar a los ingresos. Es decir que, sin importar cuánto ganes, el costo de tu vida tenderá a aumentar hasta absorber cada centavo que ganes. Si tus ingresos aumentan de 4 000 dólares a 10 000 dólares mensuales y no eres una persona con una disciplina férrea, de pronto notarás que tus gastos han aumentado hasta alcanzar el nivel de tus ingresos y consumen cada centavo que ganas.

Thomas Stanley, autor de *El millonario de la puerta de al lado*, estudió a miles de estadounidenses adinerados y llegó a la conclusión de que había dos tipos de personas: las que se veían como si tuvieran dinero y las que en verdad tenían dinero. Su investigación permitió ver que la gente a la que parece que le va demasiado bien porque maneja un automóvil muy llamativo, toma vacaciones en lugares lujosos y compra mucha ropa cara, suele vivir de un cheque de nómina al otro, apenas un paso delante de los cobradores. La gente en verdad adinerada, entre la que se incluye a los millonarios que amasaron sus fortunas por sí mismos, vive en calles comunes y corrientes, maneja automóviles ordinarios y tiene un estilo de vida promedio. Un ejemplo de esto es el fallecido Sam Walton, de las tiendas Walmart, quien fue uno de los hombres más ricos de los Estados Unidos. En 1988, cuando su valor neto ascendía a 8 700 millones de dólares, Sam Walton seguía llegando al trabajo en una camioneta *pick up*. Muchos hombres y mujeres ricos conducen automóviles económicos porque la mayor parte de su dinero está ocupada trabajando para ellos en otro lugar. Muchas personas que parecen adineradas han invertido todo su dinero en símbolos de riqueza que pierden su valor día con día.

LOS TRES PILARES DEL PLANEAMIENTO FINANCIERO

Los tres pilares del planeamiento financiero son: *ahorros, seguros* e *inversiones*. Tu filosofía en cuanto a los ahorros debería basarse en la idea de construir una fortaleza financiera: alcanzar a tener una cantidad de dinero suficiente para protegerte de los altibajos inesperados a los que estamos expuestos debido a nuestra dinámica economía. Tu objetivo mínimo en cuanto a los ahorros debería contemplar dinero suficiente para cubrir entre dos y seis meses de gastos generales, en una forma bastante líquida, es decir, dinero en una cuenta de ahorro, una cuenta en el mercado monetario o un fondo mutualista, también del mercado monetario.

> Construye una fortaleza financiera: ten una cantidad de dinero suficiente para protegerte de los altibajos inesperados de la economía.

Para cuando hayas terminado de construir tu fortaleza financiera, te habrás convertido en una persona distinta por completo, tendrás un aura de confianza absoluta en ti mismo, de certeza total. No tendrás que soportar ni un empleo ni a un jefe que no te agrade, tampoco tendrás que continuar trabajando en algo solo porque no puedes darte el lujo de renunciar. Podrás hacer lo que sea mejor para ti en ese momento, podrás elegir el trabajo que quieras efectuar y a la gente con quien quieras colaborar. Podrás elegir hacer solo lo que amas en lugar de verte forzado a permanecer en un empleo que, salvo por el cheque de nómina, no significa nada para ti.

El segundo pilar del planeamiento financiero es el *seguro de vida*. Si tienes una familia por la que debes velar, estás obligado a adquirir un seguro de vida, y el único tipo que debes comprar es un *seguro de vida a término* o *de largo plazo*. Este es el tipo más económico de todos los seguros y, si llegaras a fallecer, le pagará el valor nominal de la póliza a tu familia o herederos.

Cuando te vuelves rico y tienes herederos a los que necesitas proteger de deberes fiscales al estado cuando fallezcas, puedes pensar también en un seguro permanente, cuya prima incluye una acumulación y aumento del patrimonio neto o del efectivo, y no puede ser cancelado por ninguna razón. No obstante, hasta que no llegues a ese contexto de riqueza, solo deberás comprar un seguro de vida a término, y solo si tienes familia por la cual velar.

Compra un seguro suficiente, uno cuyas ganancias le permitan a tu familia mantener su estilo de vida actual. Si tu ingreso ahora asciende a 100 000 dólares al año y tu familia pudiera recibir el 10% al año de las ganancias de una póliza de seguro de vida, deberías tener un seguro por un millón de dólares pagadero a tu cónyuge como beneficiario o beneficiaria. En el caso de que fallezcas, esta cantidad la recibiría tu esposo o esposa de manera directa y libre de impuestos.

El tercer pilar del planeamiento financiero es la *inversión*. Las inversiones suelen ayudarte a volverte rico tarde o temprano, pero solo si haces lo esencial: volverte un experto, ser un inversionista avezado y astuto como un zorro.

LA INVERSIÓN

La primera inversión que deberías aprovechar al máximo es una que puedas dirigir tú mismo y con cobertura fiscal como la IRA (Inflation Reduction Act), un plan Keogh o, si te es posible, un plan de una agencia de pensiones. A pesar de que la cantidad que puedes invertir en estos planes es limitada, deberías aprovecharlos e invertir todo el dinero que te permitan. El dinero que se acumula en un plan con protección fiscal puede crecer entre 50 y 100% más rápido que el dinero invertido en planes sujetos a contribución fiscal. En los planes sin protección fiscal, tus ganancias llegan bajo la forma de intereses y dividendos sujetos a impuestos, en cambio, las ganancias derivadas de los planes IRA o Keogh tienen impuestos diferidos, es decir, continúan creciendo y generando interés compuesto sin someterse a obligaciones fiscales, sino hasta que te retiras y sacas tu dinero del plan.

Una vez que hayas aprovechado al máximo tus inversiones con protección fiscal, deberías considerar tres tipos más de inversiones.

El primero es el fondo del mercado monetario. Un fondo del mercado monetario es distinto a la cuenta de mercado monetario de tu banco porque lo invierten de una forma más agresiva y te paga una tasa más elevada de intereses. Es posible abrir un fondo del mercado monetario a partir de 500 dólares y casi todas las agencias de planeamiento financiero los ofrecen. Cuando inviertas tu dinero en un fondo del mercado monetario, será muy importante que leas el folleto de la agencia y te asegures de que los costos de administración del fondo no sean más de entre 0.5 y 0.75% al año. Si exceden esa cantidad, deberás buscar otro fondo.

El mejor momento para invertir dinero en los fondos del mercado monetario es cuando las tasas de interés o la bolsa de valores parecen impredecibles e inestables. El momento ideal es cuando las tasas de interés están al alza, en especial si la tasa de interés *prime* (la tasa a la que la Reserva Federal les presta dinero a los bancos) es elevada. En ese momento obtendrás los rendimientos más altos y seguros a partir de tus ahorros en un fondo del mercado monetario.

La segunda inversión de la que te puedes beneficiar es la de los *fondos mutualistas*. El único tipo de fondo mutualista que debes considerar es el *fondo sin carga*. Un fondo sin carga no te cobra comisiones por invertir: el 100% de la cantidad que inviertas trabajará para ti de manera inmediata. Un fondo mutualista con cargas te cobrará una comisión de hasta 8.5 o 9% por el privilegio de invertir el dinero que tú ganaste con tanto esfuerzo. Ese dinero será pagado a la persona que te haya vendido la inversión, no lo depositarán en tu cuenta ni volverás a verlo. Si pagas este tipo de comisión, tu inversión tendrá que crecer entre 8.5 y 9%, solo para permitirte salir tablas. No obstante, hay muy poca diferencia entre el desempeño financiero de un fondo mutualista sin cargas y uno con cargas.

> El único tipo de fondo mutualista que debes considerar es el *fondo sin carga*.

Varias organizaciones ofrecen fondos mutualistas sin carga, puedes encontrar sus anuncios en Internet, en publicaciones financieras y en guías de fondos mutualistas. También puedes preguntar por ahí y pedirle asesoría a gente que sepas que invierte en estos instrumentos.

La primera regla para invertir es investigar antes de depositar dinero porque, lo único en verdad seguro respecto al manejo del dinero es que es fácil perderlo. Producir dinero en los fondos mutualistas exige paciencia, fortaleza y atención permanente. El mejor momento para invertir en un fondo mutualista basado en acciones es cuando la tasa de interés *prime* está a la baja. El ascenso y descenso de la tasa *prime* tiene una correlación con la expansión y la recesión económicas, con los auges y los colapsos de la bolsa de valores. Cuando las tasas de interés son bajas, el costo del capital también es bajo y, por lo tanto, los negocios se apresuran a invertir y aumentar su capacidad productiva y sus ganancias. Cuando las tasas de interés suben, las empresas recortan su fuerza laboral y disminuyen sus actividades.

En un fondo mutualista de acciones invierten miles de individuos como tú. El dinero se reúne y se invierte en una serie amplia y diversa de acciones que se negocian en los mercados de valores más importantes de Estados Unidos u otros países. Los fondos mutualistas son manejados por administradores profesionales, gente que observa el mercado todo el tiempo. Estos profesionales tienen a su disposición cantidades inimaginables de información a la que los inversionistas independientes no tienen acceso.

Como un fondo mutualista invierte en una selección de acciones, corres el riesgo de extenderte a lo largo de una muestra demasiado amplia. Muchos fondos mutualistas bien manejados aumentan de valor en gran medida por encima del mercado general. Cuando la bolsa se desploma, la mayoría de los fondos mutualistas no caen tanto como los promedios del mercado o las acciones individuales. Un fondo mutualista sin cargas, manejado de manera profesional e invertido en una gama amplia de acciones muy bien elegidas puede ser una de las mejores inversiones para crecer en el aspecto financiero.

El tercer tipo de inversión es la de los *bonos sin carga de los fondos mutualistas*. El mejor momento para invertir en el bono de un fondo es cuando las tasas de interés llegan a lo más alto y empiezan a descender. En ese instante, el valor de las acciones individuales del bono aumenta. Como los bonos de los fondos están constituidos por valores con tasas de rendimiento fijas, cuando la tasa de interés promedio del mercado cae, los rendimientos de estos bonos suben, hasta cierto punto.

Permíteme explicarte. Digamos que compras un solo bono con un valor nominal de 1 000 dólares que te paga el 10% al año. Tu rendimiento será de 100 dólares al año. Ahora digamos que la tasa de interés *prime* cae a 8%: ahora, el múltiplo en que la gente comprará bonos será 8%. Los nuevos bonos serán emitidos a 8% y los bonos extraordinarios que ahora pagan 10% aumentarán de valor, a cerca de 1 200 dólares por 1 000 de valor nominal. Al pagar 1 200 dólares por el bono, el rendimiento para el inversionista será del 8%. Esta es la razón por la que, cuando las tasas de interés del mercado bajan, todos los puntos de descenso de la tasa *prime* aumentan el valor del fondo hasta en 10 por ciento.

Parar resumir, los mejores vehículos de inversión para que la persona común pueda acumular dinero son los fondos mutualistas sin carga, ya sea a través de instrumentos como las acciones, los bonos o los fondos del mercado monetario.

¿CUÁL ES LA MEJOR INVERSIÓN?

¿Cuál es la mejor inversión? Esta pregunta no tiene respuesta. En algún momento de la economía, una inversión será mejor que las otras, pero a medida que la economía y las tasas de interés varíen, habrá otra inversión que será más competitiva. Observa tus inversiones con cuidado y asume el 100% de la responsabilidad de cada decisión que tomes respecto a la asignación de fondos porque nadie más puede decidir por ti.

En una ocasión, le pidieron a un exitoso hombre de negocios que hablara de la filosofía que le había permitido adquirir tantas empresas y ganar tanto dinero. El hombre dijo que solo tenía dos reglas. La primera era "No pierdas dinero" y la segunda "Siempre que te sientas tentado, regresa a la regla número uno". Hay un proverbio japonés que dice que hacer dinero es como cavar en la arena con una aguja y perderlo es como verter agua en la arena.

Es muy difícil ganar el dinero y muy fácil perderlo. Si a lo largo de tu vida laboral solo separaras el 10% o más de tus ingresos y lo ahorraras y dejaras que acumulara intereses, eso bastaría para que alcanzaras la independencia financiera. Cuando pierdes dinero, también pierdes la cantidad de meses y años que te tomó acumularlo. En realidad, estás perdiendo una parte de tu vida, la cantidad de vida que tuviste que dar a cambio de la cantidad de dinero que perdiste. Cada vez que alguien llega al punto en que siente que puede darse el lujo de perder un poco de dinero en una inversión, de algo puedes estar seguro: esa persona no solo perderá un poco, perderá mucho. Por todo lo anterior, tu actitud debe ser inamovible: no pierdas dinero.

Todo el dinero serio en Estados Unidos es dinero conservador, es lo que los economistas llaman *dinero de aversión al riesgo*. La gente seria que tiene dinero serio suele buscar todo el tiempo maneras de aumentar su fortuna minimizando el riesgo, no aumentándolo. La gente de negocios y los empresarios exitosos no corren riesgos, los evitan, así fue como lograron el éxito.

Una regla básica de la inversión consiste en invertir en tu investigación de la inversión la misma cantidad de tiempo que te tomó ganar el dinero que vas a invertir. No hay nada que pueda sustituir a la investigación. Muchos asesores financieros que venden distintos instrumentos no son del todo adinerados y con frecuencia saben muy poco sobre lo que recomiendan.

> Invierte en tu investigación de la inversión la misma cantidad de tiempo que te tomó ganar el dinero que vas a invertir.

Tu actitud respecto a la acumulación financiera debería ser la siguiente: cuando logres guardar dinero, no lo gastes por ninguna razón. Uno no debe ahorrar para los malos días, tampoco para poder comprarse un bote o una casa rodante, para esas cosas hay que abrir otras cuentas. Tus ahorros y fondos de inversión debes mantenerlos separados, deben ser intocables, deben crecer y multiplicarse a lo largo de los años, hasta que te generen la independencia financiera que anhelas.

Los hombres y mujeres ricos de Estados Unidos tienen muy pocas deudas o ninguna. La única deuda que se permiten es la deuda para invertir en activos que les paguen una cantidad mayor de dinero del que pidieron prestado. El único tipo de bienes raíces que poseen es aquel en que la renta que los bienes raíces mismos generan sirve para cubrir las hipotecas y los gastos. La única ocasión en que solicitan dinero para invertir en sus empresas es cuando pueden ganar en ellas una tasa de rendimiento mayor a lo que tienen que pagar por el dinero solicitado para empezar.

Si quieres disfrutar, tener paz mental y alcanzar la independencia financiera, haz un plan desde hoy para pagar todo lo que debes y vivir libre de deudas, excepto por tu hipoteca y, quizás, el préstamo de tu automóvil. Nunca pidas dinero para comprar alimentos, pagar la renta, cubrir tu transporte o comprar ropa u otros artículos que uses de manera mensual o anual. Deberías rentar activos que se deprecien o pierdan su valor, y solo deberías pedir dinero para invertir en activos cuyo valor se incrementemente con el paso del tiempo, y que aumente hasta superar por mucho el costo del dinero solicitado o la tasa de interés.

TRES PERÍODOS DE LA VIDA

Cuando hablamos de dinero, hay tres períodos en la vida. Los primeros 25 años son tus *años de aprendizaje*. En ese tiempo adquieres tu educación básica, los conocimientos elementales que necesitas para ganar dinero.

Los siguientes 40 son los *años de la generación de ganancias*. Estos son los años en que trabajarás con más ahínco, el período en que más aumentarás tus ingresos.

Los últimos 20 años se llaman *los años del anhelo*. Este es el tiempo en que piensas en retirarte a una vida cómoda o a una repleta de preocupaciones económicas.

La mayoría de la gente produce la mayor cantidad de dinero en su vida después de los 45 años. Pasada esta edad, tus gastos familiares empiezan a disminuir (en casi todos los casos) y comienzas a ganar más que nunca. En este momento debes ahorrar el 20, 30 o incluso 40% de tus ingresos para nutrir lo más posible tus cuentas de ahorro e inversión antes de tu retiro.

Igualmente, si vas saliendo de la adolescencia o apenas entras a tus veintes, debes empezar a ahorrar y guardar dinero. Ahorrar te ayudará a formar tu carácter, pero también te dará tranquilidad mental y asegurará tu futuro. La gente que dice tonterías como: "No estaré en este mundo mucho tiempo, lo mejor será que me divierta", tiene una actitud fallida y enfrentará serios problemas económicos antes de que su carrera llegue a su fin.

Podríamos definir la riqueza como *flujo de efectivo de otras fuentes*. Esto quiere decir que solo puedes ser adinerado en la medida en que no tengas que ir a trabajar todos los días para mantener tu estilo de vida. La gente adinerada puede dejar de trabajar sin interrumpir su estilo de vida.

A lo largo de tus años de acumulación, tu principal tarea será formar un portafolio de activos que te generen un ingreso que, con el tiempo, sea mayor que los ingresos que obtienes de tu trabajo. En ese momento podrás dejar de trabajar si así lo deseas, y pasar más tiempo manejando tus inversiones.

EN QUÉ NO INVERTIR

Nunca inviertas en oro, plata u otros metales preciosos. El oro no te da una tasa de rendimiento, es inerte. Mucha gente gana mucho dinero vendiendo oro, plata y metales preciosos, pero la gente que los compra rara vez gana algo.

Tampoco compres inversiones por teléfono, a menos de que sea a una empresa conocida y respetada. En la actualidad, Estados Unidos está repleto de fraudes de confianza y estafas que se venden por teléfono y que adquieren inversionistas ingenuos. Los timadores con frecuencia trabajan desde moteles y negocios de apuestas en el mercado de valores, y se mueven de un lugar a otro en cuanto la policía los detecta. Sus estafas favoritas son las que involucran insumos, metales preciosos y acciones muy económicas. Si alguien te llama por teléfono para ofrecerte algo de esto, cuelga con la mayor violencia y rapidez posible, aunque le rompas el tímpano. He conocido a muchísima gente que perdió todo su dinero y todos esos años de trabajo arduo por culpa de esas estafas, y en cada ocasión, se me rompe el corazón. No te conviertas en uno más.

Tampoco inviertas en antigüedades, tapetes orientales, monedas ni timbres postales a menos de que seas un experto de tiempo completo en dichos artículos. Estas inversiones aumentan y disminuyen de valor todos los días. Por otra parte, el 90% de las obras de arte originales, como pinturas o esculturas, nunca vuelven a venderse por su precio de venta original. En el instante en que adquieres un artículo de este tipo, su valor se deprecia en un 80% o incluso más, así que no son una buena inversión para alguien que es serio respecto a alcanzar la independencia financiera. Estas cosas solo podrás comprarlas cuando ya seas rico y, en todo caso, lo harás por su belleza y por el placer que te brinden, no para invertir en ellas.

No inviertas en petróleo, gas o acciones mineras. No inviertas en insumos, ni siquiera si te los ofrecen agentes de buena reputación. Los insumos representan las inversiones más volátiles y peligrosas, casi todas las personas que invierten en ellos durante algún período pierden todo.

UN EJERCICIO PARA ENTRAR EN ACCIÓN

Te tengo otro ejercicio. Siéntate y escribe un plan para lograr la acumulación de recursos económicos. Establece una serie de objetivos o metas para uno, dos, tres, cuatro y cinco años. Como primera acción para iniciar tu plan, busca entre tus recursos y toma de ahí la mayor cantidad posible para guardarla en un frasco o alcancía. Abre una cuenta de ahorros para la riqueza y guarda en ella un poco de dinero de tu cheque de nómina cada vez que cobres.

Por último, haz un presupuesto y sométete a él. Hazte el hábito de escribir en una libretita hasta el último centavo que gastas diario. Cada semana date un momento para revisar tus gastos, el objetivo es reducir tu consumo y aumentar tus ahorros. Si logras ser lo bastante disciplinado para hacer todo esto, y si logras postergar la gratificación, muy pronto estarás en tu camino hacia la libertad financiera y la tranquilidad mental que tanto anhelas.

Los puntos más importantes

- Tu responsabilidad más importante es alcanzar la independencia financiera.
- La clave de la prosperidad es la capacidad de postergar tu propia gratificación.
- Primero págate a ti mismo.
- Tu objetivo mínimo de ahorro mensual es el 10% de tus ingresos netos.
- Lucha contra la ley de Parkinson, la ley que dice que tus gastos siempre aumentan hasta alcanzar tus ingresos.
- Los tres pilares del planeamiento financiero son: ahorros, seguros e inversiones.
- Sométete a un presupuesto.

Epílogo

Hemos realizado un largo viaje juntos. Exploramos cómo hacerte cargo de tu vida y lograr el éxito y la plenitud. Empezamos con la importancia de los valores y luego hablamos de metas y planes. También exploramos cómo aprovechar la mente subconsciente, el mayor poder del universo, para enriquecer nuestra vida y las de otros. Realizamos el proceso de descubrimiento de la carrera ideal y de cómo desarrollarla. Por último, explicamos lo que es la independencia financiera y cómo lograrla.

Me queda aún un punto que he reservado para el final debido a su extrema importancia: el papel esencial del servicio para alcanzar la grandeza personal. Con mucha frecuencia, la necesidad más importante de un ser humano es la del significado y el propósito. Muchos hombres y mujeres morirán en búsqueda del significado y el propósito en su vida. Si somos capaces de lograr todo tipo de recompensas monetarias, pero no contamos con un sentido del propósito, nuestros logros externos no nos brindarán satisfacción perdurable.

Estamos estructurados de tal forma que solo logramos el significado y el propósito en nuestra vida por medio de la *trascendencia*, es decir, poniéndonos por encima de los elementos materiales y tangibles de nuestra vida. Para alcanzar la trascendencia debemos comprometernos con algo mayor y más importante que nosotros mismos. La única manera de trascender es perdiéndonos en el servicio a una causa mayor, y la única gran causa que te puede motivar de forma continua es la que implica elevar, mejorar y hacer más rica la vida de otros.

A los seres humanos es posible representarlos como flojos, codiciosos, ambiciosos, egoístas, superficiales, ignorantes e impacientes, y la verdad es que esta descripción tiene mucho de cierto. No obstante, también fuimos diseñados para no sentirnos satisfechos de ningún logro a menos de que con él estemos contribuyendo con la humanidad. Todos los hombres y mujeres de calidad sienten que, de alguna manera, su vida no les pertenece, que le pertenece a toda la humanidad. Son personas que tienen una noción del destino, que piensan que fueron puestos en esta tierra para hacer algo especial que ayudará y mejorará la vida de otros.

He hecho énfasis en que el punto central del éxito consiste en determinar una meta mayor en tu vida. Puedes elegir entre muchas, pero estoy convencido de que para que tengas éxito, tu meta debe incluir el *servicio*, es decir ayudar a otros seres humanos de alguna forma. Si logras integrar esta verdad en tus aspiraciones y tu esfuerzo, no solo triunfarás, además, tu éxito beneficiará a toda la raza humana.

Esta obra se terminó de imprimir
en el mes de noviembre de 2024,
en los talleres de Impresora Tauro, S.A. de C.V.
Ciudad de México.